U0617555

权威·前沿·原创

皮书系列为
"十二五""十三五"国家重点图书出版规划项目

BLUE BOOK

智 库 成 果 出 版 与 传 播 平 台

河北蓝皮书
BLUE BOOK OF HEBEI

河北法治发展报告（2021）

THE RULE-OF-LAW DEVELOPMENT REPORT OF HEBEI（2021）

主　编／康振海

执行主编／王艳宁　李　靖

社会科学文献出版社
SOCIAL SCIENCES ACADEMIC PRESS（CHINA）

图书在版编目（CIP）数据

河北法治发展报告 . 2021/康振海主编 . －－北京：
社会科学文献出版社，2021.6
（河北蓝皮书）
ISBN 978－7－5201－8269－0

Ⅰ.①河⋯　Ⅱ.①康⋯　Ⅲ.①社会主义法制－研究报
告－河北－2021　Ⅳ.①D927.22

中国版本图书馆 CIP 数据核字（2021）第 076185 号

河北蓝皮书
河北法治发展报告（2021）

主　　编／康振海
执行主编／王艳宁　李　靖

出 版 人／王利民
组稿编辑／高振华
责任编辑／丁　凡
文稿编辑／徐　花

出　　版／社会科学文献出版社·城市和绿色发展分社（010）59367143
　　　　　地址：北京市北三环中路甲 29 号院华龙大厦　邮编：100029
　　　　　网址：www.ssap.com.cn
发　　行／市场营销中心（010）59367081　59367083
印　　装／天津千鹤文化传播有限公司

规　　格／开　本：787mm × 1092mm　1/16
　　　　　印　张：19.75　字　数：293 千字
版　　次／2021 年 6 月第 1 版　2021 年 6 月第 1 次印刷
书　　号／ISBN 978－7－5201－8269－0
定　　价／138.00 元

本书如有印装质量问题，请与读者服务中心（010－59367028）联系

▲ 版权所有 翻印必究

河北蓝皮书（2021）
编辑委员会

主　任　康振海

副主任　彭建强　张福兴　焦新旗　肖立峰　孟庆凯

委　员　（按姓氏笔画排序）

王文录　王建强　王亭亭　王艳宁　史广峰

李鉴修　陈　璐　黄军毅　穆兴增

主编简介

康振海 中共党员，1982 年毕业于河北大学哲学系，获哲学学士学位；1987 年 9 月至 1990 年 7 月在中共中央党校理论部中国现代哲学专业学习，获哲学硕士学位。

三十多年来，康振海同志长期工作在思想理论战线。曾任河北省委宣传部副部长；2016 年 3 月至 2017 年 6 月任河北省作家协会党组书记、副主席；2017 年 6 月至今任河北省社会科学院党组书记、院长，河北省社科联第一副主席。

康振海同志著述较多，在《人民日报》《光明日报》《经济日报》《中国社会科学报》《河北日报》《河北学刊》等重要报刊和社会科学文献出版社、河北人民出版社等发表、出版论著多篇（部），主持完成多项国家级、省部级课题。主要代表作有：《中国共产党思想政治工作九十年》《雄安新区经济社会发展报告》《让历史昭示未来——河北改革开放四十年》等著作；发表了《传承中华优秀传统文化 推进文化强国建设》《以优势互补、区域协同促进高质量脱贫》《在推进高质量发展中育新机开新局》《构建京津冀协同发展新机制》《认识中国发展进入新阶段的历史和现实依据》《准确把握推进国家治理体系和治理能力现代化的目标任务》《奋力开启全面建设社会主义现代化国家新征程》《新时代：我国发展新的历史方位》《以"塞罕坝精神"再造绿水青山》等多篇理论调研文章；主持"新时代生态文明和党的建设阶段性特征及其发展规律研究""《宣传干部行为规范》可行性研究和草案初拟研究"等多项国家级、省部级立项课题。

摘　要

　　《河北法治发展报告（2021）》是记录河北省2020年法治建设实践的蓝皮书。本书是由河北省社会科学院牵头、法学研究所担纲，河北省委全面依法治省委员会办公室、河北省委政法委员会提供大力支持，高等院校、科研机构、法律实务部门的专家学者组成精干学术队伍推出的一部全景式反映河北法治建设的文献。《河北法治发展报告（2021）》由总报告、地方立法、法治政府、司法建设、社会治理5个部分组成，系统总结法治河北建设的实践进程与经验，深入剖析面临的问题及原因，为河北省法治建设提供理论参考和智力支持。

　　总报告阐述了2020年河北法治建设立法、法治政府、司法等的总体情况，展望2021年河北省全面深化依法治省的前景。

　　地方立法板块共6篇研究报告。《河北省人大创制性立法研究报告》对近年来河北省创制性立法进行梳理，总结经验、分析问题，并提出解决思路。《河北省设区的市立法五周年回顾与反思》对过去五年河北省11个设区的市立法进行梳理，指出河北省设区的市立法呈现数量迅速增加、立法有序推进但地区差异明显，全面展开但类别差异明显，普遍适用同时彰显地方特色的特点。《京津冀协同立法研究报告》对京津冀应对突发重大公共卫生事件协同立法现状及存在的问题进行梳理和分析，提出通过创新立法模式、搭建三地信息交流共享平台、实行交叉备案制度等途径，推动协同应对突发重大公共卫生事件。《河北省家庭教育立法研究报告》指出，应通过立法确定家庭教育的法律地位，明确政府和家庭的责任，规范家庭教育机构运行机

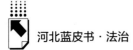

制，政府应进行适度的引导和干预，学校和社会进行有效的分工协作，从而健全家庭教育的治理机制，推进家庭教育的法治化进程。

法治政府板块共 3 篇研究报告。《河北省公共安全面临的挑战及应急管理能力的有效提升》指出，新冠肺炎疫情考出了应急管理的痛点和难点，应从全面清理修订相关政策规定、提升全社会突发公共事件意识、鼓励和引导多元主体合作共治、强化高科技支撑、建立高效客观的信息公开及舆情引导机制等方面入手，建立健全常态化防控体制机制。《河北省"放管服"改革向纵深发展的难点及路径提升研究》提出，通过重视审批质量与监管质量的双提升、加强审批服务标准化和规范化建设、充分发挥"双随机"监管的制度优势、借助信息技术实现网络的横向联通和纵向贯通等改进策略等，推动河北省"放管服"改革向纵深发展。

司法建设板块共 5 篇研究报告。一乡一庭制度是在全省法院推行的创新制度。《"一乡（镇）一（法）庭"的地方探索与实践——邯郸市"一委一庭三中心"的建设与发展》指出，邯郸市把"一乡（镇）一（法）庭"嵌入地方党委"一委三中心"工作格局，打造"一委一庭三中心"平台，通过基层党组织来发动群众，形成工作合力，实现多元化解纠纷目标。《河北省民事检察监督办案结构研究报告》客观分析了民事检察监督办案结构的发展过程，结合近三年来河北省案件办理情况，对民事检察监督案件的办理结构进行梳理和分析，并提出优化办案机制、加强民事检察队伍建设、完善立法等对策建议。《京津冀著作权侵权赔偿的司法协同研究——以 2020 年 1~9 月 1164 件司法判例为样本》对 2020 年前三季度京津冀三地法院审理的 1164 件著作权侵权案例展开实证研究，建议建立相应协同机制，完善举证责任分配，加强裁判文书说理性，形成批量案件的处理机制，促进京津冀知识产权司法保护协同发展。

社会治理板块推出了 7 篇研究报告。《多元化纠纷解决机制研究——以基层法院构建市域社会治理大格局为切入点》结合基层法院工作实际，通过阐述多元化纠纷解决机制的内涵和价值，以推进构建市域社会治理大格局为切入点，探索司法职能在法院之外的合理延伸。《新时代农村治理的法治化解析——以河北省正定县塔元庄村为例》深入分析塔元庄村的治理模式，为健全自治、法治、德治相结合的乡村治理体系研究提供基层实践样本。《常态化疫情防控中社区治理有效性调研报告——基于河北省社区治理的调查》在对河北省社区治理调查的基础上，以社区治理模式、社区治理功能、社区应急处置机制、社区治理主体等方面为切入点，分析常态化疫情防控中河北省城市社区治理有效性。《突发公共卫生事件背景下合同纠纷案件的司法应对》指出，突发公共卫生事件的防控措施对合同履行产生影响而导致大量纠纷，案件审理实践中在不可抗力规则之外必须结合案情类推适用情势变更规则，由此方能达到公平裁判和妥善处理的目的。

关键词： 创制性立法 京津冀协同立法 "一乡一庭" 公共卫生法治保障

Abstract

The Rule-of-Law Development Report of Hebei (*2021*) is Hebei's blue book of recording practices of rule-of-law development in 2020. Compilation of this book is led by Hebei Academy of Social Sciences, undertaken by Institute of Law, and supported vigorously by Committee Office of the CPC Hebei Provincial Committee on Overall Advancement of Hebei's Rule-of-Law Development and Politics and Law Committee of the CPC Hebei Provincial Committee, which is a panoramic literature of the rule-of-law Hebei building formulated by capable academic teams made up by experts and scholars of colleges/universities, research institutions, and legal practice departments inside the province. *The Rule-of-Law Development Report of Hebei* (*2021*) consists of the five parts of General Reports, Local Legislation, Rule-of-Law Government, Judicial Development, and Social Governance. It systematically summarizes practical process and experience of Hebei's rule-of-law development, and makes an in-depth analysis of existing problems and causes, with a view to providing theoretical reference and intellectual support for Hebei's rule-of-law development.

General Reports expounds the overall situation of legislation, rule-of-law government, judicial development and so on in Hebei's rule-of-law development in 2020, and forecasts prospects of overall and in-depth advancement of Hebei's rule-of-law development in 2021.

Local Legislation contains 6 study reports. "A Study Report on Creative Administrative Legislation of the Provincial People's Congress of Hebei" sorts out Hebei's creative administrative legislation over last few years, summarizes experience, analyzes problems, and puts forward solutions. "A Study Report on Beijing-Tianjin-Hebei Legislation Collaboration" sorts out and analyzes the present situation and existing problems of Beijing-Tianjin-Hebei legislation collaboration in the response to significant emergent public events, and puts forward advancing collaborative response to significant emergent public health events by innovating modes of legislation, establishing the sharing platform of information communication and the cross put-on-file system of Beijing-Tianjin-Hebei, etc. "A Study Report on the Legislation of Family Education in Hebei Province" points out utilizing the legislation to establish the legal status of family education, specify responsibilities of governments and families, regulate organizations of family education, make moderate governmental guidance and intervention, conduct effective division of work and cooperation between schools and society, set up complete governance mechanisms of family education, and advance the rule-of-law process of family education.

Rule-of-Law Government contains 3 study reports. "Challenges to Public Security and Effective Improvement of Emergency Management Capability in Hebei Province" points out that COVID-19 Epidemic reveals "pain points" and difficult points in emergency management, and complete systems and mechanisms of regular prevention and control should be established by starting with reviewing and revising relevant policies and regulations in an all-round way, heightening public awareness of emergent public events, encouraging and guiding plural subjects to cooperate for joint governance, strengthening hi-tech support, setting up efficient and objective mechanisms of information disclosure and public sentiment guidance, etc. "A Study on Difficult Points and Path Improvement of the In-depth Advancement of the Reform to Streamline Administration in Hebei Province" puts forward advancing the reform to streamline administration in Hebei Province towards the in-depth development by attaching importance to improvement of both examination/approval and supervision, enhancing standardized and regulated development of examination/approval services, giving full play to institutional advantages of the "double random" supervision, using information technology to realize horizontal and longitudinal connection of networks, etc.

Judicial Development contains 5 study reports. The "One Township, One Sub-Court" System is an innovative system implemented in courts across Hebei

Province. "Local Explorations and Practices of 'One Township, One Sub-Court'- The Construction and Development of 'One Committee, One Sub-Court, Three Centers' of Handan City" points out that Handan City incorporates the "One Township, One Sub-Court" into the "One Committee, Three Centers" work pattern of local Party committees for setting up the platform of "One Committee, One Sub-Court, Three Centers", so as to mobilize the masses and form a joint work force through grass-roots Party organizations for accomplishing the goal of diverse solutions of dispute resolution. "A Study Report on Civil Procuratorial and Supervisory Case-handling Structures in Hebei Province" conducts a objective analysis of the development and awareness of civil procuratorial case-handling structures, and combined with the case-handling situation in Hebei Province over the last three years, sorts out and analyzes civil procuratorial and supervisory case-handling structures, and puts forward solution proposals of improving case-handling mechanisms, strengthening civil procuratorial team building, improving legislation, etc.. "A Study on Judicial Collaboration of Beijing-Tianjin-Hebei Copyright Infringement Indemnity-Based on 1164 Judicial Cases in Jan. -Sep. 2020 as the Sample" carries out an empirical study of 1164 cases of copyright infringement that went through the trial at Beijing-Tianjin-Hebei courts over the first three quarters in 2020, and puts forward proposals of establishing corresponding collaborative mechanisms, improving distribution of burdens of producing evidence, intensifying reasoning of judgment documents, and forming handling mechanisms of cases in batch with a view to promoting the collaborative development of judicial protection of Beijing-Tianjin-Hebei intellectual property rights.

Social Governance contains 7 study reports. "A Study on Diverse Mechanisms of Dispute Resolution—Taking Grass-roots Courts Establishing Intra-city Social Governance Big-pattern as an Entry Point", based on work practices of grass-roots courts, expounds connotation and value of diverse mechanisms of dispute resolution, and explores reasonable extension of judicial functions beyond courts by taking advancement of establishing intra-city social governance big-pattern as an entry point. "An In-depth Analysis of Rule-of-Law Rural Governance in the New Era—A Case Study of Tayuanzhuang Village, Zhengding County, Hebei Province" conducts an in-depth analysis of the governance mode of Tayuanzhuang

Village, and provides a grass-roots practice sample for establishing complete research of rural governance system characterized by combination of self-governance, rule-of-law, and governance by virtue. "A Survey Report on Community Governance Effectiveness in Regular Epidemic Prevention and Control—A Survey Based on the Community Governance in Hebei Province", based on a survey of the community governance in Hebei Province, takes community modes of governance, functions of community governance, mechanisms of community emergency handling, subjects of community governance, and the like as an entry point to analyze the urban community governance effectiveness in regular epidemic prevention and control in Hebei Province. "Judicial Response to Contract Dispute Trials in Emergent Public Health Events" points out that rules must be altered by analogizing applicable circumstances in light of case details beyond rules of force majeure in case trial practices so as to be capable of accomplishing the objective of fair judgment and proper handling where measures of prevention and control of emergent public health events have influenced contract fulfillment and thus caused a large number of disputes.

Keywords: CreativeAdministrative Legislation; Beijing-Tianjin-Hebei Legislation Collaboration; "One Township, One Sub-Court"; Rule-of-Law Guarantee for Public Health

目 录 ⌐彡▨▨▨

I 总报告

II 地方立法

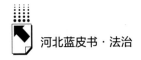

Ⅲ　法治政府

Ⅳ　司法建设

Ⅴ　社会治理

皮书数据库阅读**使用指南**

CONTENTS

I General Report

II Local Legislation

Ⅲ   Rule-of-Law Government

Ⅳ   Judicial Development

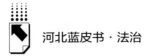

V   Social Governance

总 报 告

General Report

B.1
2020年河北法治发展状况
与2021年展望

河北省社会科学院课题组[*]

摘　要：　2020年河北省统筹疫情防控和依法治省各项工作，注重加强疫情防控法治保障，法治河北建设成效显著。河北加强党对全面依法治省工作的领导，确保党中央全面依法治国决策部署在河北落地；注重提高立法质量，加强立法的引领、规范和保障作用；稳步推进法治政府建设，着力提高依法行政和行政执法水平；深化司法体制改革，确保司法公正高效权威；全面加强法律监督，提高司法质效；推进全民普法，加快建设法治社会。同时在法治建设中河北省公共卫生立法需要加强，政府治理职能有待优化，司法责任制和规范化建设需要进一步推进，法律监督实效需要提高，基层法治治理能

* 课题组负责人：王艳宁，河北省社会科学院法学研究所所长、研究员，研究方向为行政法学、地方法治建设。课题组成员：蔡欣欣、赵立卿、李建伟等。执笔人：王艳宁、蔡欣欣。

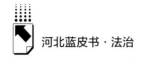

力需要加强。2021年河北省将继续完善重要领域高质量立法，推进良法善治，坚持和完善行政执法规范化建设，推进依法行政，坚持和完善司法责任制和规范化建设，促进公正司法，起步"八五"普法与依法治理，提升全民法治素养，继续加强公共法律服务供给，满足人民群众法治需求。

关键词：　依法治省　法治河北　法治政府

2020年是极不平凡的一年，河北省坚持统筹疫情防控和经济社会发展，用法治思维和法治方式妥善处理疫情防控中的各类矛盾和问题，保障疫情防控工作顺利开展，在法治河北建设中，河北省坚定不移地学习贯彻习近平法治思想和党中央依法治国重大决策部署，紧密围绕河北省委"三六八九"工作思路，全面深化依法治省实践，统筹抓好科学立法、严格执法、公正司法、全民守法，全面推动治理体系和治理能力现代化，坚决当好首都政治"护城河"，法治河北建设成效显著，人民群众法治获得感、满意度明显提升，为建设经济强省、美丽河北提供了有力法治保障。

一　加强党对法治河北建设的领导

坚持党对全面依法治国的领导，是中国特色社会主义法治的本质特征和内在要求。2020年河北省不断完善党领导法治河北建设的体制和工作机制，把党的领导贯彻到全面依法治省全过程和各方面，落实到党领导立法、保证执法、支持司法、带头守法的各环节。

（一）深入学习贯彻习近平法治思想，确保全面依法治省正确方向

河北省将习近平法治思想作为全面依法治省工作的根本遵循。中央全面依法治国工作会议召开后，河北省于12月8日迅速召开全面依法治省工作

会议，对全面依法治省工作进行部署，要求全省充分认识习近平法治思想的重大意义、丰富内涵和实践要求，牢牢把握"十一个坚持"，紧密结合法治河北建设实际，不折不扣抓好贯彻落实。全省各地各部门按照省统一安排部署，集中学习习近平法治思想，通过集中学习、专题讲座、专家辅导等多种形式开展学习。同时集中开展习近平法治思想宣传，调动省内各主流媒体全面加强融合报道宣传，在全省形成学习宣传习近平法治思想的热潮，为推进法治河北建设营造良好的舆论环境。

（二）加强党对全面依法治省工作的领导，确保党中央全面依法治国决策部署在河北落地

全面依法治省是全面依法治国的重要组成部分。河北省委全面依法治省委员会把依法治省工作纳入经济社会发展总体规划，强力统筹推进。省委书记作为省委全面依法治省委员会主任，认真履行推进法治建设第一责任人职责，对重大问题亲自部署、亲自谋划、亲自协调、亲自督办，先后 26 次对全面依法治省相关工作做出批示。省委副书记、省长作为省委全面依法治省委员会副主任，亲自推动法治政府建设，多次主持召开相关会议并做出指示批示。省委常委、政法委书记作为省委全面依法治省委员会副主任兼办公室主任多次组织召开办公室会议和专题会议，研究谋划推进工作落实。在 2 月 10 日和 9 月 30 日召开了全面依法治省委员会第四次、第五次会议，组织认真学习习近平总书记重要讲话和中央全面依法治国委员会会议精神，研究谋划依法治省工作。省委常委会专题审议省人大和省政府 2020 年度立法计划，结合高质量发展、增进民生福祉、加强生态环保、促进区域协同发展等中心工作提出立法意见，确保立法方向正确。

加强全面依法治省工作机制建设，修改完善了全面依法治省委员会、协调小组工作规则和办公室工作细则，确保委员会、各协调小组和办公室充分发挥职能作用，制定了《河北省法治建设年度考核实施办法（试行）》，加强对法治河北建设的考核，以考核推动全面依法治省工作任务落地落实，加强首都政治"护城河"的法治保障作用。

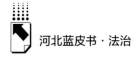

（三）加强地方党内法规制度建设，依法治省和依规治党统筹推进

河北省委统筹推进党内法规制度建设，重点围绕党内法规制定质量和执行力积极作为。2020年召开两次会议，安排部署党内法规制定、执行和理论研究等有关工作，推进党内法规制度建设高质量开展。全年共制定修订省委党内法规6部，即时清理废止法规文件7件。对《省委党内法规制定工作第二个五年规划（2018—2022年）》中期落实情况进行分析评估，实现时间任务"双过半"。高质量完成党内法规和规范性文件报备和审查备案工作，向党中央报备42件，实现报备率和报备及时率"两个100%"。审核各地党委（党组）规范性文件290件，纠正规范性文件31件。党内法规制度体系建设得到进一步完善，为有效保证党中央决策部署和河北省委工作要求精准落地提供了制度保障。

（四）坚持依法执政思维，依法决策水平明显提升

河北省委树立依法决策意识，坚持依法决策，将调查研究、征求意见、合法合规性审查和集体讨论决定作为重大决策的必经程序，凡"三重一大"事项均提交省委常委会集体研究决定。推动各级党政机关建立了法律顾问制度，落实前置审核制度，加强对党委文件、重大决策的合法合规性审查，对提交省委常委会会议审议的党内法规草案和规范性文件实现了应审必审。全面制定落实部门权力清单、责任清单、监管清单和负面清单制度，对重点部位、关键岗位的监督管理、财政资金分配使用、国有资产监管、公共资源转让、公共工程建设等实现了全面全程依法依章管理，党委依法决策水平明显提升。

二　提高立法质量，加强立法的引领、规范和保障作用

实现良法善治是法治河北建设的目标追求，高质量的法律规范能够充分

发挥法律的引领、规范和保障作用。2020年河北省完善立法体制机制建设，构建党委领导、人大主导、政府依托、各方参与的立法工作格局，着力提高地方立法质量，以良法促进善治，推动经济社会发展。

（一）加强科学立法和民主立法

2020年，河北省围绕推进政府治理体系和治理能力现代化、经济社会高质量发展、保障和改善民生、提高基层治理水平等方面，科学制定立法计划，用高质量立法推动河北经济社会高质量发展，推进治理体系和治理能力现代化。河北省人大常委会根据成熟程度安排了三类38件地方性法规项目：一类项目是由河北省人大常委会确定，在年内提请审议的5件立法项目；二类项目是条件成熟时提请审议的19件项目；三类项目为14件调研项目。河北省政府按照轻重缓急确定了三类20件规章项目：一类项目为年内制定或修订的5件项目；二类项目为积极推进，适时提请审议的9件项目；三类项目是6件调研项目。聚焦推动雄安新区建设，开展专题立法调研，制定了雄安新区2020年、2021年立法及调研项目计划。

聚焦民法典实施，启动民法典涉及地方性法规专项清理行动，对410部现行有效地方性法规进行清理，废止省政府规章6件，清理行政规范性文件40件，确保地方性法规规章与民法典相统一、相衔接，实现省内地方性法规规章之间的协调和衔接。

坚持立法为了人民、立法依靠人民，加强民主立法，建立了58个基层立法联系点，广泛征求人民群众意见，有效破解了地方立法质量和效率不高、部门利益渗透等难题，发挥了立法的引领、规范和保障作用。

（二）为疫情防控提供法治保障

非常之时，立非常之法。在疫情防控特殊时期，河北省人大常委会聚焦全省疫情防控目标，主动回应政府管理和社会治理中的法治需求，在全国率先出台《关于依法全力做好新型冠状病毒肺炎疫情防控工作的决定》，调整增加公共卫生领域一类项目2件、二类项目3件，开展疫情相关地方性法规、规范性文件清理工作，组织编写法律法规汇编，为疫情防控提供了坚强法治保障，为政府落实最严格的防控提供了法律依据，为河北省打好疫情防控阻击战提供了应急、及时、有效的法治支撑，确保了河北省人员返岗返工和学生返校前后防控措施的落细、落实，确保河北平稳、安全度过了新冠肺炎疫情防控的关键期，为河北依法科学有序防控疫情、打赢疫情防控阻击战提供了有力的法治支撑。

（三）推进重要领域立法

2020年共制定地方性法规和具有法规效力的决定17部（项）、省政府规章9件，修改法规7部、废止2部，审查批准设区的市法规33部，审查报备规范性文件167件，河北省创制性立法走在全国前列，栗战书委员长给予充分肯定。

1. 京津冀协同立法深度发展

聚焦推进京津冀协同，6次召开三地立法联席会议，三省市人大常委会共同审议相关立法草案，京津冀协同立法实现跨越发展。2020年1月，河北省、北京市、天津市人民代表大会分别审议通过了《机动车和非道路移动机械排放污染防治条例》，实现了"一个文本、三家通过"的目标，该文件成为我国首部对机动车污染防治做出全面规定的区域性协同立法，标志着京津冀协同立法由制度协同走向项目协同，在河北法治发展史上具有里程碑意义。

2. 生态文明领域立法持续加强

聚焦生态环境保护，出台了生态文明领域法规及法规性质的决定。具体包括《河北省生态环境保护条例》《河北省非煤矿山综合治理条例》《白洋淀生态环境治理和保护条例》《河北省人民代表大会常务委员会关于加强船舶大气污染防治的若干规定》《河北省人民代表大会常务委员会关于河北省资源税适用税率、计征方式及免征减征办法的决定》《河北省河湖保护和治理条例》《河北省人民代表大会常务委员会关于加强滦河流域水资源保护和管理的决定》等8部（件）法规规章。出台的生态文明领域法规及法规性质的决定接近全年总量的一半，进一步完善了山水林田湖草系统治理立法，基本织密了加强生态文明建设的法治之网，为推动美丽河北建设提供了重要法律支撑。

3. 科技和民生领域立法填补空白

时隔9年重新修订《河北省科学技术进步条例》，从科技创新重点、研究管理、成果转化等方面做出全面规范；聚焦优化营商环境，制定了《河北省人民代表大会常务委员会关于落实纾困惠企政策、保护和激发市场主体活力的决定》，为优化营商环境提供了重要法律支撑；聚焦保障改善民生和社会稳定，制定《河北省城乡生活垃圾分类管理条例》《河北省多元化解纠纷条例》；聚焦提高人民群众身体健康水平和生活质量，通过《河北省全民健身条例》，这是河北省首部对全民健身做出专门性规定的法规，也是首次对普及冬奥冰雪运动进行立法，填补了河北省全民健身领域的立法空白。

4. 制定全国首部反对餐饮浪费的省级地方性法规

贯彻习近平总书记关于制止餐饮浪费行为重要指示精神，2020年9月24日出台了《河北省人民代表大会常务委员会关于厉行节约、反对餐饮浪费的规定》，这是全国首部反对餐饮浪费的省级人大常委会重大事项规定，提出对餐饮浪费行为进行法治治理，为弘扬和践行社会主义核心价值观，传承中华民族崇尚节俭的传统美德，营造厉行节约、反对餐饮浪费的社会风尚，破解餐饮浪费难题提供了河北的法治方案。

（四）加强对宪法法律法规实施的监督

2020年，河北省人大常委会加强法律监督，创新监督方式，深入开展"6+1"联动监督，聚焦违法违规占用土地、违规违建项目、资源能源项目、房地产开发项目、矿山综合治理、地下水超采等6个重点领域进行清理规范和加强公共卫生管理，组织全省四级人大和五级人大代表深入开展联动监督，召开座谈会5261次，专题询问1229次，检查24522个关键点，发现问题9260个，并督促整改，推动解决一大批重点难点问题；加强执法检查，开展水污染防治法、可再生能源法、防震减灾法、渔业法执法检查，重点针对居家养老、农村低保、民事审判、法院执行、律师执业和禁毒等方面进行监督检查，促进民生政策落地、依法行政和公正司法；率先在全国开展规范性文件备案审查执法检查，督促解决制度机制不完善、执法刚性不强等突出问题，有效维护了宪法法律权威和国家法制统一。

三　稳步推进法治政府建设，提高依法行政和行政执法水平

法治政府建设是法治河北建设的重点任务和主体工程。2020年河北省继续扎实推进《法治政府建设实施纲要（2015—2020年）》贯彻落实，该纲要七个方面125项目标全部完成，全省法治政府建设水平明显提升，力争在法治河北建设中实现率先突破。

（一）完善行政决策机制，依法决策水平明显提升

2020年2月1日《河北省重大行政决策程序暂行办法》开始施行，该办法对河北省重大行政决策事项范围、决策草案的形成、合法性审查、决策执行和调整、法律责任等方面做出明确规定，把公众参与、专家论证、风险评估、合法性审查和集体讨论决定作为依法决策的五大法定程序，规定了履行各项程序的具体要求，要求决策承办单位可以采取座谈会、听证会、实地走访、书面征求意见、向社会公开征求意见、问卷调查、民意调查等多种方式充分听取人民群众的意见。规定公开征求意见的期限一般不少于30日，因情况紧急等需要缩短期限的，公开征求意见时应当予以说明，推动全省各级政府依法决策、依法行政。完善政府法律顾问制度，制定了《河北省人民政府法律顾问工作规则》，聘请了省内外21名法律专家学者担任法律顾问，2020年法律顾问参与省委省政府文件审核129件次，提出审核意见建议400多条，高质量完成了合法性审核把关任务，确保了行政决策符合人民群众新期待，符合宪法法律规定，政府公

信力明显提升。在对全省 14 个市、34 个省政府部门和 9 个中直驻冀单位开展的依法行政考核中，法治政府建设公众满意度综合评分为 80.13 分，公众满意度为历史最高水平。

（二）深化行政执法三项制度，行政执法水平进一步提高

严格规范公正文明执法是依法行政的关键。河北省通过全面推行行政执法三项制度，构建了"党委领导、人大监督、政府推动、部门实施"的组织机制，在全国率先颁布实施了规范三项制度的三件省政府规章，在全国率先实行了三项制度省市县乡四级全覆盖，截至 2020 年 11 月底，全省共建立执法公示专栏 4120 个，事前公开内容 56 万余项，事后公开执法结果 1625 万余项，进一步提高了行政执法水平。

河北省行政执法三项制度工作领跑全国，全面推行行政执法三项制度得到了国家有关部委的充分肯定和社会各界的广泛认可。2020 年河北推行三项制度经验入选中央依法治国办关于法治政府建设实地督察发现的典型经验和中央党校案例教学课，《人民日报》、中央电视台、《法治日报》等国家主流媒体对其进行了宣传报道。

（三）加强行政复议和行政应诉工作，行政权力监督力度不断加大

行政复议是行政机关内部依法行政的自我约束制度，行政诉讼是行政机构外部的司法监督制度，行政复议和行政诉讼能够有效监督行政权力，防止权力滥用。截至 2020 年 9 月底，全省各级行政复议机关共收到行政复议申请 5073 件，受理 4831 件，上年结转 426 件。共审结 4229 件，以撤销、确认违法、调解等方式纠错 1357 件，综合纠错率达 32.09%。省政府本级严格依法办理行政复议案件，坚持刀刃向内，从合法性、合理性、实体和程序等方面对行政行为进行全面审查，有力维护了人民群众合法权益。截至 2020 年 9 月底，全省共办理行政应诉案件 3826 件，其中原具体行政行为机关应诉的有 1732 件，占 45.27%；复议机关应诉的有 450 件，占 11.76%；共同应诉的有 1644 件，占 42.97%。加强行政复议和行政应诉工作，有效

提升了依法行政能力和水平。2020年4月10日，河北省政府办公厅印发《关于行政复议行政应诉工作2020年度提升计划》（冀政办字〔2020〕49号），旨在提高行政复议和应诉能力。截至2020年10月，省政府本级办结行政复议案件377件，行政诉讼案件118件全部胜诉。为进一步提升行政机关负责人出庭应诉率，要求各地出庭应诉率低于60%的，提升至60%以上，已达到60%的进一步提升。在设区市政府一把手出庭应诉实现零的突破的基础上，全省各地积极推进行政机关负责人出庭应诉工作。截至10月底，行政机关负责人出庭应诉达457人次，已开庭审理的案件中，行政机关负责人出庭应诉603件，出庭应诉率达75.8%。秦皇岛市市长、沧州市副市长、泊头市副市长、沧州市司法局局长分别出庭应诉。

（四）扎实推进乡镇和街道综合行政执法改革，提升基层治理效能

2020年河北省扎实推进基层综合执法改革，根据省委办公厅和省政府办公厅发布的《河北省推进乡镇和街道综合行政执法改革工作方案》，下放乡镇和街道执法权限87项，着力构建"一张清单管权责、一支队伍管执法、一套机制管运行"的基层综合行政执法体系。省司法行政机关根据文件针对行政执法综合业务指导、执法人员培训和执法监督、协调解决执法争议等11项新职能，统一印发了36种乡镇执法文书格式，办理了14828个行政执法人员证件，努力推进行政执法规范化建设、执法装备配备、统一执法车辆标识等工作，《河北省乡镇和街道综合行政执法条例（草案）》已经省政府常务会议通过，进入了省人大常委会审议阶段。

四 深化司法体制改革，确保司法公正高效权威

2020年，河北省深化司法体制改革，建立司法责任制综合配套制度，各级法院扎实履行职责使命，建立更透明、更便民的阳光司法机制，诉源治理取得明显成效，人民群众在每一个案件中感受到公平正义。

（一）推进司法体制综合配套改革，确保司法公正高效

2020年6月，河北省委常委会审议通过《关于深化司法责任制综合配套改革的若干措施》，明确25项改革措施，着力推动司法责任制综合配套改革，推动完善审判权、检察权运行机制，真正做到"让审理者裁判、让裁判者负责"。构建法官、检察官员额配置动态管理机制、业绩评价机制，实现退额常态化、绩效考核规范化，保障司法公正高效。深化法院系统立案登记制度改革，截至11月底，共立案86.6万起。推动全省检察机关和法院系统创新司法便民措施，着力构建线上线下立体化诉讼服务体系，司法为民、便民、利民水平明显提升。

（二）推进执法司法规范化建设，切实提升办案质效

公安系统制定了《刑事立案追诉标准法律适用指导》等制度规范，明确了公安民警执法行为规范依据。法院系统强化院庭长对"四类案件"的监管，充分利用审判质效平台和"四类案件"监管平台，实现自动化识别、智能化监管。检察院系统建立健全横向纵向相结合的业务数据分析研判会商机制，积极推进"智慧＋案件"监督模式，提升案件流程监控、质量评查职能化水平。司法行政机关深入开展对包括职务犯在内的"三类犯"的"减假暂"专项执法检查，使其及时全部整改到位，进一步规范了刑罚执行工作。

（三）提高生态环境和知识产权司法保护水平，充分发挥司法保障作用

河北省三级法院顺应新时代环境保护的形势变化，全面加强生态环境司法保护。加大对污染环境、破坏生态犯罪行为的惩治力度，围绕重污染天气等人民群众反映强烈的突出问题，依法公正高效审理相关生态环境案件；依法审理经济结构和能源政策调整、产能过剩引发的企业改制、破产等案件，以优质的司法服务支持和保障节能环保、清洁生产、清洁能源等产业发展；法院与检察院协调联动，推进公益诉讼及生态环境损害赔偿案件的审理；依

法妥善审理涉京津冀大气污染纠纷案件，涉白洋淀、近岸海域和城乡污水治理等水污染纠纷案件以及涉土壤污染案件，探索多样化的责任承担方式，推进环境资源审判体系和审判能力现代化。2020年11月10日至2021年3月底，河北省高级法院、省人民检察院、省公安厅、省生态环境厅联合开展打击环境违法犯罪的"利剑斩污（2020—2021）"专项行动，重点打击整治16种违法犯罪行为，集中力量解决群众身边的突出生态环境问题，巩固打击污染环境违法犯罪取得的成果。

河北全省法院系统适用惩罚性赔偿措施，建立以诚信原则为指引、激励当事人积极提供证据的诉讼机制，完善诉调对接机制，破解知识产权审判难题。围绕雄安新区知识产权保护中心建设、河北省自贸区建设等重点工作，统一裁判标准，加强涉外知识产权和涉冬奥会知识产权案件审判管理。通过知识产权案件审理专门化，打造"精品工程"，完善类案和新类型案件强制检索制度，健全知识产权审判体制机制，加强知识产权创新成果保护，解决重点疑难问题，回应企业知识产权保护需求。依法加大对经济增长具有重大突破性带动作用、具有自主知识产权的关键核心技术和知名品牌的保护力度，提升办案质量和知识产权审判质效。通过发挥公正、高效的知识产权审判职能，有效服务和保障河北创新型经济发展。

（四）推动综合解决"执行难"问题，司法公信力明显提升

河北省各级法院加强"执行难"综合治理源头治理，严格落实《关于加强综合治理从源头切实解决执行难问题的实施意见》和《关于在执行工作中进一步强化善意文明执行理念的意见》。充分发挥信息化优势，推进移动执行平台普及运用，开展清理解决超标的查封问题、化解执行积案、整治违规执行等规范执行专项活动，河北省法院的经验做法在全国得到推广。2020年，全省法院共受理各类执行案件40.8万件，执结39.0万件，执结率达到95.58%，执行到位金额共计828.14亿元，人民群众法治获得感进一步提升。

（五）健全完善一站式多元解纷机制，更好实现司法为民

河北省三级法院向基层延伸创新解纷机制，多元解纷工作机制日趋完善，为人民群众提供了高效、便捷的一站式服务。2020年前8个月，人民法庭将大量矛盾纠纷化解在初始阶段，通过诉前调解解决各类纠纷8.71万件，调解成功率达72.36%，切实维护了社会的和谐稳定。"冀时调"平台汇聚河北全省994家特邀调解组织和4756名特邀调解员，于2020年7月20日上线运行，包括智能咨询、风险评估、在线调解、司法确认等功能，让司法服务更快捷高效。2020年9月以来，河北法院一站式建设质效居全国前列，推动平安河北、法治河北建设迈上新台阶。截至2020年10月底，成功调解41906件各类纠纷，一站式在线解纷效能明显提升。另外，"老赖地图"小程序、"登"字号立案系统等河北法院的本地信息系统，通过与"移动微法院"对接，基本实现了对外以"移动微法院"为总入口通办诉讼事务，当事人足不出户就能享受一站式的调解服务。

（六）全面加强法律监督，提升司法质效

2020年，河北省检察机关协调推进刑事、民事、行政、公益诉讼四大检察，全面加强法律监督。

1. 做优刑事检察

进一步加大对刑事犯罪的打击和惩治力度，2020年上半年，共批准和决定逮捕各类犯罪10592人。不批准和不予决定逮捕2278人，全力保障人民群众人身财产安全。对各类犯罪，共决定起诉27057人，决定不起诉4059人。书面监督纠正"减刑、假释、暂予监外执行"不当697人。书面监督纠正监外执行和社区矫正监管活动违法1389人、刑事执行活动违法（非监外执行）446件。核查纠正监外执行罪犯脱管10人，立案侦查司法工作人员相关职务犯罪22人。河北省辛集市耿某华正当防卫不批捕案入选最高人民检察院发布的6起正当防卫不捕不诉典型案例。河北省石家庄市桥西区检察院以涉嫌抢劫罪做出批准逮捕决定的彭某某涉嫌抢劫案件入选最高人

民检察院严厉打击盗抢犯罪典型案例。

2. 做强民事检察

坚持平等保护，依法办理涉及民营企业、产权保护等的民事诉讼监督案件，开展知识产权宣传周活动，维护群众合法权益。充分运用检察智慧，加强对民事生效判决、裁定、调解书的监督，截至 2020 年 6 月底，共受理案件 1564 件，提出抗诉 79 件，提出再审检察建议 106 件。加强对民事审判活动的监督，2020 年上半年，共受理案件 550 件，同期审结 365 件，提出检察建议 345 件，法院同期采纳 244 件。进一步加强对民事执行活动的监督，到 2020 年 7 月初，共受理案件 599 件，同期审结 478 件，提出检察建议 415 件，法院同期采纳 227 件，采纳量同比上升 35.1%。

3. 做实行政检察

河北省检察机关积极回应人民诉求，做好"加强行政检察监督促进行政争议实质性化解""自然资源领域非诉执行监督"等一系列专项活动，为促进依法行政贡献检察力量。坚持依申请监督和依职权监督相结合，监督行政生效判决、裁定、调解，用好用足监督纠正、以抗促和、促成和解、息诉服判等方式。2020 年上半年，共受理案件 220 件，提出抗诉 3 件，提出再审检察建议 2 件。监督行政审判活动，2020 年前 6 个月，全省检察机关共受理案件 117 件，提出检察建议 85 件，法院同期采纳 42 件。监督行政执行活动，2020 年 1~6 月，共受理案件 301 件，提出检察建议 241 件，法院同期采纳 111 件。河北省检察机关领导办案包案、公开听证、机制建设等工作走在全国前列。

4. 做好公益诉讼检察

河北省检察院加强外部合作，与河北省药监局建立药品公益诉讼司法鉴定联合实验室，与河北经贸大学、河北地质大学合作，与河北大学、河北农业大学分别建立民事行政公益诉讼检察研究基地。自 2020 年 6 月开始开展为期一年的长城保护检察公益诉讼专项活动。河北省张家口市人民检察院、石家庄军事检察院军粮差价补贴款行政公益诉讼案入选检察公益诉讼典型案例。2020 年 1~6 月，共受理公益诉讼案件线索 6249 件。其中行政公益诉讼案件线索 6020 件，民事公益诉讼案件线索 229 件。立案 5902 件，行政类

5691件，民事类211件。共开展诉前程序4365件，其中行政公益诉讼诉前程序4196件，民事公益诉讼诉前程序169件。共提起公益诉讼73件，其中刑事附带民事公益诉讼69件，民事公益诉讼3件，行政公益诉讼1件；环境资源领域62件，食品药品领域8件，其他领域3件。

（七）深化扫黑除恶专项斗争

围绕"案件清结"目标要求、"六清"行动目标和常治长效机制建设，开展扫黑除恶专项斗争，进一步强化诉前主导、审核把关、案件督导督办，再深挖再彻查，再聚焦再推进，实现长效常治，坚决"打伞破网"，精准"打财断血"。把专项斗争同疫情防控、复工复产结合起来，在不放松疫情防控的同时，加速扫黑除恶。把审查起诉和出庭支持公诉作为重中之重，把握时间节点，推进办案攻坚。坚持领导带头办案，落实领导包案，强化案件督导督办，确保办案效果。2020年1~6月，全省检察机关共批准和决定逮捕涉黑涉恶犯罪493人，决定起诉1071人。共监督公安机关立案17人，书面监督纠正侦查活动违法21件，提出二审抗诉8件，坚决打好打赢扫黑除恶专项斗争决胜战、收官战。

五　推进全民普法，加快建设法治社会

法治社会是构筑法治河北的基础。2020年河北省推进全民普法与依法治理，扎实做好法治河北建设的长期性、基础性工作。

（一）完善普法工作机制，形成法治宣传教育工作合力

2020年河北省落实"谁执法谁普法"责任制，在全国率先制定省直部门普法责任清单并进行动态调整，明确了97个部门共526条普法职责，把普法由"软任务"变成"硬指标"。省直各部门在省责任清单基础上，将本部门普法任务进一步细化，形成了责任明确、任务具体、系统完备的法治宣传教育工作任务体系。

（二）用好"线上线下"平台，深入宣传宪法法律

2020年河北省持续深化宪法学习宣传，组织开展"宪法七进""宪法宣传周""学宪法讲宪法""宪法宣誓"等活动，推进宪法观念深入人心。深入开展民法典学习宣传，组建"河北省民法典普法讲师团"，聘请40名专家学者开展民法典专题法治讲座、法治培训和座谈研讨活动，组织开展"民法典走进生活"网上有奖知识竞答，共1100万余人次参与，民法典普及率达到80%以上。

（三）抓好重点人群普法，全社会法治意识明显提升

一是抓住领导干部这个"关键少数"，推动落实《关于完善国家工作人员学法用法制度的意见》和《关于推动国家工作人员旁听庭审活动常态化制度化的实施意见》，将领导干部学法用法纳入领导班子综合考核内容，各级党委、政府严格落实党委（党组）中心组学法、政府常务会议会前学法制度，组织开展全省领导干部宪法法律知识考试，80余万名各级领导干部参加考试，"关键少数"的示范带动作用进一步凸显。二是大力加强青少年法治宣传教育，落实青少年法治教育大纲，发挥课堂主渠道作用，全省中小学普遍开设法治课程，加强青少年法治教育，引导青少年从小树立规则意识，养成遵纪守法的行为习惯。配备专（兼）职法治副校长和法治辅导员1.3万名，建设青少年法治教育基地300余个，青少年法治教育基础进一步夯实。三是抓住农民这个"绝大多数"，加强农村农民法治宣传教育，指导各级各部门围绕服务乡村振兴战略深化基层依法治理，深入开展"送法下乡"活动。落实村（居）法律顾问和十户普法宣传员制度，共聘请法律顾问1.7万多名，稳步推进实施"法律明白人"培养工程，选拔"法治带头人"，深入推进法治宣传阵地建设，将法治宣传融入群众生活，人民群众办事依法、遇事找法、解决问题用法、化解矛盾靠法的意识明显提升。

（四）推进法治文化和新宣传载体建设，切实提升普法实效

结合河北特色文化、红色文化，开展法治文化建设，打造法治文化公

园、广场、街道1300余个，西柏坡纪念馆、李大钊纪念馆、廊坊法治教育中心被评为全国法治宣传教育基地，基地数量、质量均居全国领先地位。大力推进"互联网＋"普法宣传，"掌上普法""指尖普法"成为普法新时尚，2020年开通"河北普法"微信公众号，粉丝超过40万人，"沧州普法""石家庄普法"居全国今日头条榜单前十名，法治宣传教育的针对性、实效性明显增强。

六　河北法治建设存在的不足

2020年10月，《中共中央关于制定国民经济和社会发展第十四个五年规划和二○三五年远景目标的建议》对我国今后五年和十五年法治中国建设做出新的顶层设计和规划部署。11月党中央召开新中国成立以来第一次"中央全面依法治国工作会议"，确立了"习近平法治思想"在全面依法治国中的指导地位。新时代法治河北建设要以习近平法治思想为理论指导和行动指南，以党中央的正确领导和顶层设计为指引。对标对表习近平法治思想和党中央对法治建设的要求，河北法治建设还存在不足和短板，主要表现为以下六个方面。

（一）公共卫生立法需要加强

2020年新冠肺炎疫情防控暴露了河北省公共卫生法治的短板，今后首先要加强河北省公共卫生法治建设，筑牢公共卫生安全法治防线，对动物防疫条例进行修改，加强动物防疫管理，有效预防、控制和扑灭动物疫病，促进养殖业发展，保护人民群众身体健康，维护公共卫生安全。其次要进一步提升立法质量，对专业性较强的立法项目要充分进行调研与论证，增强立法的针对性、及时性、系统性和可操作性。最后要积极开拓各种渠道，推进智慧人大建设，广泛听取人民群众的意见和要求，促成多方不同利益群体有序参与立法。

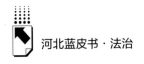

（二）政府治理职能有待优化

在法治政府建设中，政府在公共服务、公共管理、公共安全等领域的利益表达、利益协调、利益保护机制仍不健全。在政策创新、"放管服"改革、减证便民、优化窗口单位和审批机构服务机制上还存在不足，行政执法"三项制度"还需要进一步落实，公正文明执法还须进一步规范，基层行政执法力量及其执法能力素质亟须加强和提高，政府公信力还需要进一步提升。

（三）司法责任制和规范化建设需要进一步推进

审判质量效率有待提升，服务高质量发展水平有待提高，司法作风转变还不彻底。2020年省人民代表大会上，人大代表们围绕服务大局、审判执行工作、司法改革、信息化建设、队伍建设、基层基础建设、法治宣传等10个方面，提出69条意见，覆盖法院立案、审判、执行等各个环节。各地审判质效差距较大，人均结案量参差不齐，执行完毕率偏低，执行案件平均用时偏长，执行效率不高。司法责任制综合配套改革有待深化，"让审理者裁判、由裁判者负责"还没有完全落实到位，特别是责任追究机制还不健全、执行仍不坚决。基层司法队伍建设还需要加强，案多人少的矛盾仍很突出。

（四）京津冀区域司法合作缺乏持续动力

京津冀三地的司法合作机制已初步建立，仍需要进一步深化。区域壁垒、区域差异成为司法合作的障碍。受京津冀三地间利益平衡及旧有职责边界的限制，司法合作的组织比较松散，呈现随机性、非正式特征，司法合作缺乏刚性的制度规范，司法合作的可持续性不足，京津冀司法协同的深度、广度和力度都有待提升。

（五）法律监督实效需要提高

检察机关监督有时还存在"程序空转"问题，需要全面提高监督效能、梳理重点案件，通过公开听证等多种方式，集中办理一批群众反映强烈的争议案件，凝聚法治的最大"公约数"。检察机关和审判机关沟通协作不足，要进一步完善衔接机制，促成检、法与其他政法机关建立良好工作关系，形成快捷、高效、有序的工作衔接机制。还要解决量刑建议、办案效率和被告人反悔上诉等问题，共同破解工作难题。在社会治理类检察建议办理工作中，需要深入挖掘原因规律，提出明确具体、说理充分、论证严谨、有可操作性的意见建议，实现政治效果、社会效果、法律效果的统一。

（六）基层法治治理能力需要加强

基层治理是法治社会建设的重要组成部分，是首都政治"护城河"建设和防范化解重大风险的基础性、根本性工作，目前基层在人、财、物、技术保障等方面仍显基础薄弱，尤其是乡镇和农村更为薄弱，乡镇（街道）综合执法人员业务水平和能力亟待提高。司法行政公用经费标准与周边省市及发达省份相比仍有较大差距，在信息化建设、司法所标准化建设方面用房、资金缺口较大，历史欠账较多。公共法律服务供给还存在规模、设施、人员、经费等方面的短板，制约整体法律服务功能的发挥。

七　2021年河北法治建设展望

2021年是"十四五"的开局之年，是全面建设社会主义现代化国家的起步之年，在新时代，法治将在国家治理体系和治理能力现代化中发挥更加重要的作用。展望2021年，河北省将坚持以习近平新时代中国特色社会主义思想为指导，深入学习宣传贯彻习近平法治思想，全面贯彻落实习近平总书记重要讲话和中央全面依法治国工作会议及省委全面依法治省工作会议精神，以更高的站位、更严的标准、更实的举措，扎实推进全面依法治省工作，奋力开创法治河北建设新局面，以实际行动和工作成效坚决当好首都政治"护城河"。

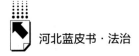

（一）推进河北省重要领域高质量立法，推进良法善治

2021 年，在经济社会发展面临国内外多重矛盾的新发展格局下，要发挥立法的优势和功效，在危机中育先机，在变局中开新局，就要把党中央做出的重大决策及时转化为地方性法规。一是坚持切口小、切口准、切口深，紧紧围绕河北改革发展要求和人民群众关切，围绕破解行政执法、社会治理中的突出问题开展立法活动，聚焦重点难点问题，盯紧关键环节，以良法促进发展、保障善治。二是加强公共卫生领域法治建设，加快制定同疫情防控相适应的公共卫生法规制度，助力夺取疫情防控和经济社会发展双胜利，提高应对重大公共卫生事件的能力和水平。三是突破惯性思维和路径依赖，聚焦河北省经济社会发展的重点、难点与焦点，开展创制性立法，使河北的地方立法资源更加切合河北实际、更加务实管用，为河北实现高质量发展提供坚强法治保障。

（二）坚持和完善行政执法规范化建设，推进依法行政

2021 年河北省将贯彻落实新的法治政府建设规划纲要，推进执法规范化建设，解决执法不规范、不严格、不透明、不作为、乱作为等突出问题，使公正文明执法成为新常态。严格落实重大行政决策和行政规范性文件合法性审查机制，全面落实行政裁量权基准制度，规范行政执法裁量权，严格落实行政执法公示制度、执法全过程记录制度、重大执法决定法制审核制度等"三项制度"，建立和落实行政规范性文件后评估制度，促进严格规范公正文明执法。完善基层行政执法改革工作，强化乡镇和街道综合行政执法能力，提升基层治理效能和社会服务水平。加强对食品药品安全、生态环境保护等重点领域的法治督察，加大对违法行为的查处力度。全面落实行政执法责任制，加强行政执法监督，严格落实责任追究机制。

（三）坚持和完善司法责任制和规范化建设，促进公正司法

2021 年，河北各级法院要坚持服务大局、司法为民、公正司法，不断

提升整体效能，为实现"十四五"时期经济行稳致远、社会安定和谐，全面建设社会主义现代化国家开好局、起好步提供有力司法服务和保障。将继续深化司法责任制综合配套改革，深入推进司法规范化建设，针对人民群众反映强烈的司法问题做出公正裁判，强化司法裁判价值引领，切实让人民群众感受到公平正义就在身边。在司法工作各方面落实"两山"理念，加强环境资源审判基础理论研究，建设一支秉持现代环境司法理念、既精通法律又熟悉环境资源专业知识的高素质法官队伍，为美丽河北建设贡献更多法治力量。进一步落实执行指挥中心实体化运行工作，完善线上执行办案系统建设，充分发挥移动执行平台作用，深度推广运用"阳光执行"小程序，加大执行公开力度。全面推进京津冀三地法院司法协作与合作，加强对雄安新区中院的指导，对冬奥会筹办工作和场馆、基础设施建设加大司法护航力度。

（四）开启"八五"普法，提升全民法治素养

2021年河北省将认真总结"七五"普法的经验成果和短板弱项，谋划起草"八五"普法规划；继续紧紧抓住领导干部、青少年、农民三大重点群体，注重分类分业分众，提升普法宣传工作的精准化、专业化水平；不断创新宣传形式，着重做好宪法和民法典的学习宣传工作，大力加强社会主义法治文化建设；着力推动"谁执法谁普法"责任制落实，不断加强普法工作队伍建设，让法治宣传教育强起来、实起来、暖起来，确保"八五"普法规划起好步、开好头，为全省经济社会发展营造良好的法治环境。

（五）继续加强公共法律服务供给，满足人民群众法治需求

2021年河北省应当加快建设现代公共法律服务体系，激发各类社会主体参与公共法律服务的积极性，创新公共法律服务内容、形式、供给模式。加快整合律师、公证、司法鉴定、仲裁、人民调解等各类法律服务资源，促进资源共建共享，基本建成覆盖城乡、便捷高效、均等普惠的公共法律服务体系。一是指导各地规范有序开展法律援助。对受疫情影响中止诉讼的法律

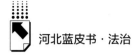

援助案件进行梳理，做好与公、检、法等办案机关的工作衔接，指导法律服务人员在做好安全防护的前提下，精心办理法律援助案件。二是指导各地持续开展"法援惠民生扶贫奔小康"品牌活动，集中办理一批农民工、妇女儿童、老年人、残疾人、军人军属等群体维权案件。组织全省15个中央专项彩票公益金法律援助项目实施单位积极办理中央专项彩票公益金法律援助案件。三是加强法律援助质量管理。指导各地在提高办案数量的同时，集中精力做好质量管理，严格执行法律援助案件办理程序规定，综合运用多种方式强化全过程、全方位监督，实行差别化办案补贴发放制度，开展民事法律援助案件质量同行评估和12348公共法律服务热线升级改造工作调研。四是继续推进公共法律服务平台建设，推进公共法律服务实体平台、热线平台、网络平台融合发展、一体服务。指导各地公共法律服务实体平台规范有序开展工作，加大热线平台监管力度，组织法律服务人员做好中国法律服务网和河北法律服务网法律咨询工作。

地方立法
Local Legislation

B.2

河北省人大创制性立法研究报告

周　英　柴丽飞＊

摘　要：　创制性立法是地方立法的生命力源泉。本报告分四个部分，第
　　　　一部分从贯彻落实党中央重大决策部署、确保立法决策与改革
　　　　决策相衔接、体现新时代要求三个方面阐述了创制性立法的重
　　　　要意义。第二部分对近年来河北省创制性立法进行梳理汇总，
　　　　指出创制性立法对河北经济社会发展稳定发挥了法治引领推动
　　　　和保障作用。第三部分总结创制性立法取得的丰富实践经验，
　　　　分析问题，指出短板和不足之处。第四部分认真总结探索，提
　　　　出解决思路，推进河北省创制性立法工作取得更大成效。

关键词：　法治引领　开门立法　小切口立法

＊　周英，中国政法大学法律硕士，河北省人大常委会法制工作委员会主任，研究方向为立法、
人大制度；柴丽飞，中国政法大学法律硕士，河北省人大常委会法制工作委员会二级主任科
员，研究方向为立法、人大制度。

创制规范以填补空白是创制性立法的最重要特征。地方立法的实施性、补充性、探索性功能充分体现在创制性立法活动中。关于创制性立法，在理论界、实务界还没有统一规范的定义。从地方立法实践来看，创制性立法是指立法主体根据宪法或者有关法律、行政法规确定的职权或者授权，就法律、行政法规尚未规定的事项创制新的法律规范的活动。创制性立法是地方立法赖以发展的生命力源泉。

河北省人大及其常委会始终坚持以习近平新时代中国特色社会主义思想为指导，深入贯彻落实党中央和省委重大决策部署，坚持科学立法、民主立法、依法立法，坚持向重点领域倾斜，向填补空白侧重，向管用有效发力，创造性地出台了一批小切口、立得住、真管用、能落地的地方性法规，对推动河北改革发展发挥了法治保障的重要作用。

一 创制性立法是顺应新时代要求
推进立法工作的必然选择

立法活动必须顺应新时代新要求，呼应新时代人民群众新关切，紧跟新时代党中央的决策部署，从本地经济社会发展对法律保障的需求出发，深入推进地方创制性立法工作。

（一）创制性立法是中国特色社会主义进入新时代的时代呼唤

赋予地方立法权是国家治理方式上的重大制度安排。地方立法伴随改革开放而生，为改革开放服务。四十余年的法治实践表明，法治与改革相行相伴，就像鸟之两翼、车之两轮，改革催生法治，法治引领改革，二者相得益彰、相辅相成。地方立法围绕党和国家中心工作，以宪法和法律为依据，紧密结合地方实际，积极探索前进，与时代同步伐，与改革同频率，与实践同发展，取得一系列重要成果，积累了宝贵经验，为中国特色社会主义法律体系逐步形成和完善、推动地方经济社会发展和加强民主法治建设做出了重要贡献。据统计，现行有效的地方性法规已超过12000部，其中很大一部分是创制性立法，可以说创制性立法为国家立法提供了先行先试经验，为国家长治久安提供了重要法治支撑。中国特色社会主义进入新时代后，我国社会主要矛盾转化为"人民日益增长的美好生活需要和不平衡不充分的发展之间的矛盾"，我国经济由高速增长阶段转向高质量发展阶段，这是地方立法工作所处的时代背景。顺应新时代要求，必须推进创制性立法工作，以更好发挥法治引领和推动改革作用，这是当前十分紧迫且重要的任务。

（二）创制性立法是贯彻落实党中央和省委重大决策部署的实现途径

习近平总书记对地方人大及其常委会工作做出重要指示强调："地方人大及其常委会要按照党中央关于人大工作的要求，围绕地方党委贯彻落实党中央大政方针的决策部署，结合地方实际，创造性地做好立法、监督等工作，更好助力经济社会发展和改革攻坚任务。"① 党的十八大以来，习近平总书记多次视察河北并发表重要讲话，做出了"四个加快""六个扎实""三个扎扎实实"等一系列重要指示批示，为做好河北工作指明了前进方向。习近平总书记对河北工作的重要指示批示是全省各级人大推进地方立法工作的基本遵循。党中央对河北寄予厚望，河北正处于历史性窗口期和战略性机遇期，面临的机遇千载难逢，面对的挑战前所未有，发展任务艰巨繁重。党中央重大决策部署、国家大政方针，地方必须严格执行，抓好落实。重大改革应当于法有据，推进京津冀协同发展、雄安新区规划建设、北京冬奥会筹办三件大事，落实"三区一基地"功能定位，加快构建以国内大循环为主体、国内国际双循环相互促进的新发展格局等，急需坚强的法治保障。贯彻落实党的领导，把党的主张和意图通过法定程序上升为国家意志，是地方立法工作贯彻落实习近平新时代中国特色社会主义思想、深入落实习近平法治思想的基本要求。地方人大作为地方立法机关和监督机关，必须立

---

① 《习近平对地方人大及其常委会工作作出重要指示》，中国人大网，2019 年 7 月 18 日，http://www.npc.gov.cn/npc/c30834/201907/a988ac79fd5847e597609116a7ed1104.shtml。

足法定职能，加强重点领域创制性立法，提供坚强法治保障，这是其义不容辞的历史使命和重大政治任务。

（三）创制性立法是完善中国特色社会主义法律体系的必然要求

法治是国家治理体系和治理能力的重要依托。习近平总书记指出，要紧紧抓住全面依法治国的关键环节，完善立法体制，提高立法质量。[①] 当前法治改革面临许多难啃的硬骨头，迫切需要坚持法治思维，高度重视法治的基础性、保障性作用，以良法善治不断推进国家治理体系和治理能力现代化。地方立法是中国特色社会主义法律体系的重要组成部分，在改革开放和现代化建设中发挥了重要的、独特的作用。这一作用主要体现在地方立法充分发挥实施性、补充性、探索性功能，促进了地方治理方式转变和治理能力提升。随着中国特色社会主义法律体系不断完善，地方立法存在和发展的生命力主要体现在创制性立法上，即服从服务于本地中心工作，结合本地实际问题，对地方性事务进行创新性立法，反映地方需求，解决地方矛盾，体现地方特色，同时为国家制定法律提供法治实践经验。《立法法》第七十三条也授权地方可以对属于地方性事务需要制定地方性法规的事项进行立法，先行先试。因此可以说，创制性立法是完善中国特色社会主义法律体系、建设中国特色社会主义法治体系的必然要求，是推进全面依法治国、提升治理体系和治理能力现代化水平的重要抓手。

二 创制性立法成果充分展现新时代人大使命担当和价值追求

省人大常委会贯彻落实中央和省委一系列新的重大部署，紧跟时代步伐，坚持科学立法、民主立法、依法立法，把创制性作为立法的重要考量，坚持小切口、大纵深，着眼真管用、能落地，进一步促进了良法善治。

---

① 《党领导全面依法治国 习近平强调这十六个字》，人民网，2019 年 2 月 17 日，http：// politics. people. com. cn/n1/2019/0217/c1024 - 30759008. html。

十二届人大常委会期间，省人大常委会共制定地方性法规和具有法规效力的决定 67 部，其中创制性立法 37 部，占 55.2%。十三届人大常委会组成以来，省人大常委会共制定地方性法规和具有法规效力的决定 45 部，其中创制性法规 30 部，占 66.7%（数据统计截止到 2020 年 10 月）（见图 1）。特别是，2020 年立法计划共 23 部，其中创制性立法 18 部，占 78.3%。通过数据来看，十八大以来，河北省人大及其常委会立法工作中创制性法规比重整体不断上升，已成为地方立法的最主要特色。十三届人大常委会组成以来创制性法规分类占比如图 2 所示。

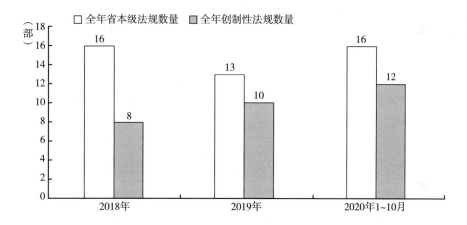

图 1　河北省十三届人大常委会组成以来年度创制性法规数量

资料来源：河北省人大常委会公报。

（一）经济领域创制性立法

经济领域创制性立法主要特点是顺应放管服改革需要，优化发展环境。经济领域创制性法规共 6 部，即《河北省促进企业技术创新条例》《河北省促进绿色建筑发展条例》《河北省人民代表大会常务委员会关于加强建筑市场监督管理的决定》《河北省人民代表大会常务委员会关于落实纾困惠企政策、保护和激发市场主体活力的决定》《河北省人民代表大会常务委员会关于河北省资源税适用税率、计征方式及免征减征办法的决定》《中国（河

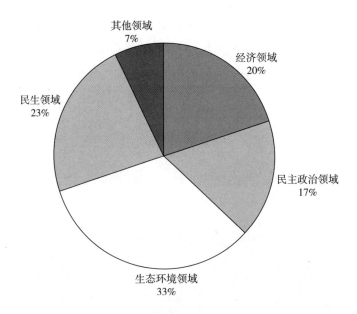

图2　河北十三届人大常委会组成以来创制性法规分类占比

资料来源：河北省人大常委会公报。

北）自由贸易试验区条例》国家推行放管服改革，强调加强事中事后监管，但是在经济领域依然有一些阻碍市场发展的因素，如许可或者变相许可过多、层层审批导致效率过低、材料重复提交和索要无谓材料，另外还有落实优化营商环境，推进电子政务、信息化等要求，需要通过立法活动加以规范。以建筑业为例，河北省政府办公厅印发《关于促进建筑业持续健康发展的实施意见》提出：到2020年全省建筑业总产值预期年均增长7.2%，达到7200亿元；建筑业增加值预期年均增长5.7%，到2020年达到2500亿元，占全省生产总值的比重达到6.7%以上。建筑业依然是重要支柱产业之一，加强建筑市场监督管理的重要性更加凸显。促进绿色建筑发展是节约资源、保护环境的必然选择。为此，河北省出台了《河北省促进绿色建筑发展条例》《河北省人民代表大会常务委员会关于加强建筑市场监督管理的决定》等创制性立法。《落实纾困惠企政策、保护和激发市场主体活力的决定》出台的背景主要是国内外经济形势发生变化，我国经济面临结构性、体制性、周期性问题相互交织带来的困难和挑战，加上新冠肺炎疫情冲击，亟须为企业发展解决困难、提供支持。

（二）民主政治领域创制性立法

民主政治领域创制性立法主要特点是提升管理效能，促进治理方式转变。民主政治领域创制性法规共 5 部，即《河北省人民代表大会常务委员会关于进一步提升行政审批效能的决定》《河北省人民代表大会常务委员会关于河北雄安新区中级人民法院和河北省人民检察院雄安新区分院人事任免暂行办法》《河北省行政执法监督条例》《河北省人民代表大会常务委员会关于加强检察公益诉讼工作的决定》《河北省人民代表大会常务委员会关于省人民政府机构改革涉及地方性法规规定的行政机关职责调整问题的决定》。这与中国特色社会主义民主政治得到长足发展的大背景密切相关。政治体制改革是我国全面改革的重要组成部分，积极稳妥推进政治体制改革，发展更加广泛、更加充分、更加健全的人民民主离不开法治保障。党的十九届四中全会审议通过的《中共中央关于坚持和完善中国特色社会主义制度、推进国家治理体系和治理能力现代化若干重大问题的决定》指出，坚持和完善中国特色社会主义制度、推进国家治理体系和治理能力现代化，是全党的一项重大战略任务。创制性立法的引领和推动作用充分体现在提升地方治理体系和治理能力现代化水平上。十三届人大常委会出台的这几部有关法规体现了河北在贯彻中央决策部署上所做的法治探索和实践创新。

（三）生态环境领域创制性立法

生态环境领域创制性立法主要特点是完善机制制度建设，体现最严格保护生态环境要求。生态环境领域创制性法规共 10 部，即《河北省人民代表大会常务委员会关于促进农作物秸秆综合利用和禁止露天焚烧的决定》《河北省地下水管理条例》《河北省人民代表大会常务委员会关于加强扬尘污染防治的决定》《河北省人民代表大会常务委员会关于加强张家口承德地区草原生态建设和保护的决定》《河北省人民代表大会常务委员会关于加强太行山燕山绿化建设的决定》《河北省机动车和非道路移动机械排放污染防治条例》《河北省河湖保护和治理条例》《河北省非煤矿山综合治理条例》《河北省人民代表大会常务委员会关于加强船舶大气污染防治的若干规定》《河北省人民代表大会常务委员会关于加强滦河流域水资源保护和管理的决定》。这是由河北京津冀生态环境支撑区的功能定位所决定的。"绿水青山就是金山银山",推动形成绿色发展方式和生活方式是贯彻新发展理念的必然要求,必须把生态文明建设摆在全局工作的突出地位。长期以来,河北大气污染防治任务艰巨,地下水超采严重,地表水径流不足,土壤污染以及开发过度,矿山修复难度系数大,湿地不断萎缩等,这些突出生态问题,已经成为制约经济社会发展的突出瓶颈,这迫使河北痛定思痛,下定壮士断腕的决心,坚决推进铁腕治污,探索走出一条生态优先绿色发展的高质量路子。习近平总书记强调,要用最严格的制度、最严密的法治保护生态环境。在立法规划和计划中凸显生态环境保护重要性,是立法机关必须肩负的使命担当。因此,可以看到,十二届人大五年立法规划中生态环境领域立法占比在1/4以上,十三届人大五年立法规划中生态环境领域立法占比达到1/3。这一现象在本届乃至下一届人大中将持续存在。在这些生态环境保护法规中,严格的制度、严厉的追责是其突出特点,重典治乱,在污染环境、破坏生态上实行零容忍,与上位法相比,其普遍提高了处罚下限,细化了法律责任。

(四)民生领域创制性立法

民生领域创制性立法主要特点是立足群众所需所急所盼,提升获得感、幸福感、安全感。民生领域创制性法规共7部,即《河北省工会劳动法律监督条例》《河北省学校安全条例》《河北省人民代表大会常务委员会关于深入推进农村改厕工作的决定》《河北省租赁房屋治安管理条例》《河北省人民代表大会常务委员会关于依法全力做好新型冠状病毒肺炎疫情防控工作的决定》《河北省城乡生活垃圾分类管理条例》《河北省人民代表大会常务委员会关于厉行节约、反对餐饮浪费的规定》。习近平总书记指出,要在脱贫攻坚、推进共享中努力提高人民生活水平。省委"三六八九"工作思路指出,要打好补齐民生短板的硬仗。2018 年，全省开展以"创新、强企、解难、惠民"为主题，支持以创新创业、服务发展服务民生为内容的"双创双服"的活动，并强力推进 20 项民心工程。这些民生措施，离不开地方立法的引领推动和保障。如《河北省学校安全条例》为广大师生身心健康保驾护航；《河北省城乡生活垃圾分类管理条例》《河北省人民代表大会常务委员会关于深入推进农村改厕工作的决定》大力促进改善人居环境；《河北省租赁房屋治安管理条例》为人身财产安全和社会稳定和谐提供法治支撑；《河北省省人民代表大会常务委员会关于依法全力做好新型冠状病毒疫情防控工作的决定》有力推进了科学防控、依法防控，助力复工复产；《河北省人民代表大会常务委员会关于厉行节约、反对餐饮浪费的规定》是全国首部围绕贯彻习近平总书记关于制止餐饮浪费行为重要指示精神，专门规范厉行节约、反对餐饮浪费的省级地方性法规，为破解餐饮浪费焦点难点问题提供了重要法治方案。

（五）其他领域创制性立法

其他领域创制性立法主要特点是落实社会主义核心价值观和加强重要工作法治建设。其他领域创制性法规共 2 部，即《河北省文明行为促进条例》《河北省各级人民代表大会常务委员会规范性文件备案审查条例》。强调通过立法形式规范文明行为，是贯彻落实把社会主义核心价值观融入法治的要求。习近平总书记指出："人类社会发展的历史表明，对一个民族、一个国家来说，最持久、最深层的力量是全社会共同认可的核心价值观。"法律是成文的道德，道德是内心的法律。把社会主义核心价值观融入法治建设是坚持依法治国和以德治国相结合的必然要求，是加强社会主义核心价值观建设的重要途径。党的十九届四中全会通过的《中共中央关于坚持和完善中国特色社会主义制度、推进国家治理体系和治理能力现代化若干重大问题的决定》对备案审查工作做出了重要决策部署，栗战书委员长、王晨副委员长等领导同志也对备案审查工作提出了明确要求。制定规范性文件备案审查条例，是维护宪法法律尊严、保障宪法法律实施、保证国家法制统一和维护人民群众合法权益的重要制度安排。2020 年省人大常委会还开展了规范性文件备案审查条例执法检查，这在全省乃至全国都是首次，意义重大，充分体现了对以习近平同志为核心的党中央关于加强宪法实施和监督、推进合宪性审查工作、加强备案审查制度和能力建设的重大决策部署的深入贯彻落实，具有开创性、全局性引领、示范和推动作用。得益于修改条例和开展执法检查两项工作始终同步谋划、相互促进、协调推进，河北省备案审查工作制度真正落地见效。

需要指出的是，设区的市人大常委会创制性立法工作开展得如火如荼。2018 年至 2020 年 9 月，设区的市人大及其常委会立法共 67 部，其中创制性立法占比超过 68%，包括《石家庄市低碳发展促进条例》《张家口市公共场所控制吸烟条例》《承德市水源涵养功能区保护条例》《秦皇岛市海水浴场管理条例》《唐山市陡河水库饮用水水源保护区污染防治管理条例》《保定市白洋淀上游生态环境保护条例》《廊坊市院前医疗急救服务条例》《沧州市快递条例》《衡水市生态环境教育促进条例》《邢台市养犬管理条例》《邯郸市滏阳河管理条例》等地方性法规。这些创制性规范立足本地实际，坚持问题导向，坚持"小切口"，选项精准，针对性强，体现了鲜明的地方特色，为推进全面依法治省贡献了巨大力量。

三　创制性立法取得的经验和存在的问题

河北省十三届人大常委会组成以来，在推进创制性立法方面取得了长足发展，来之不易，这是全省上下多方努力、共同发力的丰硕成果，在这一过程中，河北既积累了丰富的立法经验，也暴露出一些短板和不足。

这些经验主要有，一是坚持正确的思想引领。习近平新时代中国特色社会主义思想是做好地方立法工作的根本指引，习近平法治思想、习近平总书记关于坚持和完善人民代表大会制度的重要思想等为做好创制性立法工作提供了根本遵循。二是坚持党的领导，贯彻落实党委决策部署。省委高度重视贯彻落实习近平总书记对河北工作的重要指示批示精神和党中央重大决策部署，并据此对人大立法工作做出安排部署，提出明确要求，为人大立法工作提供了坚强政治保证。坚决执行党领导人大工作各项制度，将党的领导贯彻立法全过程、各方面，在省委主持下开展立法协商、征求市县党委政府意见等工作。三是发挥人大及其常委会主导作用，发挥人大制度优势。坚持立法为了人民，依靠人民，充分发挥人大代表主体作用和调查研究工作优势，密切联系群众，拓宽人民群众参与立法的渠道，杜绝部门利益法制化，切实通过法治建设维护好最广大人民群众根本利益。四是注重加强组织协调，及时主动请示汇报。对于重要创制性立法活动和立法疑难问题，及时向全国人大常委会法工委等请示汇报，争取指导和支持，确保立法前瞻性，维护法制统一。以省人大常委会党组名义向省委请示报告立法重大事项和重要工作，有力保证了党的主张通过法定程序以法治方式得到严格贯彻执行。五是坚持问题导向，深入推进开门立法。立足河北实际，尊重规律，充分考虑经济社会发展水平地区间差异，深刻剖析问题产生根源，依托各方面力量加强调研论证，抓住主要矛盾提出有效制度方案，提升立法活动科学性。六是注重体例创新，加强小切口立法。不追求"大而全""小而全"，推出一批以小切口推动大民生、以真管用促进能落地的精品立法项目，实现了立法与改革并行、质量与效率并重、守正与创新并举。这些宝贵经验值得大力弘扬和传承。

开展创制性立法调查研究的目的是在总结经验的基础上，发现问题，提出解决路径，更好推进创制性立法工作。通过认真梳理研究，本报告也发现了一些短板和不足，主要包括以下三方面。

（一）创制性立法领域还不够宽，在真正有效发挥地方立法先行先试的探索性功能上还有所欠缺

目前河北创制性立法主要集中在经济、民主政治、生态环境和民生领域，关于公共服务、社会保障、市场要素整合、城市管理精细化等方面的法规还不多。对于代表议案建议、有关部门或者社会公众提出的立法建议，有的囿于各方面因素限制，存在对其认识不到位或者重视程度不够的问题，有的面临调查研究论证不充分的问题。有的经济社会问题已经暴露，甚至频频发生，但是立法工作滞后，不能及时提供有效规制的现象仍然在一定程度上

存在。许多法规在立项环节，因为条件不成熟、国家尚未出台相关规范、监督管理经验不足等原因未被纳入立法计划。这些问题的存在，鞭策立法机关更要肩负起沉甸甸的立法责任，推出更多高质量创制性法规，确保立一件、成一件。完全意义上的创制性立法能够充分体现地方立法及时性、针对性、系统性和可操作性，既能够解决实际问题，高度体现地方立法特色，又具有典型示范作用，体现政治效果、法律效果和社会效果的有机统一。以《河北省地方金融监督管理条例》为例，在出台之时国家和河北没有专门的地方金融监督领域法律、行政法规，其他省市也没有制定该领域的专门法规。但是一段时期以来，地方金融问题频出，有的地方因为民间借贷问题产生大量纠纷，严重危害人民群众财产安全，急需法治规制。基于切实维护经济和金融秩序、保障人民财产权益的出发点，河北省人大常委会将地方金融立法纳入立法规划计划，于2017年12月1日通过该条例，并已于2018年5月1日起实施。出台后，多个省市来冀调研考察地方金融立法工作，并且国家立法机关也对此高度关注。又如，为深入贯彻落实习近平总书记关于制止餐饮浪费行为重要指示精神，省人大常委会坚持政治站位，在省委领导下，迅速部署法规起草工作，于2020年9月24日审议通过了《河北省人民代表大会常务委员会关于厉行节约、反对餐饮浪费的规定》。这部法规出台后，中央电视台、新华社、《人民日报》、《法治日报》等中央媒体积极报道，引起省内外热烈反响，并形成持续热点报道势态，全国人大常委会有关领导也给予高度评价，并将法规出台有关情况编入全国人大常委会法工委法制工作简报。因此，制定立法规划和计划时要进一步拓宽视野，加强调研，不断找到新的立法着力点和切入点，在新的领域、新的方向推出更多实现新突破的创制性立法项目。

（二）创制性立法在机制制度设计和处理权利义务关系方面还比较原则化，有待进一步深化细化

地方立法工作在处理改革和保守的关系上普遍不够深入。由于中央与各级地方立法权限的划分，地方立法创新的空间和资源严重不足，制度创新局限性较大。近年来，地方立法机关在法规中也规定了一些具有创新性的机制制度。如在生态环境保护领域创制的机制制度较多，具体包括生态环境信用管理制度、大气环境质量管控制度、区域联防联控机制、横向生态补偿机制、环境督查制度和企业约谈机制，主要原因是河北这些年来生态环境保护方面的探索和实践比较丰富，一些被实践证明的成功有效的经验做法得以上升为法规加以固化，还有就是借鉴北京、天津两地经验，在京津冀区域协同立法方面不断拓展深化，在促进京津冀协同发展方面做出了一些突破性规定。还有一些制度创新，比如绿色建筑评价标识制度和容积率支持机制、建筑垃圾全过程管理制度、中介机构惩戒和退出机制、节约用餐提醒提示制度等。但是，从河北这30部创制性立法法规来看，在机制制度的创新上尽管有许多突破，但触及根深蒂固的利益关系调整、涉及产业发展的重大制度创新，涉及行政改革的重要突破、涉及公民权利义务调整的重大民生事项方面的机制制度改革和创新还不够深化、具体。这其中有国家法律、政策支持不足的原因，有实践中存在正反两方面经验教训的原因，有立法权限不足的原因，也有立法条件局限的原因。同时也要看到，法治在社会治理中的重要作用日益凸显，但立法工作因牵涉改革利益调整事项，稍有不慎，若出现偏差，就可能对经济社会发展稳定造成不可估量的影响。

（三）创制性立法的可操作性还不够强，在一定程度上存在落实难度大的问题

地方性法规作为中国特色社会主义法律体系的重要组成部分，主要任务之一是对国家法律、行政法规予以细化和延伸，确保法律精神和政策要求更好落地见效。因此地方性法规的可操作性关系国家法律和中央政策落地实施的最后一公里，是地方立法必须追求的价值，也是立法质量的重要衡量标准。从30部创制性法规来看，虽然这些创制性规范对于实践发展起到了强大的规范、引领和推动作用，但是也要看到创制性规范较为抽象，如一般被表述为"建立……机制""实行……制度""推行……制度"，对机制制度运行规则、规范的具体细化和延伸不够，使得创制性立法规范"犹抱琵琶半遮面"。这样造成的不利后果是，有关部门可能在实践中对如何贯彻落实

存有一定疑惑，容易出现理解偏差，从而导致在执行中偏离立法本意，出现执法随意性的概率大大增加。这样的问题伴随地方立法探索、发展的实践全过程，需要一分为二进行分析，但绝对不能忽视。

四 创制性立法需要拓宽领域，推进机制制度创新，有力提升立法质量和立法水平

习近平总书记指出，中国改革已经进入攻坚期和深水区，我们将以壮士断腕的勇气、凤凰涅槃的决心，敢于向积存多年的顽瘴痼疾开刀，敢于触及深层次利益关系和矛盾，把改革进行到底。① 这就要求我们必须以卓越的使命担当，加强创制性立法工作，发挥好立法在贯彻落实党中央决策部署、促进经济社会发展稳定和增强民生福祉等方面的引领、推动和保障作用。

结合调研情况，建议从以下三个方面加以改进。

（一）提升创制性立法水平，必须坚持问题导向，拓宽创制性立法领域

立法工作不能亦步亦趋，必须做好立法规划和计划，抓住急需解决的实际问题和突出矛盾，切实把握需要立什么法、优先立什么法、能够立什么法的问题。一是要充分体现以习近平同志为核心的党中央最新决策部署和要求，主动围绕省委中心工作，促进立法决策同改革决策真正统一。二是要充分考虑河北实际，特别是国家法律缺失，急需通过立法途径解决突出问题的要优先考虑。三是要勇于"创法"，不能畏首畏尾，要敢为天下先，敢于"吃螃蟹"，敢啃硬骨头，推出更多具有重大创新意义的立法项目。四是要统筹好谁先谁后的问题，突出急需先立，立法条件已经具备的，就要抓紧启动立法进程，及时在矛盾的焦点上"砍一刀"，还要砍准砍好。

---

① 《习近平：中国改革已经进入攻坚期和深水区》，中华网，2016 年 9 月 3 日，https：//news. china. com/focus/2016g20/11183108/20160903/23463871. html。

（二）提升创制性立法水平，必须推进机制制度创新，发挥主观能动性

一是要创新完善立法体制和机制，健全党委领导、人大主导、政府依托、社会参与的立法格局。二是要健全宣传、征求意见和舆情分析制度，促进调研、听证、论证、座谈、书面征求意见多管齐下，发挥好专家外脑作用和行业协会自治作用，加大宣传力度、充分关注舆情，最大限度凝聚智慧和民意。三是要使主动请示汇报工作成为常态化制度，就立法进展、立法过程中遇到的重大问题和重点立法工作及时通过党组向省委请示汇报，主动向全国人大常委会或者国务院请示汇报，力争支持、指导和理解。四是要继续建立健全京津冀区域协同立法机制制度，以河北立法促进区域协同立法，以协同立法带动河北立法，强化起草修改、信息交流、理论研究和学习培训协同工作，充分吸收借鉴北京市、天津市有益立法经验，打造区域协同立法高地，为贯彻落实京津冀协同发展重大国家战略贡献法治力量。

（三）提升创制性立法的可操作性，深入调查研究，全面掌握实际情况

一是要加强对法律、行政法规和中央决策部署、政策文件的熟悉和理解，吃透精神，切实把法律要求和政策要求一丝不苟、不打折扣地贯彻落实好，确保能落地。二是拓展调查研究的广度和深度，总结实践中的成熟经验做法，研判实践中的违法现象及其问题根源，掌握第一手资料，了解省内外乃至国际上的通行做法，在此基础上结合立法规律和实际需要，起草好具有高度针对性的法规条文。三是要加强执法检查，法工委要加强与常委会有关工作部门的联系，密切协调沟通，高度重视执法检查中发现的问题，深刻剖析问题根源，进而修改完善法规，实现立法和监督两促进。四是要赋予政府及其有关部门、设区的市制定实施细则和具体办法的权力。在一些调整事项上，因为各地经济社会发展水平有较大差异，或者因为城乡差异，或者因为执法能力建设、执法环境不同，不宜一刀切，应当因地制宜、精准施策、分类管理，

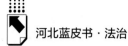
全省统一规范不可能面面俱到，一定要给有关方面留有余地和进一步细化的空间。五是要加强立法评估，既包括立法过程中评估，也包括立法后评估。立法过程中评估主要围绕法规调整对象范围、主要制度设计、出台时机和可能造成的影响，以及文本逻辑结构、合法性等方面展开。立法后评估则主要围绕贯彻执行情况、对经济社会发展的影响、社会各界评价等方面展开。

今后地方立法工作要深入贯彻落实习近平总书记对河北工作做出的重要指示批示，紧紧围绕党中央重大决策部署，以更加务实的担当、更加积极的作为，通过一系列精细化"组合拳"，不断提升全省创制性立法能力和水平，促进良法善治，为建设新时代经济强省、美丽河北贡献人大力量。

B.3

河北省设区的市立法五周年回顾与反思[*]

陆洲　沈月颖[**]

摘　要：　2015年《立法法》赋予所有设区的市地方立法权，这一重大
举措推动了地方立法的发展。过去五年，河北省11个设区的
市立法成绩显著，呈现数量迅速增加、立法有序推进但地区
差异明显，全面展开但类别差异明显，普遍适用同时彰显地
方特色的特点。但与此同时，河北省设区的市存在立法能力
不足，质量参差不齐，权限模糊，操作性较弱，同质化严重
的问题。为了进一步提高立法质量，设区的市必须提升立法
能力，加强队伍建设；明确立法权限，加强立法解释；强化
立法审查评估，凸显地方特色。

关键词：　河北省　设区的市　立法权限

　　《中华人民共和国立法法》（以下简称《立法法》）自2000年颁布实施以
来，于2015年3月15日首次进行修正，其中最主要的变化就是赋予了设区的
市地方立法权，立法权限仅限于城乡建设与管理、环境保护和历史保护三个
方面。这一重大制度改革是全面深化依法治国的必然产物，有利于推进地方
治理的法治化进程，推动地方政治经济文化的发展。在此背景下，2016年3

　　* 河北省人大常委会法制工作委员会为本文撰写提供了很多数据，在此深表感谢。
　　** 陆洲，法学博士，燕山大学文法学院讲座教授，燕山大学全面依法治省客座研究员，主要研
究方向为法哲学、立法学；沈月颖，河北大学法学院2020级硕士研究生，主要研究方向为立
法学。

月 29 日，河北省设区的市地方立法权的赋权工作正式完成，11 个设区的市均享有了地方立法权。在设区的市立法五周年的背景下，河北省设区的市已经全面开展了立法工作，但总体而言设区的市的立法短板凸显，不利于立法权的健康、良性运行，制约了地方法治的发展。基于此，本报告在阐述《立法法》对设区的市立法权的规定及其特点的基础上，结合河北省设区的市的立法现状及问题，对设区的市立法提出了完善建议。

一 《立法法》对设区的市立法权的规定及其特点

2015 年 3 月 15 日，第十二届全国人民代表大会第三次会议通过了关于修改《立法法》的决定，新修正的《立法法》将地方立法权的主体由原来49 个"较大的市"扩展为全国 289 个设区的市。地方立法权被赋予后，各设区的市陆续开展了各项立法活动，激发了地方参与法治管理的热情与积极性，在一定程度上维护了法制统一。

《立法法》第 72 条第 2 款规定："设区的市的人民代表大会及其常务委员会根据本市的具体情况和实际需要，在不同宪法、法律、行政法规和本省、自治区的地方性法规相抵触的前提下，可以对城乡建设与管理、环境保护、历史文化保护等方面的事项制定地方性法规，法律对设区的市制定地方性法规的事项另有规定的，从其规定。"另外，第 82 条第 3 款规定："设区的市、自治州的人民政府根据本条第一款、第二款制定地方政府规章，限城乡建设与管理、环境保护、历史文化保护等方面的事项。已经制定的地方政府规章，涉及上述事项范围以外的，继续有效。"从《立法法》的相关规定来看，设区的市的立法权主要呈现以下四个特点。首先，设区的市的立法主要分为两类，一类是由设区的市的人民代表大会及其常务委员制定的地方性法规，一类是由设区的市的人民政府制定的地方政府规章。其次，设区的市的立法权仅限于三个方面，即"城乡建设与管理、环境保护、历史文化保护"，且设区的市制定的地方性法规与地方政府规章的适用范围一致，设区的市无权对超出该范围的事项进行立法。再次，设区的市行使立法权应当遵循因地制宜的原则，即设区的市制定的无论是地方性法规还是地方政府规章都要符合"本市的具体情况和实际需要"，做到因地制宜。最后，设区的市行使立法权应当遵循法制统一的原则，所制定的地方性法规和地方政府规章都不得与"宪法、法律、行政法规和本省、自治区的地方性法规相抵触"，以推动科学合理的中国特色社会主义法律体系的建设。

二　河北省设区的市立法五周年回顾

在《立法法》修正之前，河北省享有地方立法权的只有石家庄市、唐山市和邯郸市。2015 年 7 月 24 日，保定市、廊坊市、邢台市、秦皇岛市成为河北省第一批享有地方立法权的设区的市，这是《立法法》修正之后，河北省具有立法权的设区的市的首次扩容。2016 年 3 月 29 日，张家口市、承德市、沧州市和衡水市作为第二批设区的市被赋予了地方立法权。自此，河北省的 11 个设区的市均享有了地方立法权。为了完善河北省设区的市地方立法工作，促进国家治理能力和治理水平的现代化，本报告整理了司法部、河北省各市政府及人大的官方网站以及北大法宝等提供的立法数据，发现自 2015 年 3 月 15 日赋权以来至 2020 年 12 月，河北省 11 个设区的市共制定了 116 部地方性法规、88 部地方政府规章（见附录）。为了进一步回顾河北省设区的市赋权五周年的立法现状，本报告将从河北省设区的市立法的时间分布、空间分布、权限类别分布以及立法名称四个角度进行统计分析。

（一）设区的市立法的时间分布：立法热情高涨，立法数量迅速增加

设区的市立法包括制定地方性法规和地方政府规章两类。无论是设区的市制定的地方性法规、地方政府规章、当年立法总和还是新赋权设区的市[①]

---

① 《立法法》修改后，河北省新赋权设区的市包括保定市、廊坊市、邢台市、秦皇岛市、张家口市、承德市、沧州市和衡水市。

的立法数量,从整体来看都呈上升趋势(见图1)。河北省设区的市制定的
地方性法规数量在2020年达到峰值,地方政府规章则在2018年达到最大
值。在《立法法》修正的第一年,设区的市立法总数只有16件,其中只有
1件立法是由新赋权的设区的市制定的;但在2018年,立法总数就达到了
赋权以来的最高峰(50件);2020年,新赋权的设区的市立法高达当年立
法总数的70%。这说明河北省设区的市在被授予地方立法权后,立法热情
高涨,积极投身于法治建设,推动了地方立法的开展。

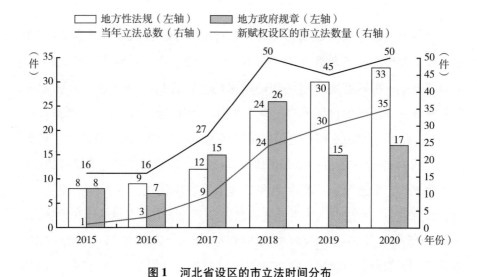

图1 河北省设区的市立法时间分布

资料来源:相关数据由河北省人大常委会法制工作委员会、河北省司法厅二处以及
"北大法宝"网站提供。

(二)设区的市立法的空间分布:立法稳定有序推进,地区差异明显

从设区的市立法空间分布来看,自授权以来,各新赋权的设区的市虽然
在出台地方性法规和地方政府规章方面存在一定的时间差异,但足以说明设
区的市均在稳定有序地推进立法工作(见表1)。由于不同的设区的市在立
法能力、立法需求和立法资源上存在差异,它们的立法在空间分布上也呈现
较大浮动。以衡水市和邯郸市为例,衡水市作为第二批被授予地方立法权的

设区的市，其立法的能力与基础等自然不同于原就享有地方立法权的邯郸市，这一点在两市的立法数量上足以体现。自《立法法》修正到 2020 年 12 月，衡水市一共制定了 7 件地方性法规和 1 件地方政府规章，邯郸市制定了 20 件地方性法规和 31 件地方政府规章，其立法总数是衡水市的 6 倍多。总之，立法作为一项技术性和专业性极强的活动，[①] 对各设区的市开展立法工作提出了较高要求。

表 1　河北省设区的市立法空间分布

单位：件

设区的市	赋权时间	批准法规数量	批准首部法规时间	批准规章数量	批准首部规章时间
石家庄市	—	19	—	9	—
邯郸市	—	20	—	31	—
唐山市	—	15	—	8	—
秦皇岛市	2015 年 7 月	10	2017 年 3 月	6	2018 年 3 月
保定市	2015 年 7 月	9	2016 年 12 月	4	2016 年 12 月
邢台市	2015 年 7 月	9	2018 年 3 月	2	2015 年 6 月
廊坊市	2015 年 7 月	4	2018 年 9 月	14	2016 年 9 月
张家口市	2016 年 3 月	10	2017 年 9 月	7	2017 年 2 月
承德市	2016 年 3 月	7	2018 年 5 月	2	2016 年 8 月
沧州市	2016 年 3 月	6	2018 年 3 月	4	2018 年 12 月
衡水市	2016 年 3 月	7	2018 年 9 月	1	2019 年 12 月

注：统计时间为 2015 年 3 月 15 日至 2020 年 12 月。

资料来源：相关数据由河北省人大常委会法制工作委员会、河北省司法厅二处以及"北大法宝"网站提供。

（三）设区的市立法的权限类别分布：立法全面展开，不同类别差异明显

新修正的《立法法》规定了设区的市的立法范围，即仅限于城乡建设与管理、环境保护、历史文化保护这三个方面。由于三个概念以及某些立法性文件所属类别相对模糊，实际划分起来并非易事，因此，本报告依据各个

---

① 谢桂山、白利寅：《设区的市地方立法权的制度逻辑、现实困境与法治完善路径》，《法学论坛》2017 年第 3 期。

立法性文件的性质和主要目的将所有立法性文件分别归入了这三个方面。河北省11个设区的市共制定了204件立法性文件，其中，属于三类立法权限的立法性文件共有156件，其余是涉及立法活动的立法[①]。在立法权限范围内，有关城乡建设与管理的立法占据了最大比例，居首位，其次是环境保护，涉及历史文化保护的立法仅占8%，这与其他两大类别立法在数量上相差巨大，尤其与城乡建设与管理相关立法差距悬殊（见图2）。虽然不同权限类别的立法性文件在数量占比上仍存在较大的差距，但可以看出设区的市确实是在立法权限内围绕这三个方面展开立法，具有全面性的特点。

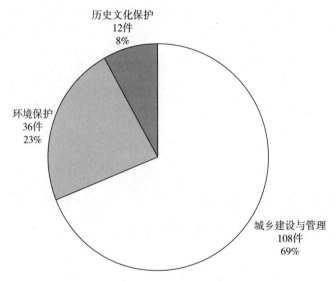

图2 河北省设区的市三大立法权限类别分布

资料来源：相关数据由河北省人大常委会法制工作委员会、河北省司法厅二处以及"北大法宝"网站提供。

（四）设区市的立法名称分析：普遍适用，同时彰显地方特色

为了进一步厘清设区的市运用地方立法权想解决的重点问题，本报告对

---

① 河北省11个设区的市涉及立法活动的立法共有48件，其中有18件与法规章自身制定有关，涉及备案、修改、废止的立法有30件。

河北省 11 个设区的市共计 204 件地方性法规和地方政府规章的法名进行了关键词统计与整理（见表 2）。在涉及城乡建设与管理的立法性文件的名称中，"物业"一词出现的频次最高，超半数的设区的市都制定了与"物业"有关的立法性文件；"市容、环境卫生""供水用水""养犬"等词语的使用频率位居其后；更多词语的出现频次只有一次，但其中有些词语的存在反映了相对应的设区的市的实际现状，符合因地制宜的原则，如唐山市地处华北平原地震带，因此其制定了《唐山市防震减灾条例》，由该条例提取的关键词"防震减灾"表明立法贴合唐山市的实际，符合唐山市的具体情况。在环境保护的权限范围内，绝大多数设区的市在"大气污染防治"领域制定了立法性文件，而其他领域涉及的较少，相应的关键词出现频次较低，但值得注意的是，"白洋淀上游生态环境""官厅水库湿地""衡水湖水质保护"等词语虽在涉及环境保护的立法性文件中只出现过一次，但足以凸显地方特色，使相应设区的市在环境保护方面更具针对性和实操性。在 204 件设区的市立法性文件中，涉及历史文化保护的只有 12 件，其中"工业遗产保护与利用"一词出现了 5 次，"文物保护"一词出现了 2 次，其余关键词均只出现了一次，但这些词语所表现出来的地方特色更加明显。综上可以看出，各设区的市在行使地方立法权制定与城乡建设与管理、环境保护、历史文化保护有关的地方性法规和地方政府规章时，除了制定具有普遍适用性的立法性文件外，还制定了与当地实际相结合的立法性文件，立法工作富有特色，实现了因地制宜。

表 2　河北省设区的市的立法名称分析

单位：次

类别	关键词	出现频次	使用主体
城乡建设 与管理	物业	10	秦皇岛市、保定市、张家口市、邯郸市、廊坊市、邢台市
	市容、环境卫生	8	秦皇岛市、保定市、邯郸市、张家口市、廊坊市、承德市、沧州市、衡水市
	供水用水	6	石家庄市、邯郸市、唐山市、邢台市
	养犬	5	秦皇岛市、张家口市、邢台市、衡水市
	文明行为	3	石家庄市、唐山市、廊坊市

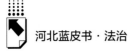
续表

类别	关键词	出现频次	使用主体
城乡建设与管理	停车场	3	秦皇岛市、张家口市、邢台市
	项目审计	3	石家庄市、唐山市
	城市供热	3	邯郸市、承德市
	居住证	3	张家口市、邯郸市
	控制吸烟	2	秦皇岛市、张家口市
	公共汽车客运	2	石家庄市、邯郸市
	电梯安全	2	石家庄市、邯郸市
	燃气管理	2	邯郸市、唐山市
	城市房屋安全	2	邯郸市
	爱国卫生管理	2	秦皇岛市
	户外广告设置管理	2	唐山市、廊坊市
	防震减灾	1	唐山市
	滑雪场所安全管理	1	张家口市
	海水浴场	1	秦皇岛市
	港口	1	唐山市
	轨道交通	1	石家庄市
	其他*	—	—
环境保护	大气污染防治	7	石家庄市、秦皇岛市、保定市、邯郸市、唐山市、廊坊市、邢台市
	绿化	7	石家庄市、张家口市、邯郸市、沧州市
	垃圾处理	4	邯郸市、邢台市、沧州市
	河道管理	4	石家庄市、保定市、邯郸市、邢台市
	禁止燃放烟花爆竹	4	秦皇岛市、邢台市、沧州市、衡水市
	禁牧	2	保定市、张家口市
	地下水	2	石家庄市、张家口市
	森林草原封山防火	2	张家口市
	白洋淀上游生态环境	1	保定市
	官厅水库湿地	1	张家口市
	衡水湖水质保护	1	衡水市
	民用机场净空和电磁	1	邯郸市
	其他*	—	—

续表

类别	关键词	出现频次	使用主体
历史文化保护	工业遗产保护与利用	5	保定市、邯郸市、唐山市、邢台市、承德市
	文物保护	2	廊坊市
	正定古城保护	1	石家庄市
	长城保护	1	秦皇岛市
	清西陵保护	1	保定市
	清东陵保护	1	唐山市
	烈士纪念设施	1	邯郸市

注：城乡建设与管理、环境保护中的其他部分因关键词出现频次低且不具有特殊性，不再赘述。

综上，通过对河北省 11 个设区的市共计 204 件地方性法规和地方政府规章从时间分布、空间分布、权限类别分布以及名称分析四个角度进行的统计整理与回顾，可以发现：赋权五周年以来，设区的市立法热情高涨，立法数量迅速增加；立法稳定有序开展并实现全覆盖，但不同设区的市立法数量存在明显差异；同时立法呈现一种全面展开的态势，设区的市在立法权限内实施的立法活动因立法偏好不同使不同类别的立法性文件数量差异明显；最后，各设区的市立法更倾向于制定具有普遍适用性的立法性文件，但有的设区的市也从当地实际出发，制定了一些富有特色的立法性文件，实现了立法普遍性与特殊性的统一。

三　河北省设区的市立法存在的问题

2015 年新修正的《立法法》将地方立法权的主体扩大到所有设区的市，充分给予了地方自主权。于河北省而言，11 个设区的市均享有了地方立法权，这在一定程度上激发了河北省设区的市立法的热情和积极性，推动了地方的法治建设与发展。然而，反思河北省设区的市的立法现状，发现设区的市立法短板凸显，主要表现在设区的市立法能力不足、质量参差不齐、权限划分模糊、可操作性较弱、缺乏地方特色等，这在一定程度上影响了立法质

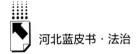

量，浪费了立法资源，不利于设区的市立法权的健康、良性发展，成为建设地方法治的主要掣肘因素。

（一）立法能力不足，质量参差不齐

立法作为一项宏大的系统性工程，时时刻刻考验着立法者的能力水平。立法能力作为地方立好法、立良法的基本条件和保障，[①] 其形成不是一蹴而就的，它需要立法者长时间的磨炼与经验积累。立法者若不具备良好的立法能力和水平，在制定法律时就会手足无措，很难制定出良法。习总书记在十八届中央政治局第四次集体学习时提到："不是什么法都能治国，不是什么法都能治好国；越是强调法治，越是要提高立法质量。"[②] 立法质量作为法治的重要衡量标准，是立法能力的直接反映。如果立法主体缺乏足够的立法能力，不具备科学的立法观念，没有较高的立法技术和丰富的立法经验，就很难制定出高质量的立法性文件。

石家庄市、唐山市和邯郸市作为《立法法》修正之前就享有立法权的设区的市，相较于新赋权的市来说，它们有相对丰富的立法经验和较高水平的立法能力，所制定的地方性法规和地方政府规章的数量和质量要高于新赋权的设区的市。从立法数量来看，以新赋权的衡水市为例，其立法总数不到邯郸市的1/6，是同样新赋权的秦皇岛市的1/2，足见衡水市立法数量不，同时也从侧面体现了衡水市立法者应注积累立法经验与提高立法能力，其急需加强立法队伍建设；从立法质量来看，通过翻阅河北省设区的市立法文本可以发现，与石家庄市、唐山市和邯郸市的立法文本相比，新赋权设区的市的法条数量较多、文本冗长，存在"贪大求全"的现象，说明了石家庄市、唐山市和邯郸市的立法质量在一定程度上高于新赋权的设区的市，这就使得河北省11个设区的市的立法质量呈现参差不齐的特征。

① 徐凤英：《设区的市地方立法能力建设探究》，《政法论坛》2017 年第 4 期。

② 《习近平论立法质量：不是什么法都能治好国》，人民网，2015 年 5 月 12 日，http：//cpc. people. com. cn/xuexi/n/2015/0512/c385474 - 26985149. html。

（二）权限划分模糊，亟待细化解释

如何对设区的市的立法权限进行合理分类作为一项难题，一直困扰着学术界与理论界。① 虽然新修正的《立法法》将设区的市的立法权限划分为城乡建设与管理、环境保护和历史文化保护，但这三个领域到底是指哪些事项，《立法法》没有具体的解释，更没有作出明确的列举。图3作为表2的概括，其分类主要是依据各个立法性文件的性质和主要目的进行划分的，但由于这三个概念的模糊性和不确定性，将立法性文件具体归入哪一领域目前并无统一标准，因此在实践中立法性文件的归类在很大程度上依赖于行为人的主观感受。如"城乡建设与管理"一词就充满了歧义，到底是"城乡建设"与"管理"，还是"城乡建设"与"城乡管理"目前并无定论，但可以肯定二者的范围是截然不同的，"管理"涉及多个领域，"城乡管理"只是其中一部分。另外，"城乡建设与管理"是名词还是动词？如《邯郸市村庄建设条例》《秦皇岛市物业管理条例》从字面含义就很容易识别出它们属于该范围，但《邯郸市妇女权益保障条例》能否归入该范围就成了难题，该条例似乎并不属于该范围，但又十分明确其不属于"环境保护"和"历史文化保护"的范围，所以只能以动词形态牵强地认为只有保障好妇女的权益才能推动城乡建设与管理，但这无疑为设区的市越权立法留下了法律漏洞，使《立法法》规定的设区的市的立法权限流于形式。

同时，原较大的市与设区的市立法权限存在衔接不当的问题。《立法法》第72条和第82条分别规定了原较大的市已经制定的涉及三个权限以外的地方性法规和地方政府规章继续有效。《立法法》第73条规定："在国家制定的法律或者行政法规生效后，地方性法规同法律或者行政法规相抵触的规定无效，制定机关应当及时予以修改或者废止。"也就是说，石家庄市、邯郸市和唐山市在《立法法》修正之前所制定的地方性法规和地方政府规章仍然有效，但《立法法》并没有赋予它们修改或废止的权力，所以一旦

---

① 武增：《2015年〈立法法〉修改背景和内容解读》，《中国法律评论》2015年第3期。

与上位法抵触，石家庄市、邯郸市和唐山市若对其进行修改或废止的话，就将导致越权立法。虽然李适时主任对此进行了解释①，但从性质上看仍属于个人解释，不具备法律效力。因此，有必要通过立法解释的方式明确相关的立法权限划分问题，以推动地方法治建设。

（三）立法可操作性较弱，缺乏地方特色，同质化严重

党的十八届四中全会指出：法律的生命力在于实施，法律的权威也在于实施。而法律实施的一个重要前提就是法律具有可操作性和针对性。《立法法》第6条规定："立法应当从实际出发，适应经济社会发展和全面深化改革的要求，科学合理地规定公民、法人和其他组织的权利与义务、国家机关的权力与责任。法律规范应当明确、具体，具有针对性和可执行性。"即设区的市立法要想具有可操作性和针对性，就必须彰显地方特色，从当地社会实际出发，有针对性地解决问题和采取措施，以便立法在实践中的执行和落地。②

通过分析河北省设区的市立法性文件可以得知，自赋权以来，地方性法规和地方政府规章的制定呈现一种上升的趋势。然而，表2说明了设区的市的立法性文件数量虽然在增加，但同质化严重，缺乏地方特色，如绝大多数设区的市制定了"物业""市容、环境卫生""工业遗产保护与利用"等为关键词的立法性文件。同质化这一问题不仅体现在立法的名称中，更体现在立法的文本中。从具体文本出发，不难发现，各设区的市所制定的相关立法在内容上相互借鉴，"不仅包括对上位法的借鉴，也包括对同位法的借鉴；不仅包

---

① 李适时提出，对这些法规，如上位法修改或者实际情况发生变化，可以对地方性法规进行必要的修改，但是不得再增加《立法法》关于设区的市立法权限范围以外的事项，防止出现"旧瓶装新酒"的现象。如果必须增加立法权限范围以外的事项，可以考虑由原制定机关废止现行法规，提请省、自治区人大常委会就设区的市的有关事项重新制定相关地方性法规。如果上位法的修改十分详细具体，又具有较强的可操作性，也可考虑适时废止该项法规。参见《全面贯彻实施修改后的立法法——第二十一次全国地方立法研讨会上的小结》，中国网，2015年9月17日，http://www.china.com.cn/legal/2015-09/17/content_36613016.html。

② 蒋云飞：《我国生活垃圾分类地方立法的可操作性研究——基于28部地方性法规的文本分析》，《中南林业科技大学学报》（社会科学版）2020年第6期。

括相关条文表述上的借鉴，也包括立法的整个框架结构甚至条文的顺序几乎一样的借鉴"，[①] 这就使得河北省有些设区的市立法存在粗放型的问题，缺乏细化、量化的规定，导致立法在实践中的可操作性和执行性降低。我国《立法法》第 73 条规定："制定地方性法规，对上位法已经明确规定的内容，一般不作重复性规定。"然而，在上位法具有明确规定的情况下，各设区的市仍在重复立法，形成一种"换汤不换药"的现象。这一方面违反了《立法法》的规定，在一定程度上导致了法制紊乱，破坏了社会主义法制的统一；另一方面，使得立法同质化严重，缺乏地方特色，以致于无法解决地方的实际问题，制约立法的可操作性，加剧社会矛盾。

四　河北省设区的市立法完善建议

针对河北省设区的市的立法现状与问题，本报告从提升立法能力、加强队伍建设、明确立法权限、强化立法审查评估、凸显地方特色等方面提出完善建议，以实现地方设区的市立法权的健康、良性运转。

（一）提升立法能力，加强队伍建设，提高立法质量

各设区的市立法多而不精、立法数量地区差异明显等问题的出现在很大程度上与设区的市的立法能力有关。立法能力作为立法权的前提条件，是地方立好法、立良法的基本条件和保障，[②] 是提高立法质量的重要保证。然而，立法能力不足已经成为设区的市法治建设的绊脚石，加强设区的市的立法能力建设迫在眉睫。

首先，应当健全立法机构。法制工作委员会作为地方人大常委会的工作机构，其是否健全和完善直接影响了立法的质量。通过对新赋权设区的市人大法工委人员编制进行统计分析发现，新赋权设区的市法工委人数与全国人

---

① 王春业：《设区的市地方立法权运行现状之考察》，《北京行政学院学报》2016 年第 6 期。
② 徐凤英：《设区的市地方立法能力建设探究》，《政法论坛》2017 年第 4 期。

大法工委要求的人员编制达到 10 人的要求仍有一定的差距。[①] 因此，要加快推进立法机构建设，完善设区的市立法机构的职能、编制和人员配备，为立法工作奠定组织基础。其次，应当加强设区的市的立法人才建设。人才是立法工作开展的第一资源，各设区的市在充实立法队伍的同时，应当注重对人才的培养，通过组织培训、业务评估等方式不断提高立法者、立法工作人员的立法能力与素质。同时，有条件的设区的市可以成立一批"立法智囊团"，充分利用当地高校人才资源的优势，采取有效的方式让高校或科研机构的立法专家介入地方立法起草环节，[②] 推动设区的市立法能力的提高。

（二）明确立法权限，加强立法解释

明确设区的市立法权限，是设区的市立法主体行使立法权的前提。目前设区的市的立法权限比较模糊，如果不加以明确规范，很容易引起人们的理解偏差，为设区的市越权立法留下法律漏洞。因此，国家必须出台相关解释，明确设区的市的立法权限，对这三个范围内的具体分类与事项做出细致的列举。另外，针对原较大的市与设区的市立法权限存在衔接不当的问题，为了遵循"谁制定，谁修改、废止"的法理，有必要通过立法解释的方式对相关设区的市进行授权立法，赋予它们对之前超出立法权限的立法进行修改和废止的权力，以保证设区的市立法工作的稳定有序开展。

第十二届全国人民代表大会法律委员会关于《中华人民共和国立法法修正案（草案）》审议结果的报告提出："从城乡建设与管理看，就包括城乡规划、基础设施建设、市政管理等；从环境保护看，按照环境保护法的规定，范围包括大气、水、海洋、土地、矿藏、森林、草原、湿地、野生生物、自然遗迹、人文遗迹等。"[③] 该解释似乎对立法权限划定了范围，但仍

---

① 郭树兵：《新赋权设区的市立法五周年分析报告》，《河北省法学会立法学研究会 2020 年年会论文集》。

② 王春业：《设区的市地方立法权运行现状之考察》，《北京行政学院学报》2016 年第 6 期。

③ 《第十二届全国人民代表大会法律委员会关于〈中华人民共和国立法法修正案（草案）〉审议结果的报告》，中国人大网，2015 年 5 月 7 日，http://www.npc.gov.cn/wxzl/gongbao/2015-05/07/content_1939079.htm。

没有做出细致的列举，同时缺乏对"历史文化保护"范围的界定。全国人大常委会法工委主任李适时曾在第二十一次全国地方立法研讨会上的小结中对"城乡建设与管理"的概念与范围做了进一步解释①，即"城乡建设与管理"是"城乡建设"与"城乡管理"的结合，但该解释只是个人解释，不能成为法律依据。为了更加明确设区的市的立法权限，防止立法权的滥用与错位等，全国人大及其常委会可以通过立法解释的方式对上述内容进行进一步的界定并做出细致列举，使设区的市在行使地方立法权时真正做到有法可依。

（三）强化立法审查评估，增强立法实效，凸显地方特色

由于设区的市立法同质化严重，影响国家法制的统一，因此有必要加强对设区的市的立法审查和评估，以增强设区的市的立法实效，彰显立法特色。

1. 应当完善设区的市立法审查工作

第一，健全立法审查队伍建设。河北省人大法工委郭树兵曾指出，在《立法法》修正之前，河北省人大常委会由 3 名工作人员审批 3 个较大的市地方性法规，在修改之后，仍是 3 名工作人员进行审批，但审批 11 个设区的市地方性法规。②"拥有地方立法权的地方在数量上的增加，不仅极大地增大了事前审查的工作量，更使得解决法规冲突的制度性需求也呈几何数增长"，③ 审查工作任务量繁重、审查人员数量少的问题在一定程度上使省级人大在审查时不能严格把关，造成设区的市立法同质化和越权现象发生。因此为了确保设区的市立法审查工作的开展，省级人大常委会应当加强审批

---

① 李适时认为，城乡建设既包括城乡道路交通、水电气热市政管网等市政基础设施建设，也包括医院、学校、文体设施等公共设施建设。城乡管理除了包括对市容、市政等事项的管理，也包括对城乡人员、组织的服务和管理以及对行政管理事项的规范等。参见《全面贯彻实施修改后的立法法——第二十一次全国地方立法研讨会上的小结》，中国网，2015 年 9 月 17 日，http：//www. china. com. cn/legal/2015 – 09/17/content_ 36613016. html。

② 郭树兵：《新赋权设区的市立法五周年分析报告》，《河北省法学会立法学研究会 2020 年年会论文集》。

③ 焦洪昌、马骁：《地方立法权扩容与国家治理现代化》，《中共中央党校学报》2014 年第 6 期。

队伍建设，安排具有相关法律知识和技能的工作人员进行专门的立法审查，提高审查的质量与效率，维护国家法制统一。第二，明确立法审查的标准。《立法法》第72条第2款规定了设区的市所制定的地方性法规需要由省、自治区的人民代表大会常务委员会进行合法性审查。① 合法性审查的标准要符合"不抵触"原则，设区的市所制定的立法性文件不得与宪法、法律、行政法规和本省、自治区的地方性法规相抵触，既包括立法内容上的不抵触，也包括立法精神和立法原则上的不抵触。同时，可以对"不抵触"做一定的扩大解释，对于简单的重复性立法、粗放型立法可以认为其与上位法的立法精神和原则相抵触，必须要加以规范和制约，以推动特色立法、精细立法的发展。

2. 加强立法评估

立法审查是立法的事前监督，立法评估是事中和事后监督，全方位、全阶段的监督，有利于提升设区的市的立法质量，推动地方法治建设。第一，明确立法评估主体。立法评估主体在立法评估中起着至关重要的作用，其价值倾向、利益牵连等直接影响了立法评估的质量。因此，必须避开设区的市自己评估自己的陷阱，应由独立的第三方评估主体或建立省级专门评估机构对设区的市立法进行评估，以保证评估结果的客观公正。第二，确定立法评估指标体系。评估指标是否全面、细致，在很大程度上影响了后续立法的科学性。因此，应当构建以合法性、合理性、实效性、协调性、立法技术性、必要性和实施状况等为指标的立法评估体系，② 实现对设区的市立法的全面综合评估，避免重复立法，增强立法特色。

3. 增强立法实效，从"小切口"切入

所谓"小切口"立法就是聚焦所要解决的问题，确定小一些的题目，

① 《立法法》第72条第2款规定"设区的市的地方性法规须报省、自治区的人民代表大会常务委员会批准后施行。省、自治区的人民代表大会常务委员会对报请批准的地方性法规，应当对其合法性进行审查，同宪法、法律、行政法规和本省、自治区的地方性法规不抵触的，应当在四个月内予以批准。"详见全国人大常委会办公厅：《中华人民共和国立法法》，中国民主法制出版社，2015，第47页。

② 姜述弢：《地方立法后评估制度的法治化及对策》，《学术交流》2016年第4期。

进行专门立法。[①] 立法选题是做好立法工作的重要前提，从"小切口"切入更具有针对性和操作性，更能解决特定领域的特定问题，凸显地方特色。因此，设区的市必须树立问题意识，以问题为导向进行"小切口"立法。设区的市要善于捕捉当地实际存在的问题，需要解决什么问题，就立什么法，[②] 从问题出发，精准聚焦、精细立法，增强设区的市立法的时效性和可操作性。以《张家口市人民政府关于 2017 年春季森林草原封山防火管制的规定》为例，该地方政府规章就从细微处着手，以春季森林草原容易发生火灾事故为导向进行精准立法，致力于保护人民群众生命财产安全和森林草原资源安全，更具有针对性和可操作性，也彰显了地方特色。《秦皇岛市停车场管理条例》同样贯彻了"小切口"立法的理念，从当时停车场供需矛盾这一实际问题出发进行创新性立法，既解决了公民停车难、停车乱等现实问题，又具有很强的可操作性和执行性，推动了地方特色立法的发展。

五　结语

赋予设区的市地方立法权是全面深化依法治国的必然产物，是推进地方法治建设的重要保障。统计分析河北省设区的市立法五周年的数据，肯定其取得的成绩并回顾其中的不足，能够对河北省设区的市立法现状形成清晰的认知，推动设区的市立法"更上一层楼"。首先，设区的市要不断提升立法能力，通过完善立法机构、培养立法人才等途径加强立法队伍建设，逐步提高立法质量，使设区的市朝着立好法、立良法的方向迈进。其次，明确立法权限是设区的市依法立法的重要前提，全国人大及其常委会有必要通过立法解释的方法对设区的市的立法权限加以明确、细化和列举，保障设区的市在行使地方立法权时真正做到有法可依。最后，为了加强立法的可操作性和执行性，凸显地方特色，设区的市必须完善设区的市立法审查工作，健全立法

---

① 李小健：《如何搞好新时代地方立法工作?》，《中国人大》2018 年第 18 期。
② 郭艳：《"小切口"立法　突出地方特色》，《山西日报》2021 年 1 月 28 日，第 4 版。

审查队伍建设，明确立法审查的标准；在明确立法评估主体和指标体系的基础上加大立法评估的力度，进行全方位监督；同时，立法选题从"小切口"切入，以问题为导向，从而增强立法实效，实现立法的可操作性和执行性目标，推动地方特色立法的发展。

回望过去五年，河北省设区的市立法成绩显著，但任重而道远，地方立法是一项庞大的工程，必然要求立法工作者在今后的工作中继续加强党的领导，深入贯彻习近平法治思想，不断推进立法进程，使设区的市立法不断迈上新台阶！

附录

表1 2015～2020年河北省设区的市地方立法文件

公布年份	设区的市及法规数量	地方性法规	设区的市及规章数量	地方政府规章
	石家庄市2件	《石家庄市人大常委会关于废止部分地方性法规的决定》《石家庄市市区生活饮用水地下水源保护区污染防治条例（修订案）》	石家庄市2件	《石家庄市电梯安全监督管理办法》《石家庄市城市公共汽车客运管理办法》
2015	邯郸市4件	《邯郸市新型墙体材料与建筑保温材料促进条例》《邯郸市人民代表大会常务委员会关于废止〈邯郸市建设工程招标投标条例〉的决定》《邯郸市人民代表大会常务委员会关于修改〈邯郸市散装水泥和预拌混凝土管理条例〉等五件地方性法规的决定》《邯郸市妇女权益保障条例》	邯郸市4件	《邯郸市行政执法过错责任追究实施细则》《邯郸市职工劳动模范管理规定修正案》《邯郸市职工劳动模范管理规定（2015修正）》《邯郸市重大行政决策程序规定》
	唐山市2件	《唐山市防震减灾条例》《唐山市人民代表大会常务委员会关于废止〈唐山市产品质量监督管理办法〉等四部地方性法规的决定》	唐山市1件	《唐山市户外广告设置管理办法》
			邢台市1件	《邢台市城市地下空间开发利用管理办法（试行）》

续表

公布年份	设区的市及法规数量	地方性法规	设区的市及规章数量	地方政府规章
2016	石家庄市 3 件	《石家庄市低碳发展促进条例》《石家庄市城市园林绿化管理条例》《石家庄市大气污染防治条例（修订）》	石家庄市 1 件	《石家庄市国有土地上房屋征收与补偿办法》
	邯郸市 2 件	《邯郸市城市排水与污水处理条例》《邯郸市居住证条例》	邯郸市 4 件	《邯郸市消火栓管理办法》《邯郸市农村公路管理办法》《邯郸市机动车洗车场管理办法》《邯郸市知名商标认定和保护办法》
	唐山市 3 件	《唐山市邮政条例》《唐山市城市绿化管理条例（修订）》《唐山市人民代表大会常务委员会关于废止〈唐山市汉语言文字应用管理办法〉的决定》	廊坊市 1 件	《廊坊市社会救助实施办法》
			承德市 1 件	《承德市科学技术奖励办法》
	保定市 1 件	《保定市市容和环境卫生条例》		
2017	石家庄市 5 件	《石家庄市轨道交通管理条例》《石家庄市制定地方性法规条例（修订）》《石家庄市肉品管理条例（修订）》《石家庄市城市供水用水管理条例》《石家庄市各级人民代表大会常务委员会规范性文件备案审查条例》	邯郸市 7 件	《邯郸市城市河道管理办法》《邯郸市规范性文件管理办法（2017 修正）》《邯郸市规范性文件管理办法修正案》《邯郸市关于废止部分政府规章的决定》《邯郸市民用机场净空和电磁环境保护管理规定》《邯郸市人民政府关于废止〈邯郸市建设工程抗震设防要求管理办法〉的决定》《邯郸市行政调解办法》
	邯郸市 1 件	《邯郸市市政设施条例》		
	唐山市 2 件	《清东陵保护管理办法（修订）》《唐山市人民代表大会常务委员会关于废止〈唐山市暂住人口管理条例〉的决定》	唐山市 3 件	《唐山市人民政府关于废止部分政府规章的决定》《唐山市人民政府关于废止〈唐山市政府投资建设项目审计监督办法〉的决定》《唐山市燃气管理办法》
	保定市 1 件	《保定市大气污染防治条例》		

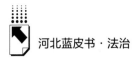
续表

公布年份	设区的市及法规数量	地方性法规	设区的市及规章数量	地方政府规章
2017	秦皇岛市 2件	《秦皇岛市停车场管理条例》《秦皇岛市环境噪声污染防治条例》	保定市 1件	《保定市物业管理办法》
			秦皇岛市 1件	《秦皇岛市养犬管理办法》
	张家口市 1件	《张家口市禁牧条例》	张家口市 1件	《张家口市人民政府关于2017年春季森林草原封山防火管制的规定》
			廊坊市 1件	《廊坊市烟花爆竹安全管理办法》
			邢台市 1件	《邢台市停车场管理办法》
2018	石家庄市 4件	《石家庄市公共文明行为条例》《石家庄市人才发展促进条例》《石家庄市国家建设项目审计条例(2018修订)》《石家庄市人大常委会关于修改〈石家庄市水土保持条例〉和〈石家庄市河道管理条例〉部分行政处罚条款的决定》	石家庄市 4件	《石家庄市行政规范性文件管理规定》《石家庄市人民政府关于废止22件政府规章的决定》《石家庄公园管理办法》《石家庄市人民政府关于废止〈石家庄市知名商标认定和保护办法〉的决定》
	邯郸市 5件	《邯郸市村庄建设条例》《邯郸市人大常委会关于废止〈邯郸市城市房地产交易管理条例〉的决定》《邯郸市人大常委会关于修改〈邯郸市减少污染物排放条例〉和〈邯郸市城市绿化条例〉的决定》《邯郸市人大常委会关于废止〈邯郸市节约能源条例〉的决定》《邯郸市人大常委会关于修改〈邯郸市城市绿化条例〉等九件地方性法规的决定》	邯郸市 9件	《邯郸市货运车辆超限运输非现场执法规定》《关于废止邯郸市行政执法监督检查暂行办法等8件政府规章的决定》《邯郸市城市房屋安全管理办法(2018修正)》《邯郸市人民政府制定规章和拟定法规草案规定修正案》《关于废止邯郸市城市环境噪声污染防治管理办法等两件政府规章的决定》《邯郸市物业管理办法修正案》《邯郸市物业管理办法(2018修正)》《邯郸市人民政府制定规章和拟定法规草案规定(2018修正)》
	唐山市 2件	《唐山市房地产交易管理条例》《唐山市地方立法条例(修订)》		
	保定市 1件	《保定市工业遗产保护与利用条例》		

续表

公布年份	设区的市及法规数量	地方性法规	设区的市及规章数量	地方政府规章
2018	秦皇岛市 3 件	《秦皇岛市制定地方性法规条例》《秦皇岛市物业管理条例》《秦皇岛市长城保护条例》	邯郸市 9 件	《邯郸市城市房屋安全管理办法修正案》
			唐山市 2 件	《唐山市人民政府关于废止〈唐山市知名商标认定和保护办法〉的决定》《唐山市政府投资建设项目审计监督办法》
	张家口市 1 件	《张家口市城市绿化条例》	秦皇岛市 1 件	《秦皇岛市公共安全技术防范管理办法》
	衡水市 1 件	《衡水湖水质保护条例》	张家口市 4 件	《张家口市养犬管理规定》《张家口市滑雪场所安全管理办法》《张家口市物业管理办法》《张家口市人民政府关于2018年春季森林草原封山防火管制的规定》
	廊坊市 1 件	《廊坊市市容和环境卫生条例》		
	邢台市 2 件	《邢台市河道采砂管理条例》《邢台市城乡生活垃圾处理一体化管理条例》		
	承德市 2 件	《承德市制定地方性法规条例》《承德市水源涵养功能区保护条例》	廊坊市 3 件	《廊坊市物业管理办法》《廊坊市文物保护管理办法》《廊坊市户外广告设置管理办法》
	沧州市 2 件	《沧州市城市绿化管理条例》《沧州市地方立法条例》	沧州市 3 件	《沧州市依法行政考核办法》《沧州市人民政府立法规定》《沧州市行政执法过错责任追究办法》
2019	石家庄市 2 件	《石家庄市正定古城保护条例》《石家庄市城市管理综合执法条例》	石家庄市 1 件	《石家庄市人民政府关于废止和修改部分政府规章的决定》
	邯郸市 4 件	《邯郸市城市公共汽车客运条例》《邯郸市工业遗产保护与利用条例》《邯郸市电梯安全管理条例》《邯郸市燃气管理条例》	邯郸市 4 件	《邯郸市物业管理办法修正案》《邯郸市城市再生水利用管理办法》《邯郸市城市生活垃圾分类管理办法》《邯郸市物业管理办法（2019修订）》

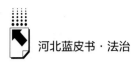

续表

公布年份	设区的市及法规数量	地方性法规	设区的市及规章数量	地方政府规章
2019	唐山市 4件	《唐山市港口条例》《唐山市大气污染防治若干规定》《唐山市文明行为促进条例》《唐山市全域旅游促进条例》	秦皇岛市 3件	《秦皇岛市船舶大气污染防治暂行办法》《秦皇岛市爱国卫生管理办法》《秦皇岛市控制吸烟办法》
	保定市 2件	《保定市白洋淀上游生态环境保护条例》《保定市中小学校幼儿园规划建设条例》	张家口市 2件	《张家口市停车场管理办法》《张家口市草原天路保护和管理办法》
	秦皇岛市 2件	《秦皇岛市海水浴场管理条例》《秦皇岛市爱国卫生条例》	廊坊市 5件	《廊坊市物业管理办法修正案》《廊坊市人民政府关于修改〈廊坊市烟花爆竹安全管理办法〉等2件政府规章的决定》《廊坊市文物保护管理办法（2019修正）》《廊坊市烟花爆竹安全管理办法（2019修正）》《廊坊市物业管理办法（2019修正）》
	张家口市 5件	《张家口市公共场所控制吸烟条例》《张家口市无障碍设施建设管理条例》《张家口市烟花爆竹安全管理条例》《张家口市地下水管理条例》《张家口官厅水库湿地保护条例》		
	衡水市 4件	《衡水市生态环境教育促进条例》《衡水市人大常委会关于禁止燃放烟花爆竹的决定》《衡水市养犬管理条例》《衡水市城市市容和环境卫生管理条例》		
	廊坊市 1件	《廊坊市文明行为促进条例》		
	邢台市 3件	《邢台市地方立法条例》《邢台市工业企业大气污染防治条例》《邢台市工业遗产保护与利用条例》		
	承德市 1件	《承德市城市市容和环境卫生管理条例》		
	沧州市 2件	《沧州市市容和环境卫生管理条例》《沧州市快递条例》		

续表

公布年份	设区的市及法规数量	地方性法规	设区的市及规章数量	地方政府规章
2020	石家庄市3件	《石家庄市城市园林绿化管理条例（修订）》《石家庄市河道管理条例》《石家庄市人民代表大会常务委员会关于修改〈石家庄市供热用热条例〉的决定》	石家庄市1件	《石家庄市人民政府规章制定办法》
	邯郸市4件	《邯郸市烈士纪念设施保护条例》《邯郸市人民代表大会常务委员会关于废止〈邯郸市商业网点建设管理条例〉和〈邯郸市人民代表大会常务委员会关于废止地方性法规中若干行政许可规定的决定〉的决定》《邯郸市人民代表大会常务委员会关于废止〈邯郸市机动车排气污染防治条例〉的决定》《邯郸市人民代表大会常务委员会关于修改部分地方性法规的决定》	邯郸市3件	《邯郸市人民政府关于废止〈邯郸市军人抚恤优待实施办法〉等两件政府规章的决定》《邯郸市大气污染防治办法》《邯郸市邮政快递管理办法》
			唐山市2件	《唐山市政府投资建设项目审计监督办法（修订）》《唐山市住宅专项维修资金管理办法》
	唐山市2件	《唐山市工业遗产保护与利用条例》《唐山市城市供水用水管理条例》	保定市3件	《保定市政府规章制定程序规定》《保定市人民政府关于修改〈保定市物业管理办法〉的决定》《保定市物业管理办法（2020修订）》
	保定市4件	《保定市河道管理条例》《保定市禁牧条例》《保定市清西陵保护条例》《保定市城市公共汽车客运条例》	秦皇岛市1件	《秦皇岛市人民政府关于废止〈秦皇岛市养犬管理办法〉的决定》
			衡水市1件	《衡水市人工影响天气管理办法》
	秦皇岛市3件	《秦皇岛市养犬管理条例》《秦皇岛市市容管理条例》《秦皇岛市沿海防护林条例》	廊坊市4件	《廊坊市城镇二次供水管理办法》《廊坊市城市停车场管理办法》《廊坊市政府规章制定程序规定》《廊坊市人民政府关于修改〈廊坊市政府规章制定程序规定〉的决定》
			承德市1件	《承德市政府规章制定办法》

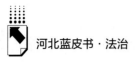

续表

公布年份	设区的市及法规数量	地方性法规	设区的市及规章数量	地方政府规章
2020	张家口市 3件	《张家口市城市市容和环境卫生管理条例》《张家口市烟花爆竹安全管理条例》《张家口河道和水库管理条例》	沧州市 1件	《沧州市重大行政决策程序暂行规定》
	衡水市 2件	《衡水市物业管理条例》《衡水市节约用水管理条例》		
	廊坊市 2件	《廊坊市加强大气污染防治若干规定》《廊坊市院前医疗急救服务条例》		
	邢台市 4件	《邢台市城镇供水用水条例》《邢台市物业管理条例》《邢台市禁止燃放烟花爆竹规定》《邢台市养犬管理条例》		
	承德市 4件	《承德市村容村貌管理条例》《承德市城市供热条例》《承德市工业遗产保护与利用条例》《承德市快递市场管理条例》		
	沧州市 2件	《沧州市城市建筑垃圾管理条例》《沧州市禁止燃放烟花爆竹规定》		

B.4
京津冀协同立法研究报告

杨士远[*]

摘　要：　经过六年时间的发展，京津冀协同立法取得了显著成绩，京
　　　　　津冀协同发展面临的问题和挑战仍有很多，离不开良好法治
　　　　　环境的保障。尤其是2020年初突发新型冠状病毒肺炎疫情，
　　　　　京津冀三地积极协同应对疫情，迅速建立京津冀新冠肺炎疫
　　　　　情联防联控联动工作机制，使疫情得到了有效防控。但此次
　　　　　突发重大公共卫生事件应对，仍然暴露出其在协同立法问题
　　　　　上存在的不健全、不完善的问题。京津冀协同应对突发重大
　　　　　公共卫生事件应首先从立法层面予以完善，制定科学、合
　　　　　理、平等的法律规范。本报告通过对京津冀应对突发重大公
　　　　　共卫生事件协同立法现状及存在的问题进行梳理和分析，认
　　　　　为根源在于三地对"协同"的认识存在一定的差异，利益诉
　　　　　求不同导致立法需求不同，制度设计抑制京津冀协同立法发
　　　　　展的步伐。要实现京津冀协同立法，有效应对突发重大公共
　　　　　卫生事件，可以采取以下路径：创新立法模式；国家立法机
　　　　　关先制定特殊法，由此推进京津冀地区的协同立法；京津冀
　　　　　三地联合成立专门的立法机关推进协同立法进程；搭建三地
　　　　　信息交流共享平台共享立法成果；利用交叉备案制度解决协
　　　　　同立法后可能产生的冲突和矛盾。

---

[*] 杨士远，邯郸市中级人民法院审委会委员，研究方向为审判制度、司法体制改革。

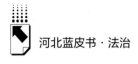
关键词： 京津冀 协同立法 突发重大公共卫生事件 协同发展

一 研究背景

（一）新冠肺炎疫情的暴发和防控，使京津冀协同应对突发重大公共卫生事件成为值得关注的问题

中共中央政治局 2015 年 4 月 30 日召开会议，审议通过了《京津冀协同发展规划纲要》。国务院批复了《京津冀系统推进全面创新改革试验方案》。该纲要指出，推动京津冀协同发展是一个重大国家战略。2020 年新型冠状病毒引发了一场公共卫生事件，其影响范围之广、破坏性之大前所未有。京津冀秉承协同发展的原则，积极协同应对疫情，迅速建立京津冀新冠肺炎疫情联防联控联动工作机制，出台联动方案，构建省（市）政府层面协调机制、各专业部门对接机制和统筹协调机制，在人员流动引导、交通通道防疫、防疫物资保障、生活物资保障、企业复工复产等方面建立起更加紧密的联系。自 1 月 24 日启动重大突发公共卫生事件一级响应以来，河北省委、省政府始终把当好首都政治"护城河"作为政治之责、为政之要，在省域周边、省域内、环京周边筑牢"三道防线"，全力保障省内疫情不扩散，省外疫情不输入。

新冠肺炎疫情防控凸显了京津冀协同应对突发重大公共卫生事件在京津冀协同发展过程中的重要性。突发公共卫生事件，是指突然发生，造成或者可能造成社会公众健康严重损害的重大传染病疫情、群体性不明原因疾病、重大食物和职业中毒以及其他严重影响公众健康的事件。具有成因多样性、广泛传染性、传播隐蔽性、分布差异性、种类多样性以及对人身健康及社会稳定的危害性等特征。突发公共卫生事件处置在国家治理体系构建中尤为重要。

京津冀协同应对突发重大公共卫生事件需要依托当前区块链信息透

明共享以及大数据运算处理能力来实现信息共享，实现跨区域应急预警，协调处置机制和管理模式，最大限度增强决策的效力和应急的合力。疫情防控工作依法科学有序进行，三地推动各项措施落实落细落地，在疫情防控实践中形成了许多好的做法和经验。同时，也暴露出京津冀地区在法治保障等方面，还存在一些不适应、不健全、不完善的问题。应从立法层面予以完善，为京津冀协同应对突发重大公共卫生事件提供有力的立法保障。

（二）京津冀协同立法的意义

1. 京津冀协同立法为协同应对突发重大公共卫生事件提供法治保障

在协同应对突发重大公共卫生事件过程中，政府发挥行政管理职能是核心，但不能仅仅依赖行政手段。由《京津冀协同发展规划纲要》可知，在推动京津冀协同发展的过程中，不仅仅要发挥政府在整体布局中的作用，市场机制的决定性作用也不可或缺。[1] 首先应当健全区域化的法律规范，有法可依才是京津冀协同发展的有力保障。

2. 京津冀协同立法是实现京津冀法治一体化的重要环节

区域一体化不仅仅体现在自然资源环境、基础设施环境等方面，更体现在法治环境、人文环境等软环境方面。[2] 只有健全的法律制度才能保障公平正义，目前京津冀地区在基础设施建设、教育、医疗、产业结构、生态环境保护等方面都存在差异和冲突。要实现协同发展，但没有统一的协同立法作为保障。三个区域分散立法，很难实现地区的协调统一，更难以协同应对随时可能发生的跨区域、不可控的突发重大公共卫生事件。营造良好的法治环境是实现京津冀区域一体化协同发展的基础，京津冀协同立法是构建协同统一法治环境的关键。

在京津冀协同发展战略实施过程中，三地面临大量的经济差异、文化差

---

① 王春业：《论京津冀区域协同发展中的法治促进》，《南京社会科学》2018 年第 1 期，第 101 页。

② 公丕祥：《变革时代的区域法治发展》，北京法律出版社，2014。

异、生态环境差异，且北京作为首都，仍带有大量的非首都功能。实现突发重大公共卫生事件协同应对，需要协同立法进行引领，明确各方的权利义务关系。目前三地主要的立法模式为各自结合实际情况立法。按照《立法法》的规定，区域性的规章、法律规范不能适用于其他区域，因此这种各自立法的状态不仅不能缓解协同发展过程中的差异冲突，反而会加深协同发展的矛盾。协同立法可以创新性地丰富我国区域法治发展中的传统立法模式，也是对如何实现京津冀协同应对突发重大公共卫生事件在法治保障方面的重大探索。

二 京津冀协同立法现状及存在的问题

习近平总书记强调重大改革必须于法有据，京津冀协同发展作为一项重大改革创新部署，应充分发挥立法的引领保障作用。[①] 在提出京津冀协同立法这一议题后，生态环境协同立法领域成效显著。自 2014 年实施京津冀协同发展战略以来，通过不断协商探索，以及专家学者的积极研究探讨，三地在环境治理协同立法方面首先取得了成效，在生态环境立法探索与实践上有所突破。根据统计，京津冀地区已经开始施行的生态环境方面的地方性法规、地方政府规章共 300 余件，涉及耕地、用水、大气、土壤、能源等多个领域。2020 年，即京津冀协同发展战略实施的第七年，京津冀协同立法已实现了由最初的松散型协同向紧密型协同转变，由机制建设协同向具体项目协同转变，由单一的立法项目协同向全方位协同转变。

京津冀协同应对突发重大公共卫生事件是京津冀协同发展的重要内容之一。2014 年 6 月，北京市卫生计生委、天津市卫生局、河北省卫生计生委在北京共同签署了"京津冀突发事件卫生应急合作协议"。协议提出，今后

---

① 张宜云：《浅析区域立法的方位和维度——以京津冀区域为例》，《人大研究》2020 年第 3 期，第 41 页。

三方将密切配合，加强联动，协同应对涉及跨区域的突发公共卫生事件，联合开展突发事件紧急医疗卫生救援，共同维护三地公共卫生安全。但具体立法并不完善，暴露出的问题主要体现在以下四个方面。

（一）立法数量较少，进程较慢

在京津冀协同发展战略实施后，三地相继出台了一系列措施，加快了协同发展进程，在生态环境协同治理、经济协同发展等方面都出台了相应的机制及立法，但在协同应对突发重大公共卫生事件方面未做过多研究，立法事项较少，立法集中度不高。随着新冠肺炎疫情的暴发，5月18日，天津市十七届人大常委会第十九次会议审议通过了《天津市突发公共卫生事件应急管理办法》，其他地区暂未出台本区域适用的相应法规或规范性文件，京津冀协同应对突发重大公共卫生事件的立法保障需求迫切。

（二）行政立法协作尚处于探索阶段，缺乏专门的协调机构

2014年4月，河北省人民政府向北京、天津提出了关于加强京津冀协同立法的建议，三地政府相关法制部门召开京津冀区域政府立法协作会议，并发布《京津冀政府法制工作区域合作协议（征求意见稿）》，正式协议尚未出台，行政立法协作仍处于初步探索阶段。且从法律地位上看，三地立法机构处于同一层级，京津冀地区要实现协同立法，就需要成立统一的协调机构负责协同立法，改变目前的松散型协调立法模式，助推协同立法的实施。

（三）对立法需求的确定缺乏实践调研

京津冀协同立法处在初步探索阶段，应在与京津冀协同发展战略相配合的基调上，确定重点领域立法项目，使三地共同关注的且需要共同应对的问题能够通过立法规划得到协调。① 京津冀协同立法是一个不断深入探索的过

---

① 焦洪昌、席志文：《京津冀人大协同立法的路径》，《法学》2016年第3期。

程，在初步发展阶段，主要是针对三个地区影响较大、与发展有紧密联系的有关事项和领域，同时也应根据实际情况不断调整立法需求的来源。目前，三地在立法需求来源方面缺乏对公众迫切需求的调研论证。从本质上讲，立法不仅仅是形式上制定规范，而且是一个凝聚共识、达成民意、满足生产生活需求的过程。因此，在协同立法过程中，应该重视三个地区的民意，应基于民意需求，以区域整体利益为基准，确定立法项目来源。① 生态环境立法之初的目的是协同应对京津冀地区生态环境的治理问题，新冠肺炎疫情应对也为协同应对突发重大公共卫生事件提供了需求缺口。

（四）缺乏有效的约束机制

由于目前协同立法的模式主要还是分散型的立法模式，即京津冀三个地区各自针对本地区情况，由本地人大或省政府制定相应的规范性文件，很容易出现重大分歧。出现意见不一致的情况时，主要靠三地协商予以解决，并没有出台更为刚性、强制性的约束机制。京津冀协同发展过程中，三地面临的情形极为复杂，不可避免会产生大量的分歧与冲突，仅仅依靠沟通协商的方式，是否能够真正有效地解决冲突还有待验证。只有形成能够对三地协同立法产生强制性约束的机制，才能在冲突形成前避免其产生、在冲突产生后对其进行有效解决。

三 对京津冀协同立法存在问题的原因分析

（一）对"协同"的认识存在一定差异

习近平总书记明确指出："推进京津冀协同发展，要以京津冀城市群建设为载体，以优化区域分工和产业布局为重点，以资源要素空间统筹规划为

---

① 梁平、律磊：《京津冀协同立法：立法技术、机制构建与模式创新》，《河北大学学报》（哲学社会科学版）2019 年第 2 期，第 59 页。

主线，以构建长效体制机制为抓手，从广度和深度上加快发展。"① 京津冀由于所承担的角色和职责不同，发展程度不同，在立法需求协同上面临困境。对于具体哪些事项应该执行哪一标准、坚持什么原则，由于三地的具体情况不同，立法机关的角度和目的不同，其对"协同"的理解也不同，由此导致在协同立法的实践过程中存在屏障。因此，应认识到京津冀协同发展并不是不分主次和层级的绝对平均化、同等化。

（二）各方利益诉求不同，立法需求不同

京津冀虽然在地理位置上相邻，但经济发展、生态环境保护、教育医疗资源分配、交通、住房等各个方面的情况差异较大，导致各地区的利益需求不同，因此针对不同的利益需求就产生了不同的立法需求。平衡协调是区域协同的精神内涵所在，② 例如北京作为首都，仍然承担很多非首都功能，人口急速膨胀、大气污染严重、交通形势严峻、房价过高等问题凸显，因此迫切需要津冀能够为其疏解过多的非首都功能，治理"大城市病"问题。天津作为直辖市，希望能够利用北京的技术研发优势促进本地传统工业的发展。河北则应在承接北京某些服务业的同时，建立生态补偿机制，共建区域性技术贸易市场等平台。③ 这些都导致各地具有不同的立法需求，因此在很大程度上影响了京津冀协同立法的发展。

（三）制度设计阻碍京津冀协同立法发展的步伐

京津冀的地理位置、政治功能不同。河北作为首都的防护屏障，要履行好"护城河"的职责，这一功能在此次应对新冠肺炎疫情中得到了体现，河北在人员流动引导、交通通道防疫、防疫物资保障、生活物资保障、企业复工复产等方面积极支援。因此当三地出现立法冲突时，津

---

① 梁平、律磊：《京津冀协同立法：立法技术、机制构建与模式创新》，《河北大学学报》（哲学社会科学版）2019 年第 2 期，第 59 页。
② 蒲晓磊：《创新京津冀协同立法备案制度》，《法制日报》，2018 年 2 月 13 日。
③ 孙久文、李坚未：《京津冀协同发展的影响因素与未来展望》，《河北学刊》2015 年第4 期。

冀以满足北京地区利益需求为先，这样长此以往阻碍了协同发展的步伐。

四　实现京津冀协同立法的路径选择

（一）打破原有立法模式，进行创新性协同立法

在我国，立法模式主要包括中央供给型和地方供给型，即一种是由中央立法机构进行立法，面向全国的立法需求；地方供给型则是针对地方的立法需求，由各地区的省级人大或政府进行的立法活动。①

在协同立法的初级阶段，由于三地实际情况不尽相同，协同立法尚处于初期的探索阶段，目前主要采用的是协商立法模式，即采用较为简易的方式，三地结应本地及其他地域情况，在与各地的相关法律、法规等规定一致的前提下，采用协商的方式制定政府规章、地方性法规等。这种传统立法模式的优势在于能够使各方充分表达意志，发挥自身优势，为本地量身制定适应本地发展的规章、法规等，这就是目前使用率较高的协商立法模式。京津冀三地各具特色，同时又具有区域协同发展的一致性，因此可以在传统立法模式的基础上进行变革和引申，打造一种中央立法、地方协作、地方单独立法三种形式相结合的组合模式。其中，中央主要是对京津冀协同发展战略进行总体性、概括性和全局性的立法，这种形式的立法主要包括方向性的内容，为地方协作立法和单独立法提供框架，确保地方协作立法和单独立法与中央立法不存在立法冲突。地方协作立法则是由京津冀共同组建的立法机关，针对本区域的协同发展制定带有本区域特色并有助于实现共同发展目的的规范性文件。这种形式的立法首先不能违背中央立法的相关规定，同时要兼顾三地的共同利益。地方单独立法指传统立法模式，即各个地区结合本地

---

① 王春业：《我国区域法治构建中法律规范供给模式的创新》，《南京社会科学》2013 年第 1 期。

区实际，制定有利于本地区发展，同时不侵犯其他地区利益的政府规章和地方法规。三种形式相结合的立法模式，基本能够涵盖各级各方面的立法需求，不仅能够充分发挥三地的自我特色和优势，还能够兼顾三地利益，实现京津冀协同发展。

（二）国家立法机关先制定特殊法，由此推进京津冀地区协同立法

随着我国全面依法治国进程的推进和京津冀协同发展战略的实施，仅仅依靠上级政策推进协同发展是远远不足的。一般来说，一个国家区域协同发展的法律应由以下三部分组成，即区域基本法、区域法和专项法。[①] 但我国各地区普遍没有制定上述法律制度，导致京津冀协同发展缺乏指引，没有相关法律制度作为保障，京津冀协同发展的各项政策和制度都缺乏权威性。[②]

我国在立法过程中遵循的主要原则是先制定基本法，在明确了区域发展的目标和要求后，再根据具体情况制定区域法和专项法。但由于我国在制定区域基本法的过程中面临的问题和挑战更大，难以形成行之有效、满足各区域发展需求的基本法，因此在区域协同立法过程中，可以采用从特殊到一般的立法方式，即为了能够尽快为京津冀协同应对突发重大公共卫生事件提供有力的法律保障，可以由国家的立法机关先行制定京津冀协同发展促进法，[③] 该法规以均衡发展、协同发展、共同进步为发展目标，总体上能够涵盖资源、生态环境、住房、教育、医疗、社保、产业布局、应对突发重大公共卫生事件等方面，并对这些领域进行总体概述。

我国《宪法》赋予了地方政府制定地方性法规的权力，《立法法》规定了中央和地方立法权。[④] 由于目前京津冀协同立法发展不成熟，因此可以借

---

① 崔英楠、王辉：《论京津冀协同立法的实现路径》，《辽宁大学学报》2018 年第 4 期。

② 杨荫凯、杨刚强、张明强、宋志强：《加快我国区域发展立法工作》，《宏观经济管理》2009 年第 3 期。

③ 常敏：《京津冀协同发展的法律保障制度研究》，《北京联合大学学报》（人文社会科学版）2015 年第 4 期。

④ 张友梅：《京津冀区域协同发展的法律治理》，《法制与社会》2019 年第 1 期（下），第 184 页。

鉴其他区域现有的协同立法经验，如长三角地区协同立法经验，即要实现京津冀协同立法，首先应出台立法范本，在制定相关规章或地方性法规的过程中以此为以后协同立法的依据。或者借鉴东三省协同立法模式，即由三个地区的立法机关共同商议起草法规或规章，并分别在本地区对草案进行商议表决。或者由其中一个地区主要负责起草，其余地区立法机关对草案提出修改意见，再经三方共同协商后达成一致意见，由此避免出现立法冲突。制定京津冀协同发展促进法后，在运用过程中，可以通过借鉴长三角、东三省区域协同立法经验，制定单项领域更为详细、能在实践中运用的地方政府规章或地方性法规。以提供总体大方向的法律为框架，能够有效避免京津冀地区在协同立法过程中产生较大的矛盾和冲突。

（三）成立联合立法机构

根据《中华人民共和国地方各级人民代表大会和地方各级人民政府组织法》的规定，京津冀地区三个立法机关是相互平等、没有任何隶属关系的机构，因此对于这三个地区立法机关制定的法律，在没有协商一致的情况下，本地的政府规章或地方性法规是不能对其他地区产生任何约束力的。因此可以由三个地区共同协商成立专门的立法常设机构，即京津冀协同立法委员会，该委员会负责起草京津冀地区以协同发展为目标所适用的地方性法规或规章，并调和三个地区各自出台的地方性法规和地方政府规章之间的矛盾。

1. 京津冀协同立法委员会的人员组成

京津冀协同立法委员会可以由北京、天津、河北三个地区的行政机关或立法机关共同组成，其分别负责地方政府规章和地方性法规的制定。该委员会是独立于三个地区的，不在任何一个地区的行政管辖之内。三地应通过平等协议的方式明确规定人员的构成及任用标准、工作职责等内容。在人员组成上，应均衡三个地区的人数，不能出现某一地区人数所占比例过大的情况，应遵循平等性和整体性的原则，确定人员的组成和任用标准。

2. 京津冀协同立法委员会的主要工作职责

一方面，京津冀协同立法委员会对上应与国家立法机构保持一致，这是委员会开展工作遵循的首要准则，其在国家发展的整体框架之内，通过京津冀协同立法，促进京津冀地区的协同发展，优化协同发展的法治环境。另一方面，其对下要与京津冀各个地区的地方立法机构保持联系，促进京津冀协同立法一体化。

3. 京津冀协同立法委员会的运行方式

该委员会应通过科学合理的运作机制确保自身在司法实践过程中起到有效作用。应通过设立决策机构的方式，对委员会的重大事项进行拟定。委员会主任应由京津冀三地轮认，每年定期召开一次全会，会议主要讨论由决策机构提出的各项议题，经全会讨论、表决后，最终做出通过与否的决定。在遇到重大突发事项时，也可临时召开会议，对重大事项进行讨论和审议，最终做出公平科学合理的决策。为了充分保障委员会日常工作的开展，京津冀地区还应该在本地设立常设机构从而配合委员会工作。凡是有关京津冀协同发展的条文、规则都应经过委员会的审议。[1]

（四）搭建立法信息交流共享平台

京津冀地区是目前我国人口密集、创新能力和综合能力都较强的区域，其作为优质生产要素富集的载体，已经成为当今世界上最为活跃的区域经济中心之一。[2] 从 2014 年提出京津冀协同发展战略起，京津冀地区制定了大量的地方性法规和地方政府规章。实现京津冀协同立法，需要对三个地区制定的规范性文件进行全面的梳理，这无疑是一项庞大繁杂的工程，而且很容易出现遗漏或审查不清等问题。现在随着现代化信息技术的迅猛发展，三地可以通过搭建信息化平台进行立法信息交流共享。

---

[1] 王春业：《区域经济一体化背景下地方行政立法模式的变革》，《社会科学辑刊》2007 年第 5 期。

[2] 李峰：《雄安新区与京津冀协同创新的路径选择》，《河北大学学报》（哲学社会科学版）2017 年第 6 期。

可以通过信息化技术，搭建京津冀协同立法信息网，以京津冀三地协同立法为主题，下设三个地区板块，使之承担起协同立法的功能，同时也作为电子政务信息公开的载体，发挥对群众进行普法宣传的作用，从而使不同地区之间的不同立法形式能够实现有效协调和衔接，同时也可以提高协同立法过程中公众的参与度。

在具体的实践运用中，京津冀协同立法委员可以为下设的协调机构建立信息数据库，汇总自实施京津冀协同发展战略以来，各地区的立法情况以及后续实施情况，数据库内容也应涵盖关联度高的区域的重大立法项目，以及京津冀协同立法的工作经验及成果。对这些内容进行即时更新、汇总，畅通协同立法信息的发布渠道，有利于其他地区第一时间掌握立法动态，也有助于公众及时了解最新的立法信息，调动公众更积极地参与京津冀协同立法工作。

（五）京津冀协同立法实施备案制度

上述协同立法措施有助于有效解决立法前和立法中的问题，但在实践过程中，绝大多数的立法仍然是京津冀在各自区域内制定的在本地范围内适用的地方性法规或地方政府规章。根据《立法法》的规定，在不与宪法、法律和行政法规相违背的前提下，国家权力机关有权制定本地区的规范性文件，政府可以制定相应的办法、规则等规范性文件。其他地区对这些规范性文件没有权力干涉，但很容易出现各地区利益侧重不同、发展目标不同导致制定的规范性文件相互冲突的情况，在实践过程中这确实是经常出现的情形。这一问题可以通过三地区交叉备案得到解决。

交叉备案是指某个地区在制定了本地区范围内适用的地方性法规或地方政府规章后，向其他两个地区进行备案，其他地区可以对这些规范性文件依据协同发展的原则进行审查。如果某一个地区制定的地方政府规章或者地方性法规对其他地区的利益造成了侵害，或者违反了京津冀协同发展的基本原则，其他地区可以提出异议，并通过协商方式予以解决。

在解决争议的过程中，应遵循合法性、约定优先、穷尽行政救济等法律原则。① 交叉备案是协同立法的一种补充制度，是为解决立法后出现的问题而设定的解决措施。在运用该项制度过程中，可以采用以下方式：省级人大或者省级政府制定的规范性文件，由其他地区的省级人大或省级政府进行交叉备案；省级以下的人大制定的规范性文件通过省级人大向其他地区的人大进行备案。

---

① 王宝治、张伟英：《京津冀行政协议争端解决机制的基础理论研究》，《河北法学》2017 年第 4 期，第 93 页。

B.5
河北省加强生态环境保护立法及标准体系建设的研究报告

骆艳青*

摘　要：　2020年河北省在加强生态环境保护立法及标准体系建设方面取得了一些新的成绩积累了一些新的经验，立法数量、立法质量都有所提升，立法调研得到了进一步加强，京津冀协同立法也有了新的突破；同时在对标准文件的梳理、标准信息的管理、标准信息的共享方面也取得了一定的成绩。本报告对这些成绩以及经验进行了归纳总结，并在加强农村生态环境保护立法、加快京津冀生态补偿协同立法等方面提出了建议。

关键词：　生态环境保护立法　生态环境保护标准体系　区域协同立法

　　加强生态环境保护、促进绿色发展是河北省提出的发展目标之一，实现这一目标需要强有力的法治保障，首先是立法方面的保障。近年来，河北省大力构建体系完备、科学规范、运行有效的地方法规、标准体系以保障这一目标的实现，并取得了一定的成绩。2020年河北省的这项工作取得了新的进展。

---

* 骆艳青，河北省社会科学院法学研究所助理研究员，研究方向为地方立法、生态环境保护。

一 河北省在加强生态环境保护立法及标准体系建设方面取得的进展

近年来，河北省不断加强完善生态环境保护法治体系和标准体系的建设，2020 年这项工作所取得的新的进展主要表现在以下五个方面。

（一）省级制定、修订立法数量再创新高，立法质量进一步提升

2020 年 1 月 11 日，河北省人民代表大会审议通过了《河北省机动车和非道路移动机械排放污染防治条例》《河北省河湖保护和治理条例》。3 月27 日，省人大常委会审议通过了《河北省生态环境保护条例》；6 月 2 日，审议通过了《河北省非煤矿山综合治理条例》；7 月 30 日，审议通过了《河北省人民代表大会常务委员会关于加强船舶大气污染防治的若干规定》《河北省人民代表大会常务委员会关于河北省资源税适用税率、计征方式及免征减征办法的决定》《河北省城乡生活垃圾分类管理条例》；9 月 24 日，审议通过了《河北省人民代表大会常务委员会关于加强滦河流域水资源保护和管理的决定》。2020 年，河北省人大及其常委会共出台加强生态环境保护、促进绿色发展领域的法规及法规性质的决定 8 件，接近全年立法总量的50％；截至 2020 年底，河北省此领域现行有效的地方性法规共 46 部，占法规总量的 21％。① 同时，2020 年河北省政府也公布了《河北省扬尘污染防治办法》等规章。这一系列地方法规、规章的制定、修订，使河北省 2020年加强生态环境保护、促进绿色发展的地方立法数量再创新高，为河北省的生态文明建设提供了强有力的法治保障。

在立法数量增长的同时，这几部地方法规、规章在总结过去立法经验、夯实立法调研、多方面征求修改意见建议的基础上，结合河北实际情况，勇于进行制度创新，填补了多项立法空白。例如，作为河北省在加强生态环境

---

① 河北人大网。

保护、促进绿色发展的统领性、基础性、综合性的地方法规，《河北省生态环境保护条例》结合河北实际明确规定建立健全9项机制、18项制度。比如新增了对生态环境损害赔偿的规定，新增了对生态文明建设目标评价考核的规定；作为地方性法规，开创性地规定了重污染天气应急减排差异化管控制度。这些机制、制度的规定，为河北省这一领域其他的地方立法提供了指引。《河北省人民代表大会常务委员会关于加强滦河流域水资源保护和管理的决定》是河北省出台的首部流域管理法规，《河北省城乡生活垃圾分类管理条例》是我国首部直接以"垃圾分类"命名的省级地方性法规。可以说，2020年河北省在生态环境保护领域的立法质量得到了提升。

另外，依据国家政策，河北省在生态环境保护领域立法模式上也进行了创新，比如《河北省机动车和非道路移动机械排放污染防治条例》就是采取京津冀协同立法的模式制定的。同一条例的北京版、天津版分别于2020年1月17日、1月18日由两地的市人民代表大会审议通过，并自2020年5月1日起三部地方性法规同步施行。这是我国第一部区域协同对污染防治做出统一规定的区域性立法。这一立法模式更利于对机动车和非道路移动机械排放污染进行全过程管控和联防联控。

（二）设区的市加强生态环境保护、促进绿色发展的立法进一步完善

2020年，在原有基础上，河北省设区的市加强生态环境保护、促进绿色发展的立法进一步得到完善。比如，衡水市1月1日起施行了《衡水市生态环境教育促进条例》，邯郸市3月1日起施行了《邯郸市大气污染防治办法》，廊坊市6月1日起施行了《廊坊市加强大气污染防治若干规定》等。这些设区的市地方法规和政府规章的施行，进一步完善了河北省加强生态环境保护、促进绿色发展的地方法规体系。

（三）制定多项政策，加强生态环境保护、促进绿色发展的政策体系更趋完备

2020年，河北省生态环境保护委员会办公室印发了《河北省网格化环

境监督管理与评估考核办法》，从监督管理职责、工作机制、评估考核机制等 9 个方面，对网格化环境监督管理制度做了明确具体的规定。河北省生态环境厅、农业厅联合印发了《河北省农村生活污水治理工作方案（2021—2025）》，该方案提出，到 2025 年要实现全面建立完善农村生活污水治理长效运行维护管理机制的目标。此外，河北省生态环境厅还印发了《河北省大气污染综合治理考核办法》《河北省污染防治攻坚战成效考核实施方案》《加强社会生态监测机构及其监测质量管理的暂行规定》《关于全面加强危险废物污染防治工作的若干措施》等一系列政策文件。这些政策文件的印发，使河北省导向清晰、决策科学、执行有力、监管有效的加强生态环境保护、促进绿色发展的政策体系更趋完善。

（四）强力推进《白洋淀生态环境治理和保护条例》的出台

白洋淀位于雄安新区的中心区，其生态环境的治理和保护与雄安新区实现绿色发展目标息息相关。党和国家领导人对白洋淀生态环境治理和保护工作高度重视，有关领导还专程到雄安新区调研，对白洋淀生态环境治理和保护的立法工作提出重要指导意见。经省委批准，河北省人大常委会将《白洋淀生态环境治理和保护条例》的制定作为一项重大政治任务进行强力而审慎的推进。在 2019 年 11 月完成第一次审议的基础上，2020 年 5 月、9 月、11 月河北省人大常委会又三次审议了《白洋淀生态环境治理和保护条例》草案。省人大法工委、省生态环境厅等有关部门根据审议意见对草案进行反复修改完善。在草案修改过程中，除广泛征求社会意见外，有关部门还到全国人大环资委、法工委、国家京津冀协同发展办公室、生态环境部、水利部、住建部等有关部委，以及北京市、天津市、山西省人大进行调研，征求修改意见和建议。2020 年 12 月，河北省人大常委会法工委又就修改后的草案向省人大代表征求意见，拟将该条例草案提交 2021 年召开的省人民代表大会审议。2021 年 2 月 22 日，河北省第十三届人民代表大会第四次会议全票通过了《白洋淀生态环境治理和保护条例》，该条例于 4 月 1 日起施行。

《白洋淀生态环境治理和保护条例》的出台，不仅能为白洋淀生态环境保护和治理、雄安新区高质量发展提供立法上的保障，而且其立法过程也为河北省完善地方立法模式、提升立法技巧、提升立法质量等积累了一定的经验。

（五）进一步完善河北省生态环境标准体系建设

依据 2020 年 11 月 5 日公布的《生态环境标准管理办法》的规定，生态环境标准是指由国务院生态环境主管部门和省级人民政府依法制定的生态环境保护工作中需要统一的各项技术要求，分为国家生态环境标准和地方生态环境标准。地方生态环境标准包括地方生态环境质量标准、地方生态环境风险管控标准、地方污染物排放标准和地方其他生态环境标准。有地方生态环境标准的省、自治区、直辖市，应优先执行地方标准。依据这些规定，各省级政府在制定本地的生态环境标准时拥有较大的自主权。

2020 年，河北省进一步完善本省的生态环境标准体系建设。一是制定、修订了一批地方生态环境标准。比如，省生态环境厅新制定发布了陶瓷、平板玻璃、水泥、锅炉 4 个行业的大气污染物超低排放地方标准，为有关企业减排提供了标准支撑。河北省制定发布了《建设用地土壤污染风险筛选值》《人工湿地水质净化工程竣工环境保护验收技术规范》《人工湿地水质净化工程技术规范》，为相关领域的生态环境污染风险防范，工程建设施工、验收等提供了指导和规范保障。同时，还修订了《农用地土壤重金属污染修复技术规程》《农村生活污水排放标准》，为相关领域的生态治理和保护提供了标准依据。二是积极构建河北省生态环境标准体系。比如，省生态环境厅整理、印发了《河北省地方环境标准清单》。生态文明标准体系作为河北省六大标准体系之一，在河北标准图书馆网站上得到公布。特别是其所含的河北省林业和草原标准体系、自然资源标准体系、环境保护标准体系等版块，将现行的标准文件进行归纳、一一列举，① 以方便有关部门、企业和社会大众查询。

---

① 标准图书馆网。

二 河北省加强生态环境保护立法及
标准体系建设的经验总结

2020 年是河北省加强生态环境保护立法及标准体系建设工作取得丰硕成果的一年，本报告对其中的一些经验进行归纳总结。

（一）京津冀协同立法模式取得成效

根据 2015 年通过的《京津冀协同发展规划纲要》的规定，京津冀生态环境支撑区是河北省的功能定位之一。生态环境保护和治理具有特殊性，比如大气是流动的、水域是跨行政区域的，其治理和保护需要三地打破各自为政的固有思维模式。为生态环境保护提供法治保障的立法工作，也需要三地的协同。2014 年，河北省人大常委会首先提出了开展京津冀协同立法的倡议，并得到了京津两地的积极响应。为了更好地开展协同立法工作，三地建立了由人大常委会有关领导、法制工作机构负责人、立法项目小组参加的联席会议，会议每年至少召开一次，由三地轮流主办。

几年来，三地经研究共同出台了《关于加强京津冀协同立法的若干意见》《京津冀人大立法项目协同办法》等制度文件，并建立了协商沟通、立法规划计划协同、信息共享等多项工作机制，为三地协同立法进行了积极的探索和前期准备工作。2020 年，京津冀协同立法工作终于结出了硕果：《机动车和非道路移动机械排放污染防治条例》同步起草、同步修改、同步通过、同步宣传、同步实施，开创了区域协同立法新模式、新路径、新高度。在区域协同立法史上具有里程碑的意义。

从长远来看，解决京津冀生态环境保护和治理问题，仅仅依靠临时成立的协调小组和行政命令不是长久之计，还是要通过立法给予法治上的保障。但三地只是完善各自的地方法规规章体系，缺乏沟通协调，各自为政，很难起到很好的效果。以大气污染治理为例，京津冀三地虽然是三个不同的行政区域，但在地理上是一个统一的整体；只有实现对各区域的统一治理，才能

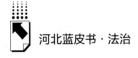

从根本上解决问题。而要实现各区域统一治理，则需要有相应的统一的执法依据，这就需要三地继续坚持并进一步加强协同立法工作。对河北省而言，其也应继续完善京津冀协同立法这一工作模式。

（二）进一步加强了立法调研工作

立法调研工作是立法的前提，也是立法的基础，更是提高立法质量的必要保障。随着社会的发展、生态文明建设的推进，生态环境保护出现了一些新的形势、也面临一些新的任务。这就需要生态环境保护方面的立法必须与这些新形势、新任务相适应，也就需要进一步加强立法调研工作。具体到河北省，其在生态环境保护方面有特殊的区域位置和功能定位，还承担着保证雄安新区绿色发展的任务，这就需要其提高生态环境保护领域的立法质量，从而为生态环境保护、绿色发展提供强有力的法治保障。要实现这一目标，需加强立法调研工作。

2020年，河北省在加强立法调研工作方面取得了一些新进展。一是更广泛地向社会各界征求意见。比如《白洋淀生态环境治理和保护条例》的起草部门，多次将草案提交省人大常委会审议，多次向社会各界和涉及的有关部门征求修改意见和建议，全力提高《白洋淀生态环境治理和保护条例》的立法质量，力争使《白洋淀生态环境治理和保护条例》具有较好的执行效果。二是拓宽立法调研的途径，使立法调研开始"走出去"。仍以《白洋淀生态环境治理和保护条例》为例，在立法调研过程中，起草部门除在本省调研外，还到国家有关部委征求意见，特别是到白洋淀水域涉及的京津和山西省征求意见和建议。调研途径的拓宽，有利于提升立法调研的成效，也是立法质量的有力保障。

（三）注重生态环境标准体系建设

河北省除进一步加强生态环境保护立法工作外，还非常注重生态环境标准体系建设。标准为法脉准绳，生态环境标准体系建设既能为一定时期内的生态环境保护指明一个目标，比如农村生活污水排放标准为农村生活污水处理要达到什么要求指明了目标；也能使相关企业的生产活动有具体的规则可寻，如工业废水排放标准为相关企业的污水治理提供了具体的指标规则。因此，标准体系建设对加强生态保护促进绿色发展同样重要。近年来，河北省除了注重对生态环境标准的制定外，还在生态环境标准文件的梳理、标准信息的管理、标准信息的共享等方面做了大量工作，如对标准图书馆的升级改造等。

三 对河北省今后加强生态环境保护立法及标准体系建设的建议

总结河北省近几年生态环境保护立法及标准体系建设的经验，结合河北实际，对河北省今后此项工作提出以下两点建议。

（一）加强农村生态环境保护方面的立法

河北省是农业大省，农村生活垃圾、污水、土壤污染等生态环境保护问题本身就存在，加之近几年一些生产企业向农村地区转移，农村的生态环境保护问题日益紧迫。主要表现在，一是生活垃圾污染。农村生活垃圾存在清运力量不足和无处清运的问题，随着乡村振兴等战略的实施，农村的街道、居住场所的周围变得整洁了，但是日常生活产生的垃圾不能及时清运出去或者没有地方清运，只能在村落周围存放或掩埋。下雨时产生的污水渗入地下造成污染。二是大气污染。农村地区的大气污染程度原本较轻，但随着一些生产企业从城市搬迁到农村，加之一些地区原有的小微企业生产方式粗犷，河北省一些农村地区的大气污染问题变得严重起来。三是农业用地土壤污染。在农业生产中，部分地区长期大量使用化肥、农药，使得农业用地的土壤污染较为严重。四是水资源污染。河北省地处华北地下水漏斗区，地下水资源较少，由于气候原因，地下水的补给也较少。而且大部分农村地区没有污水处理厂等设施，大量生活污水直排渗入地下，加上一些企业偷排和一些污染物的排放，河北省农村地区的水资源污染比较严重。①

---

① 苏丽、马景顺：《河北农村生态环境保护及治理对策研究》，《石家庄学院学报》2021 年第 1 期。

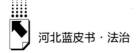
造成河北省农村生态环境保护问题日趋严重的原因有很多，但农村生态环境保护立法不足是主要原因之一。因此建议河北省今后加强此领域的立法工作，为农村生态环境保护提供强有力的法律支撑。可喜的是，河北省人大常委会已将《河北省乡村环境保护和治理条例》的修订作为三类项目，纳入了 2021 年的立法计划。①

（二）加快对京津冀生态补偿协同立法的研究

河北省政府 2016 年印发的《河北省建设京津冀生态环境支撑区规划（2016—2020 年）》，对各生态功能区的划定、京津冀生态环境区建设的规划指标、应严守的资源环境生态红线等都做了明确规定。但对生态补偿机制没有做出明确规定，只是笼统地规定：推动建立跨区域生态补偿长效机制。目前，国家层面的《生态保护补偿条例》尚处于公开征求意见阶段。而且即使国家层面的《生态保护补偿条例》得到公布实施，具体到京津冀三地的具体补偿办法仍需三地共同协商立法。河北省应主动会同京津两地，对此问题的协同立法进行先期调查研究，特别是对三地跨区域的生态补偿主体、生态补偿办法、生态补偿标准等进行重点研究。这一立法的实施，将有利于京津冀生态环境的共同保护和治理。

① 河北人大网。

B.6
河北省家庭教育立法研究报告

董　颖*

摘　要： 多年来，河北省妇联、教育行政部门等在家庭教育服务和指
导方面做了大量的探索，形成了许多经验，各项政策措施也
有力推动了家庭教育的发展。目前河北省家庭教育进入了立
法程序。为推进家庭教育工作制度化、规范化发展，应尽快
出台河北省家庭教育促进条例，通过立法确定家庭教育的法
律地位，明确政府和家庭的责任，规范家庭教育机构的日常
运作，提高家庭教育的专业化水平，保证家长充分履行家庭
教育义务，政府进行适度的引导和干预，学校和社会进行有
效的分工协作，从而健全家庭教育的治理机制，推动家庭教
育的法治化进程。

关键词： 家庭教育立法　政府促进　河北

　　家庭教育是现代教育体系的三大组成部分之一，是学校教育和社会教育
的起点和基石，家庭教育不仅事关一个家庭，还关乎社会和国家的未来。家
庭教育长期以来存在的问题，已不能通过家庭自身解决，更不能放任其发
展，政府部门在促进、规范家庭教育方面必须发挥应有的作用。目前，我国
已有八个省市出台了地方性的家庭教育促进条例，河北省家庭教育也进入了
立法程序。为推进家庭教育工作制度化、规范化发展，应尽快出台河北省家

---

* 董颖，河北省社会科学院法学研究所研究员，研究方向为犯罪学、社会治理。

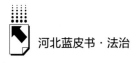

庭教育促进条例。

从 1991 年开始，在省委、省政府的领导下，各级妇联、教育等相关部门联合推动实施了五个全省家庭教育工作五年规划，在家庭教育服务和指导方面做了大量工作，全省家庭教育事业取得了显著成就。尽管社会各界对家庭教育的关注不断增强，但由于缺乏立法与政策的支持，家庭教育的战略地位尚未得到全面确立。受社会变迁等外部环境的影响，家庭教育功能发生了深刻变化。对于留守儿童、流浪儿童、孤残儿童的关注是社会进步的重要标志，社会各界已认识到需要帮助他们摆脱家庭教育指导服务的困境。因此，在社会治理背景下河北省更加迫切需要加快家庭教育立法的进程。

一 河北省家庭教育现状分析

河北省各地市在家庭建设、家庭教育和家风建设中总结和推广了各自的经验，有些地方形成了有特色的家教品牌。其在家庭教育宣传推广、探索家教新理念、开办家长学校、定期举办家庭教育讲座、维护妇女儿童合法权益、关注留守儿童、建立家庭教育规章制度、部门联动、拓宽家教方式方法等方面，取得了明显的成绩。

（一）典型经验

1. 家庭教育常态化

各地充分发挥了妇联的作用。妇联作为桥梁协调各部门力量，开展有特色的活动，使家庭教育常态化发展，加大宣传力度，多元渠道普及家教知识。各地市妇联、教育局、关工委联合组建家庭文明建设和家庭教育报告团，定期举办家庭文明建设和家庭教育报告会，使家庭文明建设和家庭教育新理念不断深入人心。整合家庭教育指导中心、乡镇留守儿童活动室、村级"妇女之家"、家长学校的力量，发挥阵地的作用，宣传家庭文明建设和家庭教育知识。推动和有效运用"互联网＋"的新技术、新手段、新平台、新模式，开展家庭教育指导服务，邀请家庭教育专业人士深入社区为广大家长做专题讲座。通过专题讲座、游戏互动、心理测试等形式，持续深入各学校，常态化开展家庭教育活动，传播科学的家教理念和方法。

2. 推进家庭教育工作制度化、规范化发展

各地通过制定规章制度，推进家庭教育工作的制度化、规范化发展。如保定市在规范家庭教育工作中，联合多部门制定《保定市指导和推进家庭教育的五年规划（2016—2020 年）》《保定市儿童发展规划（2011—2020年)》，印发了主要责任单位目标任务分解表、成立保定市家庭教育工作小组，全面谋划指导家庭教育工作，逐步形成了党政重视、妇联牵头、部门配合、社会参与的社会化、开放式工作格局。保定市作为唯一的地级市与湖南、湖北、新疆三省（自治区）被列为"联合国儿童早期发展社区家庭支持项目"实施地，探索以儿童为中心、以家庭为基础、以村（社区）为依托的儿童早期发展服务新模式，实施母亲素养提升工程、开展亲子阅读活动，不断提升家庭教育影响力。秦皇岛市以杏林小巷家庭学校为依托，培育北戴河区家风家训家教示范基地；以海悦心理卫生服务中心为依托，培育服务妇女儿童示范基地。工作制度化、规范化有力推动了家庭教育工作的开展。

3. 家庭、学校与社会在家庭教育中协调联动

建立健全学校、家庭、社会"三结合"教育网络。三方齐抓共管，协调联动，发挥多部门工作职能，共同推进家庭教育工作。有的地区建立了家庭教育长效机制，加大对家庭教育工作的统筹推进力度，成立由副市长、市妇儿工委主任任组长，市妇联、教育、关工委、卫计等部门工作人员为成员的全市家庭教育工作领导小组。通过家校配合，互学互动，构建全方位教育网络。市妇联与教育部门密切配合，将家长学校作为宣传普及家庭教育知识的主要阵地，努力构建家校协同共育的新格局，健全家校组织，完善相关制度，并且有效整合各类资源，开展多种形式的家庭教育活动，如开展家长微课堂讲座、家长专题沙龙等，以此提高家长的自身素质和家教水平。

4. 积极开办家长学校

家长学校在各地越来越受到重视，很多地区都开办了家长学校，并培养了一批家庭教育指导老师。沧州市教育局实施《沧州市中小学幼儿园家长

学校提升三年行动计划（2018—2020）》。教育部门"一把手"对家庭教育和家长学校工作相关文件进行审核，对家庭教育工作提供大力支持，教育局"一把手"担任家长学校领导小组组长，各学校"一把手"担任家长学校校务委员会主任，家庭教育和"家长学校提升行动"真正成为"一把手工程"，各地基本建立起家庭教育和家长学校工作领导与管理体系。在推动家长学校开办的过程中，家庭教育工作者的素质日益受到重视，一些地区成立了家教指导委员会，通过开办辅导讲座、提供专家指导、进行交流研讨等方式，促进家庭教育实现科学化和专业化。

5. 关注留守儿童

留守儿童作为一个特殊群体，受到了广泛关注，对留守儿童群体的关爱和保护日益受到重视，各地切实将工作落到实处。农村留守儿童数量逐年减少。通过宣传引导，外出父母监护责任意识提升，尽量携带未成年子女到工作地生活和读书。有的乡镇配备了儿童督导员、村级儿童主任，对留守儿童全部进行实名制管理，并进行岗位培训，提供财政支持建立儿童之家，对无人监护和父母一方外出另一方无监护能力的儿童落实监护责任。同时继续开展"爱心代理妈妈"志愿服务活动，积极帮助和引导农村留守儿童，通过生活关怀、心理关怀、心理咨询、学习辅导等，使他们得到情感上的慰藉，并从线上策划发展到线下活动，拓展了困境儿童关爱载体。

6. 拓展家庭教育方式

在家庭教育常态化工作的基础上，各地也探索创新了家庭教育的模式。如开展亲子阅读活动，提升其文化素质，利用互联网设立家庭教育微课堂、创建儿童早教基地等。如通过"家庭亲子阅读基地"进一步丰富了家庭儿童活动阵地，营造浓厚的亲子阅读氛围。在乡村地区，儿童之家、儿童中心不仅为当地儿童和家长提供了阅读服务和家庭教育指导，还通过联动效应，以现代的、进步的理念带动家庭教育观念的转变。

早期教育得到重视。沧州市卫健委以创建儿童早期发展示范基地为抓手，深入探索以农村为重点的儿童早期发展服务内容和服务模式，通过开设孕妇学校，不断丰富服务内涵，创新服务模式，提高服务水平，为全市孕期妇女和儿童提供全面、科学、规范的医疗保健服务。沧州市 21 个婚姻登记处有 15 个提供了婚姻家庭辅导服务，同时所有婚姻登记处配合卫生健康等部门做好免费婚前婚检服务和家庭教育宣传引导工作。

另外，全省各地打造了家庭教育微课堂。家庭心理志愿服务团队通过微信群进行心理成长、家庭故事等主题分享，提升家庭心理健康水平。

二　家庭教育工作中存在的问题

（一）对家庭教育的重要性认识不足

尽管各级教育管理部门普遍认同家庭文明建设及家庭教育的意义和作用，但有些地区过分强调短期效应，对于需要长期积累的隐性成绩不够重视和支持，特别是乡镇、农村重视程度更低。多年来，一直是妇联在组织家庭文明创建活动，但评选活动的意义并未深入人心，大多数是走过场，或只应付不落实。由于重视程度不同，对家庭文明创建活动的保障并不平衡。既有城市和农村的不平衡，又有农村乡镇与乡镇之间、村与村之间的不平衡。在城镇地区，教育资源占有优势；在农村地区，因教育资源有限，广大地区仍难接收到先进的家庭教育理念，对家庭教育知识的宣传普及仍是薄弱环节。由于全省各地区经济发展、领导重视程度不同，家庭教育活动的开展也不平衡。

对家庭教育重要性认识不足同样也反映在家长身上。负有家庭教育责任的人过分依赖学校教育，部分家长认为自己的主要职责是为子女提供物质保障，儿童教育的责任在老师和学校身上，并且对学校的教育也不配合，子女出现问题后，又将责任推给学校。

（二）家庭教育的地位尚未明确，缺乏政策支持

就全省的情况来看，家庭教育的组织领导体制层级不高、有待提升。政府对家庭教育缺乏总体的政策支持，财政保障不足，难以建立起稳定的、专

业化程度较高的家庭教育指导队伍。家长教育研究也未引起足够重视。许多家长不能胜任家庭教育的责任，且对此缺乏有效的干预机制。家庭教育与学校教育、社会教育之间缺少有机衔接与协同机制。家庭教育机构拥有统一的教育理念，无论是政府主导的家庭教育机构还是民办家庭教育机构，都存在相应的问题，难以有效发挥作用。从一定程度上来说，家庭教育机构还处于自发生长阶段，缺乏明确的定位与统一的政策支持，难以从法律层面上促进和保障家庭教育的发展。

（三）家庭教育指导服务市场和队伍急需进一步的管理和规范

随着新时期家庭教育工作的新变化、儿童身心发展的新特点以及家长对家庭教育的新需求的出现，家庭教育工作如何更贴近家长和儿童的需求，成了新时期家庭教育工作亟须思考的问题。部分地区的家教工作者大部分是教师兼职，对家教工作参与热情较高，但水平有限，对专业讲师素质的培养不足。专职的家庭教育指导师人数不足。

家庭教育指导服务市场和队伍急需进一步的管理和规范，从业者需要专业的家庭教育指导培训。随着整个社会日益重视家庭教育，对于科学规范的家庭教育指导服务的需求也日益增加。当前社会上出现了很多市场化的家庭教育指导服务机构，这些机构的质量参差不齐，开展家庭教育培训的大多是私立培训机构，往往以营利为目的。由于没有正规部门的管理，教学内容缺乏规范指导，甚至还产生了负面效应。原本就有相当一部分家长认为家庭教育培训可有可无，因此更不愿选择自费到这些机构学习。由于部分家庭教育指导者专业化程度低，进行家庭教育指导时力不从心。因此，有些地区尽管在学校、社区设立了家庭教育中心，却很难给有需要的家庭提供所需要的服务。面对社会对高质量家庭教育服务的需求，家庭教育需要规范的市场、规范的引导和服务，以及稳定而专业的师资队伍，以保证家庭教育指导服务的质量。

（四）家庭教育仍存在诸多问题

尽管时代发生了很大变化，社会在不断进步，家庭教育的理念在不同程度上有所更新，但是，现实中仍有很多家长认为子女教育是家庭私事，拒绝接受新知识、新观点，与学校沟通不畅，家庭教育的随意性和不确定性加大。主要表现为：家庭教育方式单一，缺乏科学合理性，缺乏健康的家庭教养环境，亲情缺失，父亲在家庭教育中缺位，部分家庭家教家风现状不容乐观。

（五）家庭教育的工作机制尚未健全

家庭教育创新工作机制没能真正形成，协调组织作用发挥不够，主要由妇联一家推动工作开展，没有形成合力。相关职能部门的作用远未得到发挥，有些工作还处于依靠妇联组织单方面推动、其他部门被动配合状态。政府的主导作用未能得到有效体现，政策支持不够，家庭教育工作投入不足，制约和影响了家庭教育工作广泛深入开展。

三　家庭教育促进条例的重要性和迫切性

家庭教育关系国家未来、社会和谐，也体现了政府、社会与家庭的共同责任。家庭教育立法在当前发展阶段更显示出了重要性和紧迫性。

（一）家庭教育存在的严峻问题呼唤家庭教育立法

随着经济的发展、社会的进步，家庭教育形式更加多元，单一的教育方式有所改善，但家庭教育的理念未得到根本改观。没有先进理念的支撑，很多家庭在教育子女时出现各种严重问题，表现为家庭教育观念落后、家庭教育知识匮乏、家庭教育责任感缺失。社会流动和变迁形成了单亲家庭、流动家庭、留守家庭等，部分父母因生存原因无法伴随子女成长，特别是父亲在子女教育中缺位，给未成年人成长带来一系列隐患。近年来产生的青少年犯罪、越轨等各类社会问题，反映出一些家长生而不养、养而不教、教而不当的突出问题。长期以来，很多人认为家庭教育属于私人领域，家庭教育支持服务未被纳入公共服务范畴，因此对家庭教育的干预仅限于宣传、教育、提倡等手段，措施不够有力。由于缺乏必要的机制、政策和资源保障，工作难以有效推进。因此，对家庭教育领域存在的严峻问题，政府必须发挥指导服务的重要作用。家庭教育立法对确立家庭教育的法律地位、明确家庭教育核心内容、扩大公共服务供给、规范家庭教育行为，提升家长素质、加强对家庭教育的指导、优化未成年人成长的家庭环境、保障未成年人全面健康地发展来说非常重要。

（二）从法律层面上提升家庭教育的地位

家庭教育是一个人世界观、人生观、价值观形成的重要基础。目前，在国家法治层面，我国已颁布义务教育法、职业教育法、高等教育法等法律，确立了学校教育和社会教育在教育法律体系中的重要地位，但家庭教育在国民教育和终身教育体系中的重要地位未得到确立。制定河北省家庭教育促进条例，有利于运用法治的力量引领正确的家庭教育观，促进和保障家庭教育与学校教育、社会教育协同发展，从法律政策层面促进产生具有中国特色的家庭教育思想。以立法的形式引导和规范家庭教育，不但能够有效预防青少年违法犯罪，也能更好地保障青少年身心健康成长。

（三）家庭教育立法有利于理顺家庭教育工作关系

家庭教育是现代教育体系的三大组成部分之一，它与学校教育、社会教育一起，共同构成了完整的教育体系。近年来，党中央和国务院相关部门及妇联、共青团等在家庭教育指导方面做了大量工作，出台了家庭教育指导大纲及五年规划，取得了显著成绩。但家庭教育立法与政策扶持还明显滞后。政府对家庭教育的指导与干预也缺少有力的措施，学校教育、社会教育与家庭教育未能形成合力，家长在教育子女方面缺乏科学性、主动性。另一方面，社会家庭教育服务和管理工作缺乏有效的监管，政府在家庭教育指导服务中发挥的作用有限。因此，加快家庭教育的立法进程就成为儿童发展和家庭建设的迫切需要。在家庭教育立法中强调国家、社会、家长的职责，可以增强家庭教育的完整性，弥补缺失。

通过家庭教育立法，政府应履行对家庭教育的促进指导作用，解决组织机制不畅通、政府兜底保证不完善、指导不规范、父母不能履行义务或义务履行不充分等问题，还可以通过法律手段规范家长和教育服务机构的行为，确立相关部门家庭教育工作职责，理顺家庭教育工作关系。

（四）家庭教育立法将促进家庭教育实现规范化和专业化

针对家教市场不规范，公益性家庭教育机构未形成常态化的现状，家庭教育要走向规范化和专业化，必须有法律的支持和保障。家庭教育具有复杂性、长期性和专业性的特点，既有私域性又是公共问题。政府应适当干预，促进家庭教育实现规范化和专业化，有效治理家教市场存在的问题，并且组织社会力量参与家庭教育、开办专业性较强的家长培训机构，都需要家庭教育立法加以规范。

（五）家庭教育需要政府的引导和推动作用

很多家庭中存在严重教育问题，特别是农村家庭更为明显，普遍表现在家庭教育严重缺失、家庭教育观念落后、家庭教育知识匮乏上。家庭结构也日趋多元化，出现了单亲家庭、流动家庭、留守家庭等多种类型。很多父母因各种各样的原因而缺席亲子陪伴，疏于对孩子的呵护和管理，缺乏与孩子的沟通与交流，有的甚至没有履行对子女的抚养教育义务。因此，制定家庭教育促进条例对确立家庭教育的法律地位、提升家长素质、加强对家庭教育的指导、优化未成年人成长的家庭环境、保障未成年人全面健康地发展来说，尤为重要。

近年来未成年人产生的各类社会问题，反映出家庭教育的缺失或不当对未成年人成长以及家庭、社会所造成的负面影响。长期以来，在人们的观念中，家庭教育被认为是家庭的私事，政府在推进家庭教育中的促进和服务功能未得到充分体现。因此，必须通过立法提升家庭教育的地位，明确家庭教育的核心内容，使家庭教育有政策支持、制度保障，促进家庭教育工作在法治轨道上持续发展。家庭教育立法还可以唤醒部分家长缺失的家庭

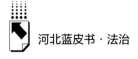
教育责任心，并强制家长学习科学的家庭教育方法。通过家庭教育立法，让儿童家长参加家长学校，了解先进的教育理念。这不但是保证未成年人身心健康发展的需要，也是预防未成年人违法犯罪、促进社会安定和谐的紧迫要求。

（六）家庭教育立法时机已成熟

河北省家庭教育立法的条件已渐趋成熟。《未成年人保护法》《预防未成年人犯罪法》均对家庭教育的有关内容做出了规定。《国家中长期教育改革和发展规划纲要（2010—2020 年)》第 62 条明确提出，在未来十年将"制定有关终身学习、学前教育、家庭教育等法律"。该规定为我国制定家庭教育相关法律提供了明确的法律依据。多年来河北省各级部门和组织在家庭教育立法方面进行了有益的探索，积累了丰富的工作经验，各地也出台了一系列促进家庭教育发展的规范和制度，为立法打下了坚实的基础。因此，尽快出台河北省家庭教育促进条例，既符合国家总体要求，也有法律、规范性文件作为立法依据为其提供参考借鉴，还有全国及河北省各地工作基础的支撑。为推进家庭教育规范化、专业化进程，应尽快出台河北省家庭教育促进条例。

四　河北省家庭教育促进条例立法建议

（一）确定家庭教育法律地位

在河北省家庭教育立法中，应重点确立家庭教育的法律地位。立法应明确政府是家庭教育管理与实施中的责任主体，应通过相关条文的刚性规定，明确家庭教育的各级管理机构及其相应的职责范围，赋予其相应的行政权力，并从物质、资金、制度、人员等方面给予保障。家庭教育立法还应对家庭教育的立法目的与依据、适用范围、定义、基本原则、工作体制机制，以及家庭实施、政府主导、学校指导、社会参与、保障激励措施及法律责任等方面做出规定。

立法要体现出促进家庭教育健康发展，保障未成年人成长，促进家庭幸福和谐，推动社会协调发展的目标原则。在家庭实施、政府主导、学校指导、社会参与等环节，都紧紧围绕这一中心。

（二）健全家庭教育体制

作为国民教育的重要组成部分，目前家庭教育还没有被实质性地纳入国家中长期教育改革和发展规划纲要，在政府管理职能中也未体现出家庭教育的内容，分管家庭教育的政府部门各异，职责、权限不统一，大部分是松散型的不定期指导。通过立法，可以明确政府在家庭教育中的主导地位，这样，政府可以有计划、有规律地开展工作，成立专业性强的家庭教育机构，融合当地家庭教育资源，有效建立长效机制，并对特殊家庭如留守儿童家庭予以特别关注。政府还应将家庭教育纳入公共服务体系，根据当地经济社会发展状况制定家庭教育的政策和措施，并给予财政支持。明确家庭教育主管部门及各相关部门的职责范围，做到责权明晰、分工合作、各司其职。立法中还应该明确家庭教育工作机制，例如政府主导、多机构合作、主管部门统筹指导、有关部门各负其责、社会广泛参与的工作机制。

（三）建立家庭教育体系模式，治理家庭教育指导服务市场存在的突出问题

通过家庭教育立法，使家庭教育不只停留在宣传引导的层面，还要将其付诸行动，切实在学校教育和社会教育中融入家庭教育。建立"三位一体"的教育模式，通过学校建立家庭教育交流的平台，提升家长的教育水平。学校教育与家庭教育结合，能够找到契合点，更有针对性地开展教育。同时，家庭教育要提前着手，作为婚前教育、孕前教育的必要条件。要抓住未成年人形成价值观、规则意识的关键节点，尽早进行引导和干预，并通过开展家长培训，唤起全社会对家庭教育的重视。

对于营利性质的家庭教育市场，应明确准入机制，并加强监督管理。对

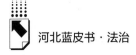

于传播不良信息和知识，以及负面人生观的家庭教育机构，应予以及时整顿，保证家庭教育市场健康发展。立法还应鼓励和提倡公益性的家教机构开展有益的家教培训或知识讲座，各级主管部门积极组织和引导，促进形成主动学习的氛围。

（四）确立家庭教育立法"事先预防"的原则

家庭教育立法体现了引导、促进、鼓励、服务等原则。现实中家庭教育仍存在部分误区，如仍有相当一部分人认为教育孩子是"私事"，自己有完全的选择自由，也有的家长一心想教育好孩子，却缺乏相应的教育方法，遇到问题时无所适从。因此，家庭教育必须遵循一定的教育规律，从预防开始，早做计划和安排。立法既不能过度干预，也不能过于原则化。要体现出事前预防的原则，从源头上进行教育、引导、服务和促进，并规定相关法律责任，明确家长及教育行政部门在家庭教育中的权利义务，做到家长、学校、社会和政府部门相互配合，着重解决如何保障家庭的教育权利以及如何处理家庭教育、学校教育、社会教育的关系问题。无论是学校教育还是社会教育，都应及早着手，立法确定的工作模式重心也应适当前移。

（五）明确家庭教育保障措施

基层组织和所在单位对不履行家庭教育责任或家庭教育实施不当的，可以进行必要的干预。对于未成年人父母或者其他监护人拒不实施家庭教育或者实施家庭教育不当的，强制进行家庭教育指导服务。对留守、流动、残疾、流浪、家庭经济困难等有特殊需求的未成年人群体，有针对性地采取特别促进措施，以解决实际问题为导向，支持其家庭建设，强化家庭功能，促进社会健康均衡发展。

（六）把握好家庭教育立法的尺度

家庭教育立法涉及处理国家与民众、政府与家庭之间的关系。要充分考虑家庭教育的私域性质，立法干预应有必要的限度和边界。个体的特色有很大差异，家庭教育也没有一定的模式，政府介入家庭教育领域需要有合理的边界，避免干预过度、对家庭教育内容的规定过多过细，或政府介入的程度过深。要遵循家庭教育的规律，注意保护家庭教育的权利，不能削弱和束缚正常的家庭教育权利。立法的关键点是引导和服务，建立家庭教育服务的制度、机制和模式，在制度层面解决促进和指导服务中出现的问题，并对特殊家庭进行重点关注，完善救济机制。通过立法，保证家长充分履行家庭教育义务，政府进行适度的引导和干预，学校和社会进行有效的分工协作，并最终健全家庭教育的治理机制。

B.7

河北省党内法规执行情况调研报告

任耀辉　崔红岗*

摘　要： 为深入贯彻习近平总书记关于党内法规执行的重要指示和党中央决策部署，推动党内法规得到有力有效贯彻执行，河北省委法规室组织力量就党内法规执行情况进行了专题调研评估。总的来看，党内法规执行部署持续深化，党内法规执行责任体系不断健全，尊规守规学规用规氛围日渐浓厚，党内法规执行能力有效提升，党内法规刚性约束有力彰显。同时在思想认识、学习宣传、执规行为、执规保障等方面还存在一些问题和不足。加强和改进党内法规执行工作，要进一步提高政治站位，进一步提升立规水平，进一步抓好宣传教育，进一步压实执规责任，进一步加强监督问责。

关键词： 河北　党内法规　执行

党内法规执行是党组织和党员领导干部根据党内法规履行职权职责，推动党内法规落实的活动，是将党内法规规定运用到具体事项并在实践中落地落实的过程。党的十八大以来，以习近平同志为核心的党中央高度重视党内法规执行（以下视情简称"执规"）工作，习近平总书记在多个重要场合反复强调要提高党内法规执行力，就党内法规执行的重大意义、责任主体、方

---

* 任耀辉，河北省委法规室副主任，二级调研员，研究方向为党内法规制度；崔红岗，河北省委法规室一级主任科员，研究方向为党内法规制度。

式方法、监督追责等做出一系列重要论述,为抓好执规工作提供了根本遵循。为深入贯彻习近平总书记关于党内法规执行的重要指示和党中央决策部署,推动党内法规有力有效贯彻执行,河北省委法规室组织力量就党内法规执行情况进行了专题调研评估。

一 党内法规执行总体情况

(一)坚持政治站位,切实把党内法规执行摆在更加突出的位置,执规部署持续深化

河北省委坚持将抓实党内法规执行作为增强"四个意识"、坚定"四个自信"、做到"两个维护"的重要体现和实际行动,严格对标对表,周密安排部署。对习近平总书记关于党内法规执行的重要指示,省委及时召开会议传达学习,中央出台有关党内法规制度建设的文件后,河北省委研究贯彻落实举措,结合实际精准配套方案,力求落实落细。2017 年 6 月省委印发《关于加强党内法规制度建设的实施意见》,从夯实领导责任、加强学习教育、强化监督检查等方面对党内法规贯彻实施做出安排;2018 年 5 月印发《省委党内法规制定工作第二个五年规划(2018—2022 年)》,强调"全省各级各类党组织要切实把执规责任扛起来";2019 年 9 月印发学习贯彻《中国共产党党内法规执行责任制规定(试行)》的通知,组织专题培训,着力推进执规责任制有效落实。省委全会、省委常委会会议、省委理论学习中心组学习会议等,多次对提高制度执行力提出具体要求。各地各部门党委(党组)积极施措跟进,做出部署,狠抓落实,形成全省上下齐抓党内法规执行的良好局面。

(二)强化责任落实,加快健全完善党内法规执行责任体系,促进执规体制整体优化

各地有关部门认真落实《中国共产党党内法规执行责任制规定(试

行）》，党委（党组）认真履行主体责任，党委（党组）书记、分管负责同志、班子其他成员分别按照第一责任人职责、直接责任和"一岗双责"要求，有力组织推动党内法规在本地本单位本系统落地执行。省委常委会坚持以上率下，中央重要党内法规出台后，及时传达学习、研究执行措施，推动各级党组织和党员领导干部抓执规、严执规；审议省委党内法规草案时，一体做出执规安排，压实工作责任。党委办公厅（室）履行统筹协调职责，搞好统分结合，省委办公厅每半年组织召开1次党内法规工作联席会议研究执规工作；对现行有效的中央和省委党内法规逐一明确牵头执行部门。各牵头部门积极履行牵头责任，组织开展学习宣传、业务指导、政策解读和督查检查，其他有关部门按照职责权限有效协助配合、共同尽责执规，各级纪检机关通过纪律监督、巡视监督、派驻监督等方式，实现监督全覆盖。从调研情况来看，近年来特别是《中国共产党党内法规执行责任制规定（试行）》出台后，党内法规执行主体更加明确，责任划分更加清晰，执规合力加快凝聚。

（三）注重学习教育，积极营造遵规守规学规用规浓厚氛围，执规意识不断增强

各地各有关部门坚持把"知规"作为执规的重要一环。各级党委（党组）理论学习中心组发挥引领作用，认真学习研讨重要党内法规。将党内法规纳入干部教育培训和党支部学习规划计划，融入党校（行政学院）主体班次和干部网络学院课程；新冠肺炎疫情期间，及时调整学习培训计划，优化培训内容，通过"个人自学＋专题网班＋在线测试＋线下研讨"模式不间断组织党内法规学习。有序做好党内法规密级变更调整和汇编工作，着力提高普及度和知晓率。将党内法规纳入普法规划和部门普法共性清单，各有关方面统筹利用传统媒体和新媒体、"学习强国"地方学习平台以及大讲堂、报告会、培训班、读书会、教育展、小测验、"大喇叭"、"小马扎"、口袋书、电子屏、张贴画、小视频、微动漫等渠道方式，强化宣传宣讲解读，促进党内法规学习教育由点扩面、由浅入深。从调研情况看，党内法规

学习教育力度大、成效好，守纪律、讲规矩氛围日益浓厚，党员领导干部遇事找规、决策依规、用权遵规日渐成为思想自觉和行动自觉。

（四）严格遵守标准程序，扎实按照党内法规规范执行，执规能力有效提升

各地各有关部门紧盯习近平总书记指出的"缺乏执行能力"问题，切实采取有针对性的措施加强执规能力建设，根据党内法规精神和要求，结合具体事项和情形制定科学合理的执规标准，努力做到执规标准化、程序化、科学化。比如，各级党组织根据地方党委、党组、党的工作机关等各类党组织工作条例，及时制定修订党委（党组）、厅（部、室）务会等工作规则以及议事决策规则；纪检监察机关严格执行纪律处分条例，研究制定立案相关程序规定；党委机关工委精准执行党支部工作条例，组织开展基层党支部标准化建设，构建基层可遵照执行、上级可督评的质量标准体系；党校（行政学院）认真执行党校（行政学院）工作条例，建立县级党校（行政学校）办学治校质量评估指标体系，以评促改、以评促建；有的市县落实落细巡视工作条例，结合实际出台县级统筹巡察工作实施办法，配套制定巡察工作流程，完善市县巡察上下联动工作机制；等等。通过采取一系列可操作、能落地的务实举措，有效保障了有关党内法规执行到位、取得实效。

（五）加强监督检查，着力彰显党内法规刚性约束，执规保障更加有力

各地有关部门充分发挥监督检查疏通堵点、传导压力、追踪问责的重要保障作用，综合运用多种途径，促进党内法规有效贯彻执行。省委巡视和市县党委巡察，均将重要党内法规执行情况作为重要内容。省委每年组织开展全面从严治党主体责任和党风廉政建设责任制落实情况专项检查。省有关部门重点对中央八项规定精神、扫黑除恶、扶贫脱贫、法治政府建设、办公用房（车）、因公出国（境）等领域党内法规执行情况进行专项督查或专项整治。各级纪检监察机关用好监督执纪"四种形态"，坚持失

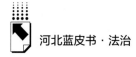
责必问、问责必严，严肃查处违反和破坏党内法规行为，党内法规执行日益严起来、硬起来、实起来。充分发挥党内法规和规范性文件备案审查监督作用，做到有件必备、有备必审、有错必纠，切实维护法规制度统一性、权威性。

二 存在的主要问题

（一）思想认识方面

有的地方和部门单位对党内法规和党内法规执行等基本概念、基本要求缺乏系统整体认知，对党内法规执行的责任划分一知半解；有的将执规简单等同于执纪，认为主要是纪检机关的事；有的甚至对党内法规辨识不清，将执行党内法规和落实规范性文件、法律法规混为一谈。这些问题都对党内法规执行形成了一定程度的制约。

（二）学习宣传方面

党内法规学习宣传教育的针对性、生动性还须进一步增强，新媒体作用有待进一步发挥。党内法规解密、降密和公开发布力度较小，党组织和党员领导干部对党内法规底数掌握不清不全，一些部门单位只知道自己所牵头执行的准则、条例等基础主干党内法规，对规范某一具体事项，位阶较低的办法、规则、细则等了解少、学习少，影响了党内法规的深入贯彻执行。

（三）执规行为方面

有的地方、部门执规方式单一，把传达学习、配套发文简单视为已经完成执规任务；有的"机械执行"，制定配套文件时照抄照搬，缺乏具体抓手和可操作性；有的执规标准不明确，比如对"三重一大"事项没有清晰界定范围，对公务接待和商务接待没有合理区分并加以规范，执规过程中不易把握标准；有的执规能力不强，执行不到位、不彻底，甚至打折扣、做选择、搞变通，损害了党内法规的严肃性、权威性。

（四）执规保障方面

各地在执规监督措施、频率和力度上还须改进提升，上级监督与普通党员、群众和新闻媒体等监督还有待更好地衔接贯通。党内法规执行考核还不过硬，考核指标和所占分值不高。党内法规解释、实施后评估等工作跟进不够及时。党委办公厅（室）履行执规统筹责任的工作力量比较薄弱，市县党委法规工作机构和工作人员普遍偏少，统筹协调作用发挥受限。

三　加强和改进执规工作的思考和建议

（一）进一步提高政治站位

党内法规是党的统一意志的体现，抓好党内法规执行事关贯彻落实党中央决策部署，事关践行党的初心使命，事关做到"两个维护"。要教育引导各级党组织和党员领导干部把抓党内法规执行作为贯彻落实习近平新时代中国特色社会主义思想的重要内容，作为深入推进全面从严治党、依规治党的重要抓手，通过理论学习中心组学习、开展集中研讨、邀请专家授课等方式，深入系统学习习近平总书记重要指示和基础主干党内法规，着力提高抓执行的政治自觉性、思想自觉性和行动自觉性。各级党员领导干部要充分发挥"关键少数"作用，带头遵规学规守规用规，坚持依规办事、依规用权、依规施政，示范带动各级党组织和广大党员干部自觉执行党内法规。

（二）进一步提升立规水平

"良规"是"善治"的重要基础。应坚持科学立规、民主立规，有关部门单位起草党内法规草案时要深入调查研究，广泛征求意见，摸清制度需求，突出问题导向，提高制度安排的精准度和可操作性。着力解决法规解读解释不足问题，确保党内法规得到准确理解和正确适用。有序做好解密降密和汇编工作，加大党内法规公开发布力度。推动健全规范化常态化的实施评估机制，对长期试行、暂行的党内法规有序开展评估，结合评估发现问题、做好修订和清理工作，为法规精准落地实施创造良好条件。

（三）进一步抓好宣传教育

执行党内法规，学是基础、知是前提。要持续用力加强学习宣传教育，推动党员干部认真学规，增强法规意识和提高素养。党委（党组）理论学习中心组要增加党内法规学习比重，探索实行党委（党组）会前学规制度。充分发挥党校（行政学院）干部教育培训主阵地作用，把党内法规嵌入主体班次课程。将党内法规宣传教育与普法工作同部署、同落实，明确党内法规宣传要点和重点。注重贴近基层党组织和党员干部工作实际和特点，进一步提升宣传教育的针对性和有效性。巩固传统媒体优势，积极用好新兴媒体手段，做到形式多样、生动活泼、传播广泛。总结推广执规经验做法，挖掘并宣传执行党内法规的先进典型，通报违规案例、开展警示教育，形成全党共同推进执规、抵制违规的政治文化环境。

（四）进一步压实执规责任

实行党内法规执行责任制是破解执行难问题的关键一招。要根据《中国共产党党内法规执行责任制规定（试行）》，细化具体落实措施，健全完善党委统一领导、党委办公厅（室）统筹协调、主管部门牵头负责、相关单位协调配合、党的纪检机关严格监督的执规大格局。牢牢抓住党委（党组）主体责任和主要负责同志履行第一责任人责任这个"牛鼻子"，党委（党组）应每年专题研究党内法规执行工作，党委（党组）书记要亲自抓、分管负责同志具体抓、班子成员按照"一岗双责"深入抓，做到敢于担当、敢抓敢管。要采取有力措施切实提高执规能力，严格遵守执规标准，规范执规程序，提升执规效果。要着力加强市县层面党内法规工作机构队伍建设，强化工作职能，充实人员力量，改善人员结构，开展集中培训和分层次培训，努力提高统筹协调抓执规的专业化水平。

（五）进一步加强监督问责

没有监督考核和追责问责，就会出现执规好坏一个样的情况，就很难保证党内法规贯彻实施到位。要强化监督检查，就要加强牵头执规部门和党委督查机构、党内法规工作机构之间的协作配合，合理确定督查方式、频次和重点，对重要党内法规执行情况开展定期督查、专项督查。搭建党员群众参与监督的平台和渠道，加强媒体和社会舆论监督，探索运用科技手段监控法规执行，促进依规用权、依规办事。坚持督考并重，细化明确考核内容，合理确定分值，确保真考严考、考出导向、考出实效。充分发挥巡视"利剑"作用，强化巡视巡察结果运用和整改落实。精准运用监督执纪"四种形态"，持续加大对违反党内法规行为的查处力度，让广大党员干部受警醒、明底线、知敬畏，真正把党内法规的刚性和权威树起来、维护好。

法治政府

Rule-of-Law Government

B.8

河北省公共安全面临的挑战
及应急管理能力的有效提升

麻新平[*]

摘　要：　新冠肺炎疫情自2020年起在全球肆虐，我国本土呈零星散发
和局部聚集性疫情交织叠加态势，公共卫生安全形势依然复
杂而严峻，这不仅是对国家治理体系和治理能力的一次大
考，也是对河北省应急管理能力和水平的一次大考。通过
"战役"不仅考出了应急管理的痛点和难点，同时也考出了
未来提升改进的着力点和发力方向，应从全面清理修订相关
政策规定、提升全社会突发公共事件意识、提升突发公共卫生
事件应对能力和水平、构建完善的联防联控机制、鼓励和引导
多元主体合作共治、强化高科技支撑、建立高效客观的信息公
开及舆情引导机制等方面入手，建立健全常态化防控体制机

* 麻新平，河北省社会科学院法学研究所研究员，研究方向为政府法治、社会治理法治化。

制，全面提升综合管理水平与应急处置能力，推进应急管理体系升级，加快更高水平的平安河北建设，坚决当好首都政治"护城河"。

关键词： 公共安全　突发公共卫生事件　平安河北

应急管理是针对自然灾害、事故灾难、公共卫生事件和社会安全事件等各类突发事件，包括预防与应急准备、监测与预警、应急处置与救援、恢复与重建等的全方位、全过程的管理。十九届五中全会明确要求，要"把保护人民生命安全摆在首位，全面提高公共安全保障能力"。河北省"十四五"规划纲要也把提升应急管理能力作为"十四五"时期经济社会发展的主要目标确定下来，明确要求，要"明显增强重大突发公共事件应急能力和防灾减灾抗灾救灾能力，防范化解重大风险和安全发展体制机制不断完善"。

一　河北省公共安全面临的严峻形势和复杂局面

当前，河北省既处于重大历史机遇最为集中的时期，也处于改革发展任务最为繁重的时期。随着京津冀协同发展、雄安新区建设、北京冬奥会筹办等一系列国家重大战略的推进，调结构、转方式、治污染深入推进，"三六八九"战略思路全面展开，各种可预见和难以预见的风险明显增多，各类事故隐患和安全风险交织叠加，公共安全面临严峻的挑战和考验，维护公共安全和社会稳定的任务繁重而艰巨。

（一）复杂的国际国内环境变化对公共安全带来的挑战

当今世界正经历百年未有之大变局，国际形势波谲云诡，各种域外风险向域内传导、汇集的速度加快。新冠肺炎疫情在全世界肆虐传播，传播方式复杂且快捷多变，难以完全预防和诊治，造成了极为重大的社会灾难。河北省是京津要地，区位特殊，一旦防范应对不力，潜在风险就将落地滋事，其所受到的挑战将更加严峻。

（二）社会流动性加快对公共安全带来的挑战

改革发展带来了大规模、高速度、特殊复杂的社会流动，尤其是城市由于经济发达、工作机会众多、公共物品供应充足对很多人有较大的吸引力，城市中大量的流动人口长期处于"半市民化状态"，大量疏于管理的人口聚集，为公共安全带来了巨大隐患。同时随着城市规模的不断扩大，城市系统越来越复杂，公共交通、高层建筑等重点领域风险加大，造成群死群伤的公共安全事件时有发生，公共安全风险越来越集中、越来越突出。

（三）河北省公共安全现状带来的挑战

长期以来，河北省公共安全整体稳定，人民群众的安全感始终保持在较高水平，但在防灾减灾救灾、安全生产、公共卫生、社会治安等领域仍存在很多风险隐患，"黑天鹅"事件和"灰犀牛"等突发公共事件都有可能发生，一旦防范应对不力，潜在风险就将转化为现实危害，引发全局性、系统性风险。自然灾害多发频发，破坏力大，防灾基础相对薄弱。河北省自然灾害种类多、分布地域广、发生频率高，春旱、春夏连旱现象比较普遍，洪涝灾害多发频发，地震地质灾害风险较大，森林草原火灾形势严峻，灾害破坏力大、损失严重。河北省各种自然灾害在强度、规模、经济损失和人员伤亡方面，均居全国前列。如2016年邢台特大暴雨，受灾人口达743.3万人，直接经济损失达89.73亿元。与此同时，河北省在自然灾害防治方面尚存在不少短板，防灾减灾基础薄弱，防灾抗灾能力、监测预警能力、基层基础能力不高，与公众对公共安全的要求还相差甚远。安全生产管理基础薄弱，安全生产高危行业多、事故总量仍高位运行。近年来，河北省安全生产形势持续稳定好转，防灾减灾救灾工作扎实推进，各类生产安全事故数量和死亡人数保持双下降，2019 年河北省各类事故起数、死亡人数分别同比下降 15%、14%。但河北省是工业大省，高危行业多，生产基础薄弱，事故多发的态势没有得到根本扭转，道路交通、化工、工商贸、建筑等重点行业在事故总量、伤亡人数和经济损失等方面数量仍然较大。同时，企业安全生产主体责任落实不到位，生产过程中一些企业的"三违"问题仍屡禁不止，安全隐患大量存在。公共卫生事件传播范围广、速度快，防控难度增大。经济全球化使公共卫生事件迅速波及整个世界成为可能，新冠肺炎疫情在世界范围内的暴发及迅速传播，使得人们对公共卫生事件的传播范围广、速度快、损失重、防控难有了更加深刻的认识。食品药品安全基础依然薄弱，食品安全形势总体稳定向好，但违法违规行为总量仍然偏大，前整后乱现象突出。黑作坊、黑工厂、黑市场、黑窝点等呈现犯罪手段隐蔽、涉及范围广、社会危害大的特点，社会公众满意度不高。社会安全领域风险诱发因素增多，预防和化解难度增大。社会矛盾纠纷呈现纠纷主体多元化、利益诉求复杂化、纠纷类型多样化的趋势。

二 河北省应急管理体制机制存在的短板及不足

近年来，河北省应急管理部门着重从应急管理体制改革、防灾减灾救灾工作、重点行业领域安全监管和应急救援队伍建设等方面，扎实推进应急管理体制机制建设，取得了较好的成绩。但新冠肺炎疫情防控暴露出河北省在应急管理体制上仍然存在诸多短板及不足，主要表现在以下五个方面。

（一）社会应急管理意识薄弱

社会公众突发公共事件管理意识不强、自救互救能力弱，应急科普宣教工作亟待加强。一些基层领导干部突发公共事件应对意识与能力有待提升，一些地区和部门领导干部应急指挥的思路、资源、能力和手段相对落后，应急指挥能力较弱，特别是面临巨灾时应急准备能力不足。

（二）社会力量在应急管理中的作用未充分发挥

一是政府对社会多元力量参与风险防控的组织引导机制不健全，社会力量参与的群防群治机制不健全，途径还不够多。二是社会力量参与风险防控的主动性不高、能力不足，作用没有得到充分发挥。三是社会组织在应急体系中定位模糊，虽然在重大疫情面前，各级各类社会组织都表现出强烈的社会责任感，但社会组织参与应急管理的组织化、系统化程度不够高，政府与社会组织之间、社会组织彼此之间的资源与信息对接还不够顺畅，没有形成规范的组织模式，致使社会组织参与应急管理的效率不高，效果也不理想。四是基层参与应急管理的能力不高，突发事件多发生在基层，先期处置、属地管理非常重要，但基层的应急管理存在经费投入不足、设备陈旧老化、人才队伍薄弱等问题。

（三）应急管理体制机制有待优化

一是应急管理部门的职责定位还不够清晰。应急管理部门承担着防范化解重大安全风险、及时应对处置各类灾害事故的重要职责，河北省应急管理厅挂牌成立三年，机构改革正扎实有序推进，各项工作取得了积极成效，但毕竟成立时间短，面临的问题还很多，对如何有效协调"防"与"救"、"统"与"分"的关系的认识还比较模糊。二是应急管理体制机制还不够顺畅，各部门联防联控机制尚不完善，应急指挥协调机制仍待完善，不同部门、不同区域间信息共享、资源共享、协同指挥、协同配合的机制还不够健全。地区、部门和军地之间衔接联系不够，职责划分不明，难以有机整合人员、物资、信息等重要应急资源要素，很多政府部门之间存在严重的数据割据和信息孤岛现象，不能实现信息资源共享共用，难以聚集风险防范的合力。三是应急管理培训体系不够完备，专业人员匮乏，特别是基层专业人才短缺严重，"招不来、留不住"是基层应急管理队伍存在的突出问题。

（四）应急科技决策支撑机制亟待完善

应急管理的智能化水平不够高。应急管理信息化基础薄弱，高科技支撑赋能应急能力水平还不够高，存在量不大、质不高、效不显、不愿用、不会用、不敢用等问题。在疫情防控过程中，疾控相关信息采集缺乏大数据、"互联网＋"等平台支撑，尚未实现区域和部门间信息的互联互通和数据共享，难以为疫情防控科学决策提供技术支撑。同时信息化管理手段落后，运用大数据对风险进行分析研判的意识不够，难以实现决策科学化。

（五）政府信息公开及舆情引导机制不健全

政府重大信息公开机制有待完善，在信息传导、反馈与披露机制上存在不足，政府部门对突发公共事件的公关能力和公关策略都有待提高，充分利用新媒体引导舆情的方式和理念有待创新。

三 借"战役"提升河北省应急管理能力和水平

河北坚持以人民安全为宗旨，胸怀"两个大局"，牢牢把握新时代新特点，切实增强维护公共安全的责任心和紧迫感，针对应急管理工作中存在的问题，进一步明确应急管理工作的目标、任务和要求，补短板，强弱项，从全灾种、全过程、全方位、全社会、全球化的视角，统筹公共安全体系与应急管理能力建设，确保人民群众的生产安全、财产安全和社会稳定。

（一）加强应对突发公共事件的地方立法，为应急管理体制机制建设提供法律支持

应以新冠肺炎疫情防控为切入点，加快突发公共事件的地方立法工作，推进对突发公共事件法律规范的制定。同时对公共卫生、安全生产等方面的政策及地方法规进行全面清理，对于制定时间长、不符合实际情况的要及时修订完善，特别是及时总结疫情防控中行之有效的做法，加快疫情防控常态

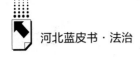

化体制机制建设。

加强应急预案的制定修订、评估和演练工作，构建衔接紧密、措施具体、处置流程科学、资源配置清晰的应急预案体系。应急预案是应对突发公共事件的行动方案和重要依据。要严格按照相关法律法规的要求，修订完善《河北省人民政府突发公共事件总体应急预案》，做好省级应急预案体系框架顶层设计；修改完善灾害救助、安全事故灾难、公共卫生事件等各类专项应急预案，指导协调各地编制修订各类应急预案，提升应急预案的实用性、可操作性；加强应急预案的定期评估及演练工作，发现并及时修改应急预案中的不足之处，增强部门间的协调联动，进一步提高应急管理人员的业务素质和能力。

（二）增强居安思危意识，提升全社会突发公共事件应对能力

一是转变观念，把应急管理工作的重点从事件应对转到风险防范上来，坚持以防为主、防抗救相结合，建立健全公共安全风险评估制度、重大灾害评估和事故调查等机制。

二是全面提高广大党员干部应急能力和综合素质，增强应对突发公共事件的研判力、决策力、掌控力、协调力。各级领导干部要从平安河北建设及当好首都政治"护城河"的高度，充分认识到突发公共事件的复杂性、极端危害性及对社会经济的重大影响，常观大势、常思大局，将日常的层层审批管理思维模式转变为应急思维，时刻保持应对急难险重任务的紧迫意识；提升领导干部的突发公共事件管理能力，对突发公共事件早发现、早研判、早报告、早处置、早解决，做到应对和化解突发公共事件时有高招。加强对领导干部的应急管理培训，特别是对关键岗位"一把手"的培训，要把应急管理能力培训列入地方党政领导干部培训的必修课，使其能够在应对突发公共事件时应对有方、管理有术。

三是加强应急处置知识技能科普宣教工作，提高公众对突发公共事件的认知水平和预防自救互救能力。应将应急管理知识技能教育培训纳入国民教育体系，推进应急救援知识与技能进校园、进社区、进企业、进村镇。通过

传统媒体、新媒体等多种形式，加大对地震灾害预防、传染病防疫以及自救互救知识的宣传力度，让公众学习掌握基本知识和理念，具备应对突发传染病的基本技能。

四是加强应急管理队伍建设，持续提升各类灾害事故救援能力。大力培养应急管理人才，优化整合应急救援队伍，构建以综合救援、应急救援、抢险救援力量为骨干，社会救援力量为补充的应急救援体系，推动社会救援与专业力量一体化协作，提升全省救援力量整体水平；强化各类专业应急救援队伍建设，特别是在公安消防、矿山救援、森林防火、医疗救护、抗洪抢险、地震救灾等重点行业领域，开展应急教育培训、技术练兵等活动，全面提升救援水平。

（三）构建统一指挥、上下联动、平战结合的联防联控机制，提高应急管理的协调配合水平

一是构建统一领导、权威高效的应急指挥体系，提高应对突发公共事件的速度和效率。应急管理是一项跨层级、跨地域、跨系统、跨部门、跨业务的系统工程，突发公共事件应对需要打破传统的组织界限和管理层级，实现快速的机构转换和上下联动，这就需要强有力的指挥系统。建议成立党政主要领导参加的高规格应急指挥机构，统领全省各类突发公共事件的应急管理工作，委员会下分门别类，设立各种专项应急指挥机构，负责本领域应急指挥工作。建立健全联络员工作制度，落实联络员会议、现场联合工作、总结会商等联动措施，加强日常沟通联络，不断提高全省突发公共事件应对的指挥能力和水平。

二是注重发挥主管部门的专业职能部门优势，提高应对突发公共事件的专业化、信息化、技术化水平。注重发挥主管部门在突发公共事件预警、防范及统筹协调方面的作用。比如充分发挥卫健委在公共卫生方面的管理职能，包括传染病疫情、群体性不明原因疾病、食品安全和职业危害、动物疫情等；应急管理部门应发挥自然灾害、安全生产方面的管理职能，包括水旱、气象、地震、地质、海洋、生物和森林草原等自然灾害及安全、交通、

环境污染、生态破坏等事故灾难；注重发挥公安部门在社会安全方面的管理职能，包括处置重大社会治安案件、恐怖袭击事件、经济安全事件和涉外突发事件等。

三是加强联防联控机制建设，实现信息互联、措施互动、优势互补、协作联动。理顺应急管理部门内部以及应急管理部门与其他专业部门之间等多个维度的关系，促进应急管理全方位、深层次整合。严格落实部门分工负责制，建立风险清单、目标清单、措施清单、责任清单，各部门根据职责分工承担各自责任，确保责任链条无缝对接，形成整体合力。强化不同部门之间、地区之间、行业之间的协同配合，积极探索跨区域、多部门、军地联合协调机制，建立健全灾情共享、救灾物资协同保障、救灾队伍互助等协调联动机制。

四是严格落实地方党委和政府主体责任，建立权责一致、失职追责的突发公共事件应对责任体系，对隐患排查整治工作不落实，推诿扯皮，不担当、不作为的，应严肃追责问责。

（四）鼓励和引导多元主体合作共治，提升应急管理的社会化水平

一是完善社会力量动员与参与机制，调动社会力量参与应急管理工作的积极性与主动性。二是不断拓展社会公众参与突发公共事件应对的载体与平台，构筑全民动员、协调联动的突发公共事件应对新格局。调动社会组织、公益组织、基层组织、社会自治力量、社区居民、志愿者、专家学者等多方面力量，使其有序参与突发公共事件应对。不断推动志愿服务规范化，提升志愿服务活动质量。加强志愿者培训教育，提升其专业素养。进一步建立完善志愿者招募注册、培训管理、考核评估激励等志愿服务工作机制，推动安全生产志愿服务制度化、规范化、常态化。三是注重发挥专业技能人才的知识优势，提高风险防控的专业化水平。特别注重发挥医疗救助、心理咨询、法律等方面专家的作用，增强当事人的认同感和信任感。四是注重培育社会组织并引导其发展，推动社会组织积极参与突发公共事件应对。重点扶持基层生活服务、公益事业、慈善互助、专业调处、治保维稳等类型社会组织的

发展，发挥其在维护公共利益、救助困难群众、化解社会矛盾、维护社会稳定中的重要作用。五是通过购买服务、合同委托等方式用足用好民间力量。特别是在应急物资储备、应急物资需求信息匹配、应急物资募集和配送、应急救援人员运送等方面，完全可以交给民间力量去做。六是注重基层初期响应能力建设，把好公共安全第一道关口。坚持预防为主和关口前移，推动乡镇（街道）应急管理机构建设，打通应急管理工作"最后一公里"，确保基层应急管理工作有人抓、有人管。加大对基层基础设施设备、项目资金等方面的投入，提升基层防控能力；通过政策吸引公共卫生人才有序下沉，确保招进来留得住。加强基层人员在监测预警、信息报告、协调配合等方面的知识储备和培训演练，对突发公共事件早发现、早报告、早处置。加大政府对基层医疗卫生机构基础设施设备、项目资金、人才培养等方面的投入，吸引公共卫生人才向基层下沉。

（五）强化高科技支撑，提升应急管理的智能化水平

一是注重高科技在突发公共事件应对中的应用。应注重发挥大数据、人工智能、云计算等数字技术，在风险信息收集、监测预警、信息公开、应急决策和指挥调度、应急救援等方面的辅助作用，为突发公共事件应对提供技术支撑。二是加强信息指挥系统能力建设。分级、分层次推进市县应急指挥中心建设，打造纵向至市县、横向通省直部门的应急指挥信息网，为全省统一应急指挥提供信息化支撑。三是提升在线监测预警信息化水平。推进自然灾害和安全生产类高风险源点在线监测监控项目建设，完善传染病疫情和突发公共卫生事件监测系统建设，改善各类信息上报、监测机制，提升直报系统的效率，提高突发事件的发现、报告、预警和响应的能力。四是建立完善风险信息综合研判机制。充分运用互联网、大数据、云计算等多种手段，加强对安全生产和自然灾害风险信息的收集研判，科学评估风险等级，把握工作主动权。通过多元数据研判应用，为公共安全提供趋势研判、预测预警、事故规律挖掘等技术支持，提升党委政府应急管理决策的科学性；加快推进数字化应用向基层一线拓展，不断提升数字化治理的广度深度。五是推进

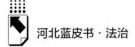
"智慧建设"与突发公共事件应对深度融合。突发公共事件是社会变迁的"催化剂"，需要从传统城市管理到智慧城市管理加速转变，将"智慧城市""智慧政府""智慧社区"建设目标同健全突发公共事件应对体系相衔接，充分利用人工智能灾备预测和智慧控制功能，开展涉及交通管理、物流供应链、医疗资源、应急灾备、信息溯源等的工作，推动突发公共事件应对体制机制创新。

（六）建立高效客观的信息公开及舆情引导机制，营造应对突发公共事件的良好舆论氛围

一是改进政府信息公开工作。通过公开的、法治化渠道及时发布正确信息，扩大信息公开内容，提升信息公开时效，拓宽信息公开途径，让公众对事态能够客观认识、科学预防、冷静应对、主动防范，有效减弱民众对突发公共事件的恐慌。还要明确信息公开的主体责任，加大对瞒报、错报疫情信息等行为的行政和刑事处罚力度。二是建立完备的舆情引导机制。密切追踪疫情期间公众关心和关注的热点问题，制定舆情应对处置预案，打造权威发声渠道，正确引导舆论走向，积极应对民众质疑，及早消除公众负面情绪。三是建立健全网上舆情监测机制。完善突发公共事件网上舆情工作预案，着力提高网络舆情的处置能力，最大限度地减弱负面效应；建立舆情综合协调机制，加强应急管理部门与媒体的深度合作，建立舆情信息联动共享机制，提高舆论引导工作水平。

B.9
河北省"放管服"改革向纵深发展的难点及路径提升研究

寇大伟*

摘　要：　为进一步优化营商环境，推动河北省"放管服"改革向纵深发展，本报告对河北省部分地市和县区进行了深度调研。调研发现，"放管服"改革向纵深发展仍需要注意：审批速度提升与审批质量提高应当兼顾，审批服务标准化和规范化建设需要完善，"双随机"监管的专业性有待增强、职责边界有待厘清，专线专网造成"数据壁垒"和"信息烟囱"问题亟须破解。结合疫情防控的需求和利企便民的需要，本报告提出了重视审批质量与监管质量双提升、加强审批服务标准化和规范化建设、充分发挥"双随机"监管的制度优势、借助信息技术实现网络的横向联通和纵向贯通等改进策略。

关键词：　"放管服"改革　审批质量　"双随机"监管

　　为助力河北省"放管服"改革向纵深推进，本报告近期专题调研了若干设区的市和县（市、区）两级的行政审批局、市场监管局、住建局等部门，并进行深入座谈。结合政府职能转变的理论与实践，本报告分析河北省"放管服"改革向纵深推进过程中存在的突出难点，提出解决问题的对策建议。

---

* 寇大伟，河北省社会科学院法学研究所副研究员，政治学博士，河北师范大学博士后，研究方向为政府治理。

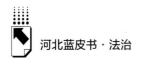

一 河北省"放管服"改革现状

河北省"放管服"改革扎实深入开展，在行政审批局设立、政务服务平台建设、营商环境提升等方面均取得显著成效。

（一）市县行政审批局实现全覆盖

河北省积极推进行政审批体制机制创新，开展相对集中行政许可权改革、设立行政审批局。2015年，中央编办将河北省列为全国开展相对集中行政许可权改革试点省份，先后分三批在21个县（市、区）、12个开发区进行试点改革。邢台市威县率先建立了第一家县级行政审批局。2016年2月，中央编办、国务院法制办在邢台威县召开了全国试点省份相对集中行政许可权试点工作座谈会，总结推广改革经验，对河北省改革试点给予高度评价。2017年，中央编办将河北省列为市县全面推行行政审批局改革试点省。同年，全省11个设区的市、168个县（市、区）全部设立了行政审批局，河北省成为全国第一个实现市县两级行政审批局全覆盖的省份。2018年1月，中央编办在邯郸市召开相对集中行政许可权调研座谈会，推广河北省改革创新成果，河北的做法得到中央编办的高度认可。通过改革，"一枚印章管审批"的格局基本形成，由此进一步理顺了体制，倒逼政府转变职能，节约了行政运行成本，提升了服务效能和服务水平，方便了企业和群众办事。在此基础上，河北省持续深化行政审批局改革，将优化行政审批局运行机制与深入推进审批服务便民化工作相结合。推动各级各部门进一步优化行政审批局审批服务流程，规范行政审批局和政务服务中心运行机制，优化完善审批服务办事指南、工作细则、流程图等，积极构建行政审批局、政务服务中心、网上政务服务平台"三位一体"行政审批和政务服务管理模式。

（二）政务服务平台软硬件建设不断完善

省级政务服务大厅建成运营。借2018年机构改革的大好机遇，河北省

建成了省级政务服务的实体机构——河北省政务服务管理办公室，截止到
2020 年底，已经有 36 个部门进驻大厅，进驻事项达到 625 项，大厅设置 6
个功能区和 1 个网络体验区，实行"前台综合受理、后台分类审批、统一
窗口出件、首席代表负责"的运行模式，打造"套餐式集成服务"，真正将
政务服务平台由政府供给导向转变为群众需求导向，切实做到便民利企。在
2019 年度省级政府和重点城市网上政务服务能力调查评估中，河北省省级
政府网上政务服务能力排第 10 位，整体提升幅度全国排名第一，网上政务
服务能力水平评估为"高"，首次跻身全国第一方阵。

新冠肺炎疫情发生以来，河北省政务服务管理办公室充分发挥主观能动
性，创新服务机制，为企业和群众提供优质服务，并利用互联网和信息技
术，建立了适应疫情防控需求的政务服务新模式。开展网上办、电话办、邮
递办、预约办等"不见面审批"服务，33 个疫情防控相关事项实现"一次
不用跑""全程网上办"，各级政务服务大厅坚持双休日在岗工作，确保疫
情防控物资第一时间投入市场使用，为复工复产开辟"绿色通道"。24 小时
内极速上线"小微企业和个体工商户服务专栏"，整合服务事项 100 余项，
精准支持小微企业和个体工商户发展。开发应用"河北健康码"，提供权威
信息查询服务，确保健康出行。

（三）省内营商环境大幅改善

通过"放管服"改革的一系列举措，经过几年的努力，省内营商环境
大幅改善。

1. 企业开办时间进一步压缩

近年来，河北省持续加大行政许可事项取消下放力度，并提升承接水
平，推行"证照分离、多证合一"改革，压缩企业开办时间，全省企业开
办时间从压缩至 5 个工作日内到压缩到不超过 2.5 个工作日，再到现在的一
日办结，大大降低了企业开办成本。2020 年 8 月 4 日的全省企业开办一日
办结工作推进会议要求，8 月底实现全省全面推进企业开办一日办结。申请
人通过"一窗通"系统，一表填报信息、一次提交数据，即可实现企业设

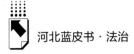
立登记、公章刻制、发票申领等全流程一体化在线办理，企业设立登记4个小时办结，公章刻制、发票申领并联办理4个小时内完成，将企业开办时间压缩至1个工作日（8个小时）。

2. 全面推行审批服务"马上办、网上办、就近办、一次办"

总结推广一趟清、不见面、只跑一次等改革经验，进一步提升审批服务效能，梳理行政许可事项和政务服务事项，编制公开"马上办、网上办、就近办、一次办"事项清单目录，明确各级"马上办、网上办、就近办、一次办"事项。

3. 促进民间投资

研究出台了河北省人民政府办公厅《关于进一步激发民间有效投资活力全面推进全省经济高质量发展的实施意见》（冀政办字〔2018〕7号），从推进"放管服"改革、全力破解民间投资项目瓶颈制约、取消不合理中介服务、鼓励民间资本参与PPP项目等方面提出20条意见，着力破解民间投资瓶颈，构建"亲""清"新型政商关系。部门间协作不断加强。信用监管是营商环境的重要组成部分，信用监管需要各相关部门的有效协作与配合，信用信息的归集和公示力度持续加大，省级信用平台功能逐步健全和完善，初步建成省市县三级信用信息共享平台。参照世界银行做法，探索建立营商环境评价机制。2020年初，河北省"三创四建"活动协调推进小组印发了《2020年建设一流营商环境体系实施方案》。该实施方案包括指标体系、推进体系和保障体系三部分，从企业开办、项目审批、电力服务、用水用气、财产登记、纳税服务、跨境贸易、政府采购、工程招标、政务服务等十个方面构建优质高效服务市场主体的政务环境，并提出从劳动力市场监管、中小微企业资金供给、市场监管力度、土地要素保障、包容普惠创新五个方面构建促进市场主体公平竞争的市场环境。

二 河北省"放管服"改革向纵深推进的难点

党的十八大以来，河北省"放管服"改革成效显著，大幅下放行政权力事项、不断优化审批流程、加大监管力度、创新监管方式，营商环境有效改善，企业和群众享受到改革红利，满意度与获得感大幅提升。河北省"放管服"改革向纵深推进的态势良好，但仍面临诸多难点问题，尤其在审批质量提升、审批服务标准化、"双随机"监管规范化、政务服务网络互联互通等方面需进一步完善。

（一）审批速度提升与审批质量提高应当兼顾

从行政审批制度改革的效果来看，河北省行政审批速度确实不断提升，从"跑一次""马上办"到"秒批"，提升速度惊人。但在追求审批速度的同时，不能忽视审批质量，以及审批后的监管问题。这里需要注意两点。一是"跑的次数"如何界定。"一趟清""最多跑一次"是在满足材料齐全和符合法定形式这两个条件的前提下，开始计算办理某事项的次数，在此之前准备材料所用的时间和跑的次数是否包含在内，这个问题很重要。要避免"最多跑一次"成为"最后跑一次"，审批部门的一次性告知制度是否落实到位很关键。二是承诺制的实行与承诺制风险之间的矛盾。在大量压缩审批时限和精简审批材料的同时，尤其是承诺制实行后，将存在诸多风险点。特别是对工程项目在施工许可阶段取消一些前置审批手续以及施工环节承诺制的实行，将埋下某些隐患。例如，遇到图纸设计出问题的情况时，既有图审的责任，同时也涉及设计院、审批局和住建局的责任划分。另外，由于企业相关人员的素质参差不齐，审批后承诺的内容如做不到，事中事后监管的压力将随之而来。

（二）审批服务标准化和规范化建设需要完善

审批服务标准化和规范化是统一政务服务流程、加强和改进行政审批工作、不断提高为民服务水平的必然要求，通过调研发现其仍存在三方面问题。一是向行政审批局划转的事项不一致。河北省各地市向行政审批局划转的事项不一，有的划转事项多一些，有的划转事项少一些；各县（市、区）向行政审批局划转的事项也不尽一致，有的力度比较大，有的力度比较小。

二是各县（市、区）存在不同数量的委托审批事项。县级行政审批局均表示，审批人员少、专业人员不足，有些审批项目无法开展，如拖拉机证的核验，林木采伐、运输和检验检疫等事项要求有一定技术职称和相关证书的事业编制工作人员来做，遇到这种情况时各县（市、区）或者签订委托协议把这些事项委托给原部门，或者委托给其他县区来做，事项责任还在委托部门。三是提交材料数量和程序有差别。虽然全省已经制定了"三级四同"（省市县使用同一事项名称、类型、设定依据和编码）政务服务事项目录清单和实施清单，但是对事项办理过程中须提交材料的数量和程序并没有统一的规定。具体行政审批事项办理过程中，尤其是项目审批中，对审批条件和审批程序没有明确和精准的规定，造成审批要件模糊、部分项目审批是否应该办理很难判断。

（三）"双随机"监管的专业性有待增强，职责边界有待厘清

"双随机"监管是监管方式的一个重大创新，相比之前的监管方式有很大的制度优势，但同时也带来一些问题。一是"双随机"监管的预期威慑力不足。"双随机"多是跨领域，很少跨地域。市场监管部门在机构整合前，分为食品、餐饮、药品、特种设备等业务线，监管人员精通本领域的业务，但"双随机"中的监管人员被打乱了业务线，有可能出现专业人员抽查非专业领域的现象，对检查清单的抽查浮于表面，易使检查流于形式，很难给企业带去专业的指导意见，现实中移交职能部门进行行政处罚的情况也很少。二是"双随机"监管的职责边界缺少明确的界定。在监管工作中，界定"双随机"监管和全覆盖监管的范围很关键。双向安排将增加监管主体和监管对象的负担，多次执法检查也将影响监管对象的正常工作。但对于食品、药品和特种设备等需要全覆盖监管的领域，如果只采取"双随机"监管的形式，一旦出现问题职能部门也要承担相应责任。细化两种监管类型的范围是做好监管工作的前提。三是国家层面亟须出台"双随机"抽查的条例或办法，对"双随机"抽查制度的法律地位、实施范围、与其他监管方式的关系、实施"双随机"抽查后的监管责任等问题进行明确规定。例

如,《国务院关于在市场监管领域全面推行部门联合"双随机、一公开"监管的意见》(国发〔2019〕5号)规定,涉及专业领域的,可以委托有资质的机构开展检验检测、财务审计、调查咨询等工作,或依法采用相关机构做出的鉴定结论。但在具体实践中,对于经费来源、专业机构的选择等问题,该意见都没有做出明确具体的规定,亟须出台配套的操作规定予以保障。

(四)专线专网造成的"数据壁垒"和"信息烟囱"问题亟须破解

各部门专线专网直接影响审批流程的再造和审批效率的提高,"数据壁垒"和"信息烟囱"带来不少问题。一是专网林立造成网络数据的横向联通受阻。河北省一体化在线政务服务平台与各级各部门的专线专网系统还未完成互联互通,造成多数数据无法直接提取使用,不利于实现并联审批、提高审批效率。亟须从国家和省级层面协调解决,打通专线专网实现数据共享和一网通办。二是专线专网的存在使一体化在线政务服务平台利用率低。受体制机制和平台建设水平的影响,各地市垂管系统打通缓慢,很多事项无法实现全流程网办,各部门对一体化在线政务服务平台的使用尚不均衡。以省内某地市为例,全市38个有政务服务事项的市直单位中只有9个单位使用一体化在线政务服务平台办理行政许可和公共服务事项,使用率仅为23.7%。同时,专线专网与一体化在线政务服务平台不能对接和互联互通,将造成数据的二次录入,增加工作人员工作量,降低办事效率。

三 河北省"放管服"改革向纵深推进的建议

新时代、新要求,河北省"放管服"改革向纵深推进,应本着建设人民满意的服务型政府的总体思路,从速度、质量、标准化和技术等多方面优化营商环境,达到审批更高效、服务更标准、监管更到位的目标。

(一)重视审批质量与监管质量双提升

审批速度很重要,但在注重速度的同时应更加关注质量,实现审批质和监管质量的双提升，达到既有速度又有质量的良好效果。一是在提升审批速度的同时保障审批质量。行政审批制度改革不断向纵深推进，从压缩审批时限的力度来看，成效非常显著。在提升审批速度的同时保障审批质量要做到：重新界定"最多跑一次"的时间节点，不能将"最多跑一次"与"最后跑一次"的概念相混淆；在简化审批环节的问题上要经过严谨论证，应明晰精简审批环节过程中可能出现的问题。二是重视审管衔接互动和加大监管力度。在审批和监管相分离后，出现"宽进严管"的特点，要改变以往"重审批、轻监管"的局面，将监管作为工作的重要内容，给予高度重视。在压缩审批时限的同时，也应注重审批和监管的衔接互动，搭建审管衔接互动平台，实现审批和监管的无缝网上对接。三是加强诚信体系黑名单建设。承诺制的广泛实行，使监管压力不断加大，应加强信用信息平台建设，并将此平台与一体化在线政务服务平台进行数据对接。制定诚信体系黑名单，增加违法成本，达到"一处违法、处处受限"的效果，实现失信联合惩戒机制部门间全覆盖。

（二）加强审批服务标准化和规范化建设

审批服务标准化和规范化建设是政务服务提档升级的重要环节，实现审批服务的深层次协同，要从划转事项、委托事项、提交材料数量和程序等方面进行统一规范。一是实现划转事项标准化和规范化。各地市应根据相关文件要求实现行政审批事项必划项目和应划项目的划转，必须同步解决人员划转问题，增强审批能力；各县（市、区）向行政审批局划转的事项差异较大，各地市行政审批局应对县（市、区）在划转事项方面进行要求和指导，尽快实现划转事项标准化和规范化。二是对委托事项进行规范。由于人员身份和技术能力等方面的原因，各县（市、区）存在不同数量的委托审批事项，应对这些委托事项做统一要求，比如委托事项的选取、被委托部门的选择、委托协议的签订等，都要有严格和统一的规范。三是提交材料的数量和程序应统一。"三级四同"只是针对省市县同一事项名称、类型、设定依据和编码四方面的统一。在改革不断推进的过程中，应进一步对办理事项须提交材料的数量和程序进行统一，制定明确和精准的审批条件和审批程序目录，方便工作人员准确把握审批细节，提高审批效率。

（三）充分发挥"双随机"监管的制度优势

要高度重视"双随机"监管的专业性问题、清晰界定"双随机"监管和"全覆盖"监管的职责范围、明确相应的配套政策措施，充分发挥"双随机"监管的制度优势。一是高度重视"双随机"监管的专业性问题。相关监管部门要转变思想认识，将监管作为与审批同样重要的环节来抓。通过加强专业技术人员的引进和培养、积极组织业务技术能力培训，使"双随机"监管发挥实质作用，达到预期威慑力。二是清晰界定"双随机"监管和"全覆盖"监管的职责范围。对于法律法规没有明文规定需要"全覆盖"监管的行业和领域实行"双随机"监管，对于食品、药品和特种设备等的监管要实现全覆盖，监管的职责范围不能混淆，更不能模棱两可，从而最终达到"双随机"监管制度设计的预期目标。三是明确和细化"双随机"监管的配套政策措施。谋划出台"双随机"抽查的配套政策和措施，对"双随机"抽查制度的法律地位、实施范围、监管责任等问题进行明确说明。

（四）借助信息技术实现网络的横向联通和纵向贯通

加快数字政府建设，打造智慧高效全国一流的"互联网＋政务服务"体系，巩固和提升一网通办能力，需要加强顶层设计，打破部门间的数字孤岛状态，推进技术、业务、数据融合。在整体性治理理论指导下，整合政务服务网络的碎片，实现其横向联通和纵向贯通，需要做到以下两点。一是实现一体化在线政务服务平台与国家级、省级和市级专线专网的对接。本着"网上大厅为主、自助终端为辅、实体大厅兜底"的原则，大力发挥互联网的作用。建议尽快打通专线专网，解决信息互通和直接提取使用问题，实现集中办理、并联审批，不断提升各部门网上政务服务水平。尤其是少量存在的市级专线专网要在最短时间内完成端口和数据对接。二是将一体化在线政

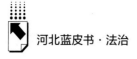

务服务平台延伸到乡级和村级。目前一体化在线政务服务平台实现了省市县三级的对接，在乡级和村级虽然不存在审批事项，但涉及一定数量服务事项的办理，要使乡镇和村里的老百姓办事更方便，有必要把一体化政务服务平台延伸到乡、村两级，实现省市县乡村五级网络的纵向贯通。

（五）疫情防控常态化背景下，"放管服"改革助力复工复产

疫情防控常态化对"放管服"改革提出更高要求，要大力推动复工复产、进一步优化营商环境，应充分利用各项支持和优惠政策、加大"互联网＋政务服务"的应用力度，力争早日将经济社会生活恢复到正常状态。一是充分利用各项支持和优惠政策。随着疫情防控转向常态化及其对经济社会的影响逐渐减弱，为提振经济和保障社会良好运转，中央部委陆续密集发布各项支持和优惠政策，鼓励企业特别是中小企业复工复产。相关部门要对这些扶持政策进行梳理和汇总，及时传达给各企业，提供主动服务和上门服务，充分发挥包联制度在特殊时期的优势。二是加大审批和服务的网上办理力度。"互联网＋政务服务"是助力疫情防控和复工复产的有效措施，同时也是"放管服"改革的重要技术抓手。在疫情防控常态化背景下，更要"让数据多跑路、让百姓少跑腿"，要充分利用一体化在线政务服务平台，为企业和群众办理各项审批和服务事项。三是大力推进无接触监管方式。为适应疫情防控常态化需要和防止疫情反弹，应创新监管方式，实行无接触监管，降低人员接触率。搭建和充分利用线上监管平台，最大限度实行线上监管，在监管过程便捷化的同时达到减少人员接触的目的。

B.10

河北省设区市重大建设项目批准和实施领域政府信息公开情况调研报告

——以政府门户网站为观察对象

靳志玲*

摘　要：　重大建设项目批准和实施领域政府信息公开，是全面推进各级政府政务公开工作的重要内容。为更好解决重大建设项目批准和实施过程中的问题，河北省以社会关注度高的信息为重点、以政府信息公开为先导，推动项目法人单位信息有效归集和及时公开，目的是系统完善全面公开政务信息工作，积极回应社会关切，加快法治政府和服务型政府建设，进一步保障人民群众知情权、参与权、表达权、监督权。

关键词：　重大建设项目批准和实施领域　政务公开　服务型政府建设

为全面落实党中央、国务院关于全面推进政务公开工作的重要部署要求，统筹推进"五位一体"总体布局和协调推进"四个全面"战略布局，贯彻落实创新、协调、绿色、开放、共享的发展理念，国务院办公厅印发了《关于推进重大建设项目批准和实施领域政府信息公开的意见》（国办发〔2017〕94号），将重大建设项目批准和实施领域政府信息公开作为全面推进政务公开工作的重要内容，其目的是系统完善重大建设项目政府信息公开工作，更好解决重大建设项目批准和实施过程中的社会关切问题，进一步保

---

* 靳志玲，河北省社会科学院法学研究所副研究员，研究方向为经济法、政府法治。

障人民群众知情权、参与权、表达权、监督权。

该意见要求，对于重大建设项目批准和实施过程中的信息，要坚持以公开为常态、不公开为例外，除涉及国家秘密、商业秘密和个人隐私及其他依法不予公开的内容外，要尽可能对外公开。总体要求是以重大建设项目批准和实施过程中社会关注度高的信息为重点，以政府信息公开为先导，推动项目法人单位信息有效归集、及时公开。重点公开批准服务信息、批准结果信息、招标投标信息、征收土地信息、重大设计变更信息、施工有关信息、质量安全监督信息、竣工有关信息等 8 类信息。同时要求各级政府和有关部门不仅要明确公开主体，通过政府网站等公开渠道及时公开各类项目信息，还要充分利用全国投资项目在线审批监管平台等相关平台，推进政务信息的共享和公开。

为贯彻落实国务院意见精神，2018 年 2 月，河北省人民政府办公厅发布《关于推进重大建设项目批准和实施领域政府信息公开的实施意见》（冀政办字〔2018〕20 号），细化了重点公开内容、公开的主体和责任、公开的渠道等，具有较强的可操作性。同时要求省政府有关各部门、各市县政府提出具体实施方案。

一 河北省设区市重大建设项目批准和实施领域政府信息公开情况

（一）各设区市政府发布具体实施意见的情况

为落实《关于推进重大建设项目批准和实施领域政府信息公开的实施意见》（冀政办字〔2018〕20 号）的要求，各设区市政府出台了具体的实施意见和措施（见表1）。

表 1　河北省各设区市发布相关文件情况

城市	发布时间	文号	文件名称
沧州市	2018 年 3 月 16 日	沧政办字〔2018〕36 号	《沧州市推进重大建设项目批准和实施领域政府信息公开的实施方案》

续表

城市	发布时间	文号	文件名称
邢台市	2018 年 3 月 22 日	邢政办字〔2018〕9 号	《关于推进重大建设项目批准和实施领域政府信息公开的实施意见》
保定市	2018 年 3 月 23 日	保政办函〔2018〕37 号	《保定市推进重大建设项目批准和实施领域政府信息公开的实施方案》
承德市	2018 年 3 月 28 日	承市政办字〔2018〕40 号	《关于推进重大建设项目批准和实施领域政府信息公开的实施意见》
石家庄市	2018 年 3 月 30 日	石政办发〔2018〕14 号	《推进重大建设项目批准和实施领域政府信息公开的实施方案》
廊坊市	2018 年 3 月 30 日	廊政办字〔2018〕25 号	《廊坊市推进重大建设项目批准和实施领域政府信息公开的实施方案》
秦皇岛市	2018 年 4 月 2 日	秦政办字〔2018〕38 号	《秦皇岛市推进重大建设项目批准和实施领域、公共资源配置领域政府信息公开的实施方案》
张家口市	2018 年 6 月 14 日	张政办字〔2018〕60 号	《张家口市推进重大建设项目批准和实施领域政府信息公开的实施方案》
衡水市	—	—	—
唐山市	—	—	—
邯郸市	—	—	—

通过对已发布实施意见的八个市的文件文本进行比对发现有以下特点。

一是各市政府对重大建设项目批准和实施领域政府信息公开工作的重视程度进一步加深。各市不仅在省政府文件出台后的四个月内出台了实施意见或实施方案，而且一些市如邢台、承德、沧州、秦皇岛、保定等在文件中还对其各县（区）政府、市政府各相关部门制定具体实施方案的时间做了具体要求。

二是各市的实施意见或实施方案规定的公开的主体和范围同国务院、省级文件规定保持一致，即同为八个方面的内容。各市在文件中根据实际情况对市级需要批准或核准的重大建设项目做了具体规定，同时还要求根据区域、行业特点和工作侧重点，进一步明确本地区、本部门、本领域重大建设项目范围。

三是各市的实施意见或实施方案都规定，将政府网站作为重大建设项目批准和实施领域的政府信息公开的重要渠道，同时推进与其他相关信息平台一起进行信息共享和公开；并且都明确规定，重大建设项目批准和实施领域政府信息应公布在各市人民政府门户网站——政务公开平台——重点领域信息公开专栏中。

（二）重大建设项目批准和实施领域专栏在各设区市政府门户网站政务公开平台设置情况

根据国务院办公厅意见中的"各级政府和有关部门要通过政府公报、政府网站、新媒体平台、新闻发布会等及时公开各类项目信息，并及时回应公众关切"规定和省政府文件的要求，各设区市已出台的实施意见或实施方案都明确规定，重大建设项目信息在设区市政府门户网站重点领域信息公开专栏中公开。

通过对各市政府政务公开平台的观察，重大建设项目批准和实施领域栏目的设置有三种方式：第一种是重大建设项目专栏或重大建设项目批准和实施专栏下设项目批准、项目公示、项目招投标、土地征收、施工监理、安全监督、竣工验收七个子栏目或者下设重大项目批准领域信息、重大项目实施领域信息等子栏目；第二种是在"重点领域公开"专栏下设重大建设项目专栏等，同时与其他相关专栏，如行政审批、征地信息等栏目并置；第三种是在"法定公开内容"专栏下不设立"重大建设项目"专栏（见表2）。

表2 2020年河北省设区市"重大建设项目批准和实施领域"专栏设置情况

城市	栏目	
唐山市	重大建设项目专栏	项目批准 项目公告 项目招投标 土地征收 施工监理 安全监督 竣工验收

续表

城市	栏目
石家庄市	重大建设项目批准和实施专栏——{ 批准领域信息 实施领域信息 } + 征地信息
邯郸市	重大建设项目专栏——{ 重大项目批准领域信息 重大项目实施领域信息 }
承德市	重大建设项目专栏
张家口市	自然与重大建设项目专栏
秦皇岛市	自然资源及重大建设项目专栏+行政审批
廊坊市	重大建设项目专栏+土地征收+安全生产监管
保定市	重大项目专栏+土地征收
邢台市	自然资源及重大建设项目专栏+行政审批+征地信息
沧州市	行政审批+征地拆迁+工程招投标
衡水市	重点项目

第一种情况包括唐山市网站，其在"重大建设项目专栏"下设7个子专栏，并且子栏目的设置很全面，子栏目大多数打开后直接显示的是项目信息，信息归类很好，查找也很方便。唐山市网站的栏目设置情况在11个设区市网站中是分类最清晰、便利度最好的。在石家庄市和邯郸市网站中，在"重大建设项目批准和实施专栏"或"重大建设项目专栏"下设置了批准领域信息（重大项目批准领域信息）和实施领域信息（重大项目实施领域信息）2个子栏目，但因子栏目较少，信息的归类明显不足，查找稍显不方便。同时2个网站显示的信息量也较少。第二种情况包括承德、廊坊、秦皇岛、邢台、保定、张家口等。其中，承德、张家口、廊坊市3个网站中在打开重大建设项目专栏后，直接显示的是涉及重大建设项目的各种信息，但由于这种专栏不设置子栏目，其信息显得有些杂乱无章，市县级信息层次也不太分明，甚至混有政务类信息等，查找的便利度不够高；秦皇岛、邢台市2个网站，打开"自然资源及重大建设项目专栏"后，显示的是"市自然资源和规划局信息公开专版"，仅是一个部门的信息，不能涵盖文件要求的8个方面的信息，而且政务类信息较多；保定市网站中，打开专栏后直接链接

的是市发改委、市审批局等政府部门网站，如果需要信息还要在部门网站内进一步查询，更加不便利。在同时具有重大建设项目专栏和其他专栏的网站中，情况也有所不同：行政审批专栏是"行政审批局信息公开专版"，土地征收专栏则链接到河北省土地征收信息平台，其信息专业集中且直接全面，查找方便。第三种情况是沧州、衡水市网站，其不设置"重大建设项目专栏"，设立的是其他栏目，如行政审批、工程招投标等，并且都直接链接到市审批局、市发改委等部门网站，如需信息也需要在网站内进一步查找。

（三）各设区市政府门户网站与其他相关网站的信息共享情况

根据《关于推进重大建设项目批准和实施领域政府信息公开的意见》（国办发〔2017〕94 号）的规定，各级政府和有关部门要通过政府网站等及时公开各类项目信息，与此同时还要充分利用河北省投资项目在线审批监管平台、河北省公共资源交易平台、"信用河北"网站等，推进重大建设项目批准和实施领域信息共享和公开，已出台的实施意见或方案也都有相应的规定。上述平台和网站对重大建设项目批准和实施领域相关信息的公开，比较集中、全面和及时，也是查找同类信息最为便利的渠道。但是，由于这类平台和网站是全部信息的集合，重大建设项目仅是其中的一部分，而且各设区市在实施意见或方案中对于重大建设项目的定义也有所区别，有的规定为投资 5000 万元以上的，有的规定为 1 亿元以上的，这样对于重大建设项目信息查询和监督来说并不便利。因此，政府门户网站重大建设项目专栏的信息共享成为必要和恰当。

通过观察发现，各设区市政府门户网站与其他网站的信息共享性不够，唐山市网站因其在重大建设项目专栏下同时设置了文件要求的七个子栏目，所以其栏目中的信息公开情况较好。

（四）重大建设项目批准和实施领域政府信息公开现状

根据《关于推进重大建设项目批准和实施领域政府信息公开的意见》（国办发〔2017〕94 号）的规定，在重大建设项目批准和实施过程中，应重点公开批准服务信息、批准结果信息、招标投标信息、征收土地信息、重大设计变更信息、施工有关信息、质量安全监督信息、竣工有关信息等 8 类信息。《河北省人民政府办公厅关于推进社会公益事业建设领域政府信息公开的实施意见》在此基础上对公开主体做出具体规定。各设区市已出台的实施意见或方案的规定与国务院和省政府文件相同。

一是批准服务信息，包括申报要求和材料清单、批准流程和办理时限、受理机构和监督举报方式等。建设服务型政府一直是广大人民群众的期望，也是党中央和国务院的目标。为此国家建立了统一的政务服务平台。各设区市政府门户网站中的政务服务一般都链接到政务服务网站。因此，在各设区市政府门户网站的重大建设栏目中几乎没有查到批准服务信息。

二是批准结果信息，主要包括项目建议书、可行性研究报告和初步设计文件审批结果、项目核准结果、节能审查意见、建设项目选址意见和用地（用海）审批结果、环境影响评价审批文件、建设用地规划许可和建设工程规划类许可审批结果、施工许可审批结果、招标事项审批核准结果等。各设区市政府门户网站在重大建设项目专栏中发布的最多的是批准结果信息，主要是可行性研究报告审批结果、项目核准结果、建设项目选址意见审批结果、环境影响评价审批文件、建设用地规划许可审批结果、建设工程规划类许可审批结果、施工许可（开工报告）审批结果、招标事项审批核准结果等，但是，规定中的节能审查、取水许可、水土保持方案、洪水影响评价等涉水事项审批结果的信息几乎没有查到。在一些网站中由于重大建设项目专栏仅是市自然资源和规划局信息公开的专版，公开的信息不仅范围较窄还混有政务类信息，没有突出重大建设项目批准应有的核心信息，工作有敷衍之嫌。多数网站重大建设项目专栏链接到河北省投资项目在线审批监管平台、河北省公共资源交易平台等网站进行信息公开和查询。

三是招标投标信息，包括资格预审和招标公告、中标候选人公示、中标结果公示、合同的订立及履行情况、招标投标中的违法处罚信息等。重大建设项目招投标涉及的信息较广，在各设区市政府门户网站中，直接公开较多的信息集中在以下方面——招标公告、中标候选人公示、中标结果公示等，但是合同订立及履行情况、招标投标中的违法处罚信息较少。另外，其多链接到河北省招投标公共服务平台等网站进行信息公开和查询。

四是征收土地信息，主要包括征地告知书及履行征地报批前程序的相关证明材料，建设项目用地呈报说明书，农用地转用、补充耕地、征收土地和供地四方案，征地批后实施中征地方案及补偿安置方案公告等。征地在重大建设项目中是重中之重的问题，如处理不当可能会造成社会不安定因素，这也一直是社会关注度较高的社会问题。在各设区市政府门户网站中，其往往将征地拆迁作为重点领域公开的一个专栏，然后链接到"河北省征地信息公开专栏"进行集中公开。河北省征地信息公开专栏公开的征地信息要素包括：基本信息即项目名称、编号、所在乡镇街道、批准年度，5个实质信息——批复文件、征地告知书、一书四方案（建设项目用地呈报说明书、农用地转用方案、补充耕地方案、征收土地方案、供地方案）、征地公告/征地补偿安置方案、标注征地位置的规划图。按照国务院和省政府文件的规定，重大建设项目的征地信息公开由项目所在地政府负责，因此，本报告对"河北省征地信息公开专栏"上的11个设区市的168个行政区（县、区、市、开发区）最后一次土地征收信息进行了观察和统计（见表3）。

表3 河北省各设区市下辖行政区征地信息公开情况

单位：个，%

城市	所属行政区数量	公开5个实质信息的行政区数量和占比	公开4个实质信息的行政区数量和占比	公开3个实质信息的行政区数量和占比	公开2个实质信息的行政区数量和占比	公开1个实质信息的行政区数量和占比
石家庄市	21	4(19.0)	3(14.3)	0	3(14.3)	11(52.4)
承德市	11	5(45.5)	0	0	0	6(54.5)
张家口市	17	3(17.6)	2(11.8)	1(5.9)	0	11(64.7)
秦皇岛市	9	6(66.7)	1(11.1)	0	1(11.1)	1(11.1)
唐山市	14	6(42.9)	1(7.1)	1(7.1)	1(7.1)	5(35.7)
廊坊市	10	6(60.0)	1(10.0)	0	0	3(30.0)
保定市	22	16(72.7)	0	0	0	6(27.3)
沧州市	16	4(25.0)	2(12.5)	0	0	10(62.5)
衡水市	11	4(36.4)	1(9.1)	0	0	6(54.5)
邢台市	19	7(36.8)	1(5.3)	0	0	11(57.9)
邯郸市	18	9(50.0)	1(5.6)	0	0	8(44.4)

注：行政区包括县、区、市和开发区；括号中为占比数据。

由表 3 可以看出,在 11 个设区市中,公开 5 个实质信息的行政区数量占 50% 及以上的只有 4 个市,达不到 30% 的有 3 个市;公开 1 个实质信息的行政区数量占 50% 以上的有 6 个市,最高可达 64.7%。由此可说明,在征地信息公开中,地方政府工作还有较大的改善空间。不是出台了文件、有了规定就行,更重要的是如何落到实处。

五是重大设计变更信息,包括项目设计变更原因、内容、依据、结果以及批准单位等。在各设区市政府门户网站中此类信息公开较少。

六是施工有关信息,主要包括项目法人,设计、施工、监理等单位及其负责人和项目负责人的信息、资质情况;施工单位项目管理的机构设置、工作职责、管理制度等。按照文件规定,此类信息应当是由项目法人主动公开的,各级政府有关部门的职责是监督、促进项目法人单位公开施工信息。因此,此类信息在各设区市政府门户网站中几乎没有查到,这也是政府有关部门需要进一步加大力度的方面。

七是质量安全监督信息,包括质量安全监督机构及其联系方式、质量安全行政处罚情况等。唐山市网站中质量安全监督信息得到了公开,在其他网站中有少量信息可以查到。

八是竣工有关信息,主要包括工程质量验收结果,竣工验收时间及竣工验收备案时间、编号和部门,竣工决算审计单位和结论,财务决算金额等。此类信息仅有个别项目可以在政务类信息中查到,在其他实质性审查等信息的公开方面还有待进一步提升。

二 河北省设区市重大建设项目批准和实施领域政府信息公开存在的主要问题

(一)有的网站信息内容公开得不够全面

一是按照国务院和省政府的文件规定,应当公开的是批准服务、批准结果、招标投标、征收土地等 8 方面信息。观察中发现,在各设区市政府门户网站的重点公开领域中，重大建设项目栏目公开最多的是项目批准信息和招标投标信息，其他信息如批准服务、重大设计变更、质量安全监督、施工及竣工等寥寥无几。二是政务类的新闻信息包括建设项目调度情况和项目开工情况、部门的工作情况甚至还有知识讲座、普法知识等。三是在公开的信息中，公开的要求不够全面。按照《关于推进重大建设项目批准和实施领域政府信息公开的意见》（国办发〔2017〕94号）的规定，对每一方面的应当公开的内容应按照一定的要求进行公开。但通过河北省征地信息公开平台观察发现，在应公开的5个征收土地实质要素中，只公开了1个要素的有78个行政区，占全省168个行政区的46.4%。因此，政府信息公开工作还有很大的提升空间。

（二）有的网站信息放置混乱的问题仍然突出

国务院、省政府的有关文件以及各设区市政府公开的实施意见，对重大建设项目批准和实施领域应当公开的信息内容做出了明确规定，并且国家发改委也颁布了《重大建设项目领域基层政务公开标准指引》，对重大建设项目领域8方面26类公开事项的内容、依据、时限、主体、渠道、对象和方式等提供了标准目录。在实际观察中发现，重大建设项目领域的信息公开栏目中，有的是对重点项目总体进展情况的报道，有的是领导视察情况，有的是政府部门工作情况等政务新闻等；尤其是在重点领域专栏中，当"重大建设项目栏目"成为"自然资源和规划局专版"或链接到"发改委"等部门网站时，公开的信息更多的是政务类信息的现象更为突出。同时，在各设区市政府门户网站中，诸如建设项目用地预审和选址意见书、中心城区控制性详细规划、市招商项目目录、固定资产投资项目审批统计表等一些需要公开的信息是附件形式，必须下载后才能看到信息的内容，甚至有的信息下载后发现只有第一、二页。信息放置混乱以及查询不便利，将使广大群众对重大建设项目领域中的政府工作不能进行充分的了解和监督。

（三）公开信息在政府门户网站与其他有关网站共享性不够

按照《关于推进重大建设项目批准和实施领域政府信息公开的意见》

（国办发〔2017〕94号），重大建设项目都是经过政府审批或核准的固定资产投资项目，直接关系经济社会发展和民生改善，并在社会中有广泛和重要影响。要求重点公开的批准服务、批准结果、招标投标、征收土地等8类信息，是广大人民群众最为关心的问题，政府信息公开必须是充分和全面的。因此，国务院和省政府文件对政府公开信息的要求都是拓宽公开渠道，各级政府和有关部门要通过包括政府门户网站在内的多种媒体及时公开各类项目信息，积极回应公众关切，并且充分利用全国及河北省投资项目在线审批监管平台等网站，实现信息共享。但通过观察发现，重大建设项目批准和实施过程中的信息，集中在专业的平台，如河北省投资项目在线审批监管平台、河北省公共资源交易服务平台、河北省征地信息公开专栏等。这些专业平台的优势是信息集中、全面，所有的建设项目信息都被包含在内。而按照市政府发布的实施方案，各市对重大建设项目有不同的规定，如有的市将其限定为投资5000万元以上，有的市为1亿元以上等。这些重大项目的信息在专业的网站中并没有得到明确标示，所以在政府门户网站上对涉及重大建设项目的信息进行集中公开是政府门户网站的优势，由此方便群众集中查询和监督。但是，政府门户网站中的重点领域信息公开栏目并没有实现信息共享。例如，唐山市的政府门户网站因其栏目设置较好，所以公开的信息很清晰，但缺陷是信息量不足。

三 河北省设区市重大建设项目批准和实施领域政府信息公开的完善对策与建议

（一）认真抓好《中华人民共和国信息公开条例》等法律法规的落实工作

为推进我国政府信息公开工作，保障广大人民群众依法获取政府信息的权利，促进政府职能转变、建设服务型法治政府，新修订的《中华人民共和国政府信息公开条例》要求各级人民政府积极主动公开政府信息，坚持"公开为常态、不公开为例外"的原则，凡是能主动公开的一律主动公开，切实满足人民群众获取政府信息的合理需求；同时加强政府信息资源的规范化、标准化、信息化管理，加强互联网政府信息公开平台建设，推进政府信息公开平台与政务服务平台融合，提高政府信息公开在线办理水平。

各级政府应当严格执行《中华人民共和国政府信息公开条例》和有关法律法规，履行政务公开的职能，全面推进政府信息公开，强化政府门户网站信息公开第一平台作用，优化政府信息管理、信息发布、解读回应、依申请公开、公众参与、监督考核等工作流程，并建立完善相关制度。

同时加大教育培训力度，把政务公开特别是《中华人民共和国政府信息公开条例》纳入基层领导干部和公务员教育培训课程，切实增强依法依规公开意识。强化对专业人员的业务培训和经验交流，不断提高履职能力，为进一步提高政府的公信力、深化"放管服"改革、加快法治政府和服务型政府建设提供有力支持。

（二）进一步提高政府信息公开的规范化和标准化水平

一是继续推进政府公开平台特别是政府门户网站的规范化建设。国务院及其有关部门发布了一系列关于政务公开的规定，如《国务院关于加快推进全国一体化在线政务服务平台建设的指导意见》《政府网站与政务新媒体检查指标》《国务院办公厅关于全面推进基层政务公开标准化规范化工作的指导意见》等，对政府信息公开做出规范化规定。各级政府应当加强政府信息资源的标准化、信息化管理，充分发挥政府门户网站作为政务公开第一平台的作用，集中发布政府信息，更多运用信息化手段推动政务公开工作进一步深入。二是坚持标准引领。国家发改委发布的《重大建设项目领域基层政务公开标准指引》，是《关于推进重大建设项目批准和实施领域政府信息公开的意见》（国办发〔2017〕94号）的清单化和目录化文件，《重大建设项目领域基层政务公开标准指引》明确了重大建设项目领域8方面26类公开事项的公开内容、公开依据、公开时限、公开主体、公开渠道、公开对象和公开方式，为开展重大建设项目领域政务公开工作提供了基本框架。因此，各级政府应当根据《重大建设项目领域基层政务公开标准指引》的规定，对标其重大建设项目批准和实施领域的政府信息公开工作，健全公开制度，规范公开行为，提升公开质量。

（三）加强对信息公开工作的监督考核

根据《中华人民共和国信息公开条例》的规定，各级人民政府应当建立健全政府信息公开工作考核制度、社会评议制度和责任追究制度，定期对政府信息公开工作进行考核、评议。重大建设项目批准和实施领域政府信息公开工作涉及的部门多、信息面广、社会关注度高，特别是一些重要程序的信息如若不透明将造成严重后果，如征地补偿、环境影响评价等易引发社会不安定因素，审批、招投标、施工等环节易引发腐败等。因此，政府信息公开不仅应当全面而且要及时，需要各级政府及有关部门加强对信息公开工作的监督评价，将其作为评价政务公开工作成效的重要内容列入绩效考核指标体系，并采用第三方评估等多种考核形式对政府信息公开工作进行监督和促进。

司法建设

Judicial Development

B.11

"一乡（镇）一法庭"的
地方探索与实践

——邯郸市"一委一庭三中心"的建设与发展

冯　娟[*]

摘　要：　"一委一庭三中心"是邯郸市法院在贯彻落实河北省法院"一
乡（镇）一法庭"重要战略布局的发展实践中，学习借鉴"枫
桥经验"的优秀做法。邯郸市把多元化纠纷解决机制纳入社会
综合治理的大格局中进行统筹推进，积极争取基层党组织的支
持。主要特点是把"一乡（镇）一法庭"嵌入地方党委"一委
三中心"工作格局，打造"一委一庭三中心"平台，做到了
"一委三中心"工作人员和"一乡（镇）一法庭"司法辅助人
员合署办公，通过基层党组织来发动群众，一起研究问题，一

---

* 冯娟，河北省邯郸市中级人民法院审委会委员，少年庭庭长，四级高级法官，研究方向为少
年与家事审判。

起调处矛盾，形成工作合力，实现"小事不出村，大事不出镇，矛盾不上交"的多元化解纠纷目标。本报告将重点对邯郸市"一委一庭三中心"的建设实践以及发展情况展开论述，对现阶段存在的问题进行探讨并提出对策建议。

关键词： 一委一庭三中心　枫桥经验　多元化纠纷解决

一　"一委一庭三中心"的提出及发展

（一）"一委一庭三中心"的历史渊源

"一庭"即人民法庭，人民法庭是基层人民法院的派出机构，是基层人民法院与基层群众密切联系的窗口和平台，邯郸市基层人民法院将近一半的案件由人民法庭审理，其同时对人民调解委员会的工作进行指导，在社会综合治理过程中也发挥重要作用，处在维护社会稳定的第一线，充分发挥了化解社会矛盾的重大作用。但是 2003 年开始的第一轮司法改革调整以中心法庭为主，很多乡镇不再设有人民法庭，仅在部分乡镇设立中心法庭履行职责。导致基层司法体系不完整，特别是人民法庭功能缺失，很多矛盾纠纷不能就地及时依法化解，有的越拖越大，甚至酿成民转刑的惨剧。2013 年，河北省高级人民法院开始力推"一乡（镇）一法庭"建设，邯郸市中级人民法院积极贯彻落实省高院精神，大力建设"一乡（镇）一法庭"，做到了"一乡（镇）一法庭"全覆盖，补齐了基层社会治理司法短板。"一乡（镇）一法庭"主要履行司法调解、指导调解、参与基层社会治理、法治宣传、司法确认、充分发挥人民陪审员作用等 6 项职能，其中更侧重诉前化解，深化源头治理。

2015 年 9 月，邯郸市委政法委为构建"大民调"格局，妥善处理基层信访问题，大力推广"一委三中心"平台建设。"一委"即群众工作委员会，"三中心"即群众工作中心、社会治安综合治理中心、矛盾纠纷排查调解中心，其实行"三块牌子一套人马"，集中办公，接待群众来访，开展为民服务工作，收集矛盾纠纷、治安隐患和各类影响社会稳定的信息，并进行分析研判、分流交办和跟踪督办。群众工作委员会具体负责群众工作的组织开展，并统筹管理群众工作中心、矛盾纠纷排查调解中心、社会治安综合治理中心工作。

2017年下半年，邯郸市中级人民法院党组在调研"三位一体"矛盾纠纷调解工作时，针对基层司法专业人员少、司法调解能力不足的情况，提出了积极争取基层党组织"一委三中心"支持，为"一乡（镇）一法庭"工作建立组织、明确职责、预留接口，共同推进基层矛盾纠纷多元化解的设想，并在邱县、永年区进行试点后在全市范围内推开。"一委一庭三中心"统一由县群众工作委员会进行管理，每个乡（镇）一般由法院选派一名庭长进行业务指导，乡（镇）指定2~3名司法辅助人员负责日常工作。把"一乡（镇）一法庭"嵌入"一委三中心"工作格局，打造"一委一庭三中心"平台，做到了"一委三中心"工作人员和"一乡（镇）一法庭"司法辅助人员合署办公，一起研究问题，一起调处矛盾，形成工作合力，实现"小事不出村，大事不出镇，矛盾不上交"。

（二）"一委一庭三中心"发展现状

1. 人民法庭已实现乡镇全覆盖

邯郸市辖区共有19个基层人民法院，231个乡镇（含部分街道），法庭总数共计252个，其中乡镇法庭165个，中心法庭87个，确保了人民法庭乡镇全覆盖，办公人员共计692名，且所有乡镇法庭均配备了电脑、网线、办公桌、书柜等设施，基本能够满足现代化办公需求。

2. 法庭调解案件范围

"一乡（镇）一法庭"调解的纠纷包括：家事纠纷、相邻关系纠纷、劳动争议纠纷、交通事故赔偿纠纷、消费者权益纠纷、小额债务纠纷、申请撤销劳动争议仲裁裁决纠纷、其他适宜诉前化解的纠纷。

3. 中心法庭与乡镇法庭并存

之所以出现法庭总数大于乡镇总数的现象，是因为部分中心法庭与乡镇法庭设置重复，其中21个乡镇是在设有中心法庭的同时，又在乡镇政府所在地设立乡镇法庭，故乡镇法庭合计数量大于乡镇数量。165个乡镇法庭办公部署基本按照省高院要求，借用乡镇政府一两间办公室作为法庭办公场所，择优选配政治强、业务精、善于做群众工作的法官或法官助理担任"一乡（镇）一法庭"负责人。这部分法庭基本与地方乡镇的"一委三中心"处于同一办公区域，方便联合办公，共同构筑"一委一庭三中心"联合办公格局，因此"一委一庭三中心"作用发挥得比较明显。66个（另外21个已在乡镇政府设立法庭）中心法庭成立较早，具备独立办案职能，有独立的办公场所和人员编制，在办公地点设置上未与乡镇"一委三中心"在一起，互相通过网络、电话联系办公，"一委一庭三中心"联合办公职能相对较弱。

4. 中心法庭与乡镇法庭既有区分又紧密联系

中心法庭系基层人民法院的派出机构和组成部分，承担办案职能，拥有独立的办公场所以及固定人员编制，以基层人民法院的名义制作和发布判决、裁定。与之相比，乡镇法庭系按省高院"一乡（镇）一法庭"要求布局，仅在乡镇政府所在地借用一两间办公室，以诉源治理为主，履行诉前调解、指导民调、司法确认等六项职能，不具备办案职能，亦无人员编制、独立办公场所。中心法庭与乡镇法庭既有区分又紧密联系，主要有以下三点：职能履行方面，中心法庭与乡镇法庭虽设置不同，但中心法庭功能发挥得更加全面，具备并能完全履行乡镇法庭六项职能；管理方面，因中心法庭亦设置在乡镇，且人员编制较多，中心法庭周边乡镇法庭负责人一般由中心法庭的法官、法官助理兼任，并负责乡镇法庭日常工作，如武安市、涉县、魏县等地，一个中心法庭可管理2～3个乡镇法庭；工作配合方面，因乡镇法庭不具备办案职能，其调解成功需转司法确认案件可直接联系中心法庭出具相关司法文书，而且中心法庭法官也可通过网络技术手段参与乡镇法庭矛盾调解工作。

（三）"一委一庭三中心"建设成果

近三年来，邯郸市中级人民法院主动将"一乡（镇）一法庭"布局与地方党委、政府"一委三中心"对接，打造"一委一庭三中心"平台，创新化解矛盾的方式方法，加大诉源治理工作力度，收到良好的效果。2018年最高人民法院党组书记、院长周强到邯郸法院系统调研时，实地考察了邯郸市永年区西苏镇"一委一庭三中心"的工作情况并通过视频调解系统听取了邱县法院相关工作情况汇报，指出这是在新时代对"枫桥经验"的继承和发展，具有重要示范意义。2018年10月23日，邯郸市人大常委会听取了邯郸市中级人民法院推进"一委一庭三中心"工作情况报告并做出进一步推进工作的决定。2019年邯郸市中级人民法院向各基层法院下发关于进一步加强"一乡（镇）一法庭"建设工作的指导意见，2020年将实化"一委一庭三中心"诉前调解功能、推动诉源治理不断取得新成效，列为全市法院重点工作之一进行强力推进。并且2020年被邯郸市委确定为"一委一庭三中心"规范提升年。2019年全市法院诉前调解和指导调解纠纷共计53462件，提供法律咨询38万余人次。经开区、鸡泽、广平等13个基层法院新收民事案件数同比下降。2020年以来，全市法院诉前调解案件共13334件，有效促进了矛盾纠纷就地化解，维护了当地社会和谐稳定，取得了良好的社会治理效果。"一委一庭三中心"平台运行三年以来，共调解案件23323件，解答群众咨询19146人次，配合乡镇党委政府、农村基层组织处理解决群体性纠纷1627件，使大量矛盾纠纷化解在萌芽状态。具体工作成效主要体现在以下四个方面。

1. 司法服务触手可及

到"一委一庭三中心"进行就地调解，手续简便、形式灵活，进行司法确认不收取任何费用，还可以直接进行网上立案，由此为群众提供方便快捷的法律服务，基本做到了"小事不出村、大事不出镇、矛盾不上交"。

2. 诉调对接无缝衔接

"一委三中心"和"一乡（镇）一法庭"工作流程有效衔接，实现了案件繁简分流，有效提高了多元化解水平，大量案情简单、争议不大的民事纠纷化解在诉前，使司法资源的配置和运用更加科学高效，实现了"1+1＞2"的效果。

3. 资源整合形成合力

"一委一庭三中心"调解力量灵活搭配，把多元化纠纷解决机制纳入社会综合治理的大格局中进行统筹推进，让信访、维稳、综治、司法、法庭的力量形成合力，人员一起办公、工作一起研究，提高了工作效率。

4. 法律保障不留死角

"一委一庭三中心"扎根基层，积极引导农村群众办事依法、遇事找法、解决问题用法、化解矛盾靠法，推进了基层治理法治化发展。同时积极为乡镇党委政府提供法律咨询和司法建议，促进了依法行政。

二 "一委一庭三中心"运行情况

（一）基本运行模式

"一委一庭三中心"的基本运行模式即在乡镇党委的统一领导下，由县群众工作委员会进行管理，每个乡（镇）一般由法院选派一名庭长进行业务指导，并指定2~3名司法辅助人员负责日常工作。把"一乡（镇）一法庭"嵌入"一委三中心"工作格局，使"一委三中心"工作人员和"一乡（镇）一法庭"司法辅助人员合署办公，一起研究问题，一起调处矛盾，形成工作合力。"一委一庭三中心"基本运行模式见图1。

该模式也是大部分"一委一庭三中心"配合运行的基本模式。由图1可知"一乡（镇）一法庭"与"一委三中心"资源互补、相得益彰，形成一个良性循环。从具体运作模式来看，群众有了纠纷可以自由选择解决方式，主要有以下三种方式。一是选择法院解决，即直接前往法院立案，法院通过诉前调解或登字号将案件分流至乡镇法庭，由乡镇法庭独立或借助"一委三中心"了结乡情、村情的天然优势共同开展诉前调解工作，

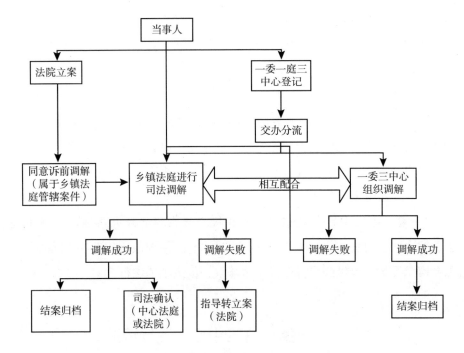

图1　"一委一庭三中心"基本运行模式

并化解矛盾,实现让群众满意的效果。二是"一委三中心"交办分流。对于"一委三中心"接收的信访、行政争议、社会治理等案件,"一乡(镇)一法庭"起到吸附矛盾的作用,从法律角度来化解难题,协助参与基层社会综合治理,起到让乡镇党委政府满意的作用。三是选择直接上门请求法庭指导解决纠纷,乡镇法庭的人民陪审员(兼任人民调解员)对当事人诉求应先以"冀民登"字号在"一乡(镇)一法庭"软件平台予以登记并建立台账。对经审查不属于人民法院受理范围的,如刑事公诉案件或治安纠纷、违纪问题等,应向当事人释明并告知其具体管辖部门。对于民事纠纷,人民陪审员应依法调解。调解成功,通过软件平台向基层人民法院传送与调解相关的材料,由基层人民法院专门人员审查签收。如需司法确认和制作调解书,则由乡镇法庭庭长在软件平台办理或处理。调解不成,将案件信息传递回基层人民法院或中心法庭立案,通过司法手段依法裁决,定纷止争。如此,大量的矛盾纠纷在进入法院之前通过"一乡

（镇）一法庭"进行诉前分流，极大地缓解了法院的诉讼压力，达到让法院满意的良好效果。

乡镇法庭基本运行流程如前所述，但在具体工作细节上又有所不同。基本可以划分为两类：因法院正式编制人员紧张，法庭负责人（法官或法官助理）不驻庭，人员来访由"一委三中心"进行日常登记，法庭负责人每周集中一两天到法庭处理相关工作，紧急事项可随时去法庭进行处理，如永年、丛台、邯山等 6 个地区；法庭负责人（法官或法官助理）不驻庭，但由专职人员驻庭负责法庭日常工作，如来访人员登记、纠纷调解、指导立案、台账及卷宗整理、配合一委三中心工作、联络法官进行线上法律咨询和调解等，法庭负责人每周集中一天到法庭指导、处理、安排相关工作，紧急事项随时到法庭处理，如曲周、复兴、成安等 13 个地区。关于驻庭人员的选任方式大体上有两种：一是通过劳务派遣选任驻庭书记员（兼任调解员），予以一定工资保障，如曲周；二是选派乡镇当地有威望的乡贤作为调解员或陪审员驻庭工作，法院或乡镇每月发放一定补贴，如武安、成安、鸡泽、魏县等地，具体补贴数额根据各地标准不同为 500～1000 元。

（二）因地制宜，多措并举

俗话说"一枝独秀不是春，百花齐放春满园"。邯郸各地区在"一委一庭三中心"建设过程中，根据地方特色，结合自身实际，因地制宜，采用多种方式赋予了乡镇法庭更丰富的功能，逐渐形成形式多样、各具特色的多元化纠纷解决机制。

1. 强化科技支撑，构建便民司法网络

永年、邱县、曲周等地法院强化科技支撑，在每个"一委一庭三中心"配置网上立案、视频调解系统。凡是到"一委一庭三中心"请求解决的矛盾纠纷，先进行调解，通过互联网实现法官、司法辅助人员、当事人三方面对面沟通。调解成功无需司法确认的案件建卷归档，需要对调解协议进行确认的，由司法辅助人员转法官确认；调解不成功，工作人员指导当事人在网上立案进入诉讼程序，真正减轻当事人往来奔波之苦。

2. 整合调解资源，加强沟通协作

曲周法院采取了将乡镇法庭与网格化管理相融合的方式。曲周县构筑了县、乡、村、片四级网格，配备专兼职网格员、人民调解员，印制发放便民一卡通，方便群众随时联系。曲周法院将乡镇法庭融入四级网格的工作环节，网格员可直接与乡镇法庭联系化解纠纷，推动法治关口前移、力量下沉，确保问题隐患及时发现、及时处置。同时，法院也可借助网格员深入基层的便利性解决找人难、送达难、执行难的问题。临漳、成安等地亦采取与网格化相结合的方式开展法庭工作。武安、鸡泽等地法院聘请乡镇"一委三中心"工作人员及部分村"两委"干部为人民陪审员，建立调解员名册，整合法庭司法辅助人员、乡镇综治干部、乡村诉讼联系人等资源，建立常态化联调平台。利用他们熟悉社情民意、群众威望高的优势，重点调处婚姻、赡养、宅基地等传统民间纠纷，将大部分矛盾纠纷化解在诉前。同时，注重对群体性纠纷及时进行摸排、登记，加强与乡镇党委政府和村"两委"的沟通协调，形成信息互通、优势互补、协作配合的纠纷解决互动机制。

3. 积极指导人民调解，实现优势互补

峰峰矿区、肥乡区打造品牌调解室帮助化解纠纷矛盾，积极发挥人民调解员的引领作用，促进人民调解队伍品牌化、专业化。其中比较典型的有峰峰矿区和村人民法庭的"白全林调解室"和设在法院立案庭的"陈亮调解室"以及肥乡区的"路志东中心调解室"。白全林是全国模范民调员，29年如一日解民忧、释民惑，探索出独具特色的白全林调解法。陈亮利用丰富的调解经验和社会阅历，总结概括出"诉前调解十步法"。路志东退休后，经常热心帮助村民调解"姻缘、地缘、情缘、邻缘"等纠纷，深受群众信任，路志东中心调解室连续被评为市级"十佳"品牌调解室。三个调解工作室年均调解案件近200件，成功率在80%以上，协议履行率在90%以上。通过发挥人民调解员连接司法制度与民间社会生活的纽带作用，使诉讼和民调相辅相成，从根本上减少了矛盾纠纷的发生，彰显了司法和谐和民生司法的内涵。

4. 开展巡回审判，注重普法宣传

再比如丛台、武安开展的巡回法庭。丛台因地处市区，在市区街道办并没有设立固定的法庭办公地点，一方面因为市区繁华，地价高昂，办公地点不便协调；另一方面是因为交通便利，方便机动办公。丛台法院通过建立健全与各乡镇街道政法委员会对接机制，主动融入党委领导、政府负责、社会协同的社会治理体系。利用巡回法庭模式，与公安、司法等部门共同参与乡街征地拆迁、房地产遗留、信访等疑难问题和突出矛盾的化解工作。武安法院亦根据其旅游城市特点，在旅游景点附近设置旅游巡回法庭，通过将审判关口前移，把审判重心下移，把审判力量下沉，力争把问题解决在田间地头，把矛盾化解在纠纷现场。同时开展法律咨询、宣传等活动，积极协调化解游客纠纷，广受游客赞誉。

5. 完善制度保障，健全考核机制

大名、复兴等地法院建立完善的人民法庭工作流程，明确工作职责，制定岗位责任制度、人民陪审员工作日志制度、法庭考勤制度、纠纷调处台账制度、工作档案归档制度等各项管理制度，将诉调对接工作纳入乡镇综治考核，使法庭工作有迹可查，复兴区甚至将"一委三中心"对乡镇法庭的考评作为年终考核的重要参考因素，明确"一乡（镇）一法庭"是人民法院与"一委三中心"建立调解衔接的工作站，驻庭特邀调解员是诉前化解矛盾的主力军，推进诉前调解工作制度化、规范化，打造开放型、创新型的协同治理模式。

三 "一委一庭三中心"发展困境与限制

（一）人员配置及经费保障不足问题突出

邯郸市中级人民法院曾针对"一委一庭三中心"进行专项调研，调研座谈时，许多基层人民法院的法庭负责人均表示法庭人员编制以及经费保障不足，除中心法庭具备编制之外，大部分乡镇法庭均没有固定编制。编制与经费不足会造成以下五个问题：一是乡镇法庭工作人员不固定，工作人员更换调整频繁，导致队伍不稳定；二是乡镇法庭负责人均无与职责相匹配的编制职位，中心法庭庭长的职位级别一般为副科，乡镇法庭负责人仅是基层法院任命，并无任何职级，负责人难免会有"名不副实"之感，导致乡镇法庭负责人缺乏工作热情以及积极性，法庭工作难以推进；三是因法院本身编制有限，选派的法庭负责人（法官或法官助理）均身兼法院、法庭双重工作，且日常工作繁忙，法官案件量大，法官助理亦身负重任，法庭负责人工作压力大，难以两头兼顾；四是没有独立的经费预算以及专项人员开支，许多乡镇法庭无专门驻庭工作人员，影响法庭职能发挥，驻庭调解员或专职调解员工资固定且普遍不高，无法充分调动工作人员调解积极性；五是法庭负责人经常法院、法庭两头跑，因无经费预算，法庭负责人无专项路费补助，经常自掏腰包补贴，影响工作积极性。

（二）人民陪审员（兼职调解员）队伍法律素质有待提升

人民陪审员（兼职调解员）虽具备来自基层、熟悉社情民意、群众工作经验丰富的优势，但普遍文化程度不高、法律知识和素养相对缺乏，网络办公操作不熟练，这在一定程度上影响了矛盾纠纷处理的法律效果和社会效果。

（三）个别地方党委、政府支持力度不够

部分地区乡镇党委对"一委一庭三中心"工作不够重视，仍存在矛盾化解是法院"本职"责任的片面看法，风险意识与防范意识不足，遇到矛盾纠纷一味地往司法机关引导，导致矛盾不能在萌芽阶段得到化解，在化解矛盾时也未积极与乡镇法庭配合，导致矛盾化解效果不理想。在磁县召开座谈时有法庭负责人反映"乡镇书记不重视法庭工作，虽然法庭想融入乡镇综合治理工作，但乡镇书记和政府不能提供相关支持，不好沟通，法庭工作难以开展，形同虚设"。部分乡镇张贴招牌也是"一委三中心""综合治理中心"而非"一委一庭三中心"，导致群众也只知"一委三中心"不知"一委一庭三中心"，导致乡镇法庭无法充分发挥职能作用。

（四）考评机制相对滞后

未建立统一的考评机制以及管理办法，部分"一委一庭三中心"未贴示工作流程图以及工作制度、值班人员表等信息。而且本次调研时间有限，调研、参观的乡镇法庭均系各基层法院指导参观，是当地工作开展较好的法庭，各地乡镇法庭工作实际开展情况难以全面了解。对乡镇法庭的考核未实现制度化、常态化，各基层法院虽然采取了形式多样的举措，但发展不均、实效不一。

四　"一委一庭三中心"的健全与完善对策

（一）强化党的领导，完善多部门配合，健全考核机制，推动完善党委主导的多元化解纠纷大格局

要想充分发挥"一委一庭三中心"参与基层综合治理的职能，不仅需要乡镇法庭功能的发挥，更需要乡镇各部门的积极配合、人民群众的大力支持。而完美统合各方力量的关键就在于强化党的领导，应明确"党委统揽、部门联动、强化县级、突出乡镇"的工作思路，不断完善党委主导的多元化解纠纷大格局。同样乡镇法庭也要主动争取党委、政府的支持，积极融入"一委一庭三中心"建设，推动各县（市、区）党委加强对"一委一庭三中心"的组织领导，将机构设置、人员配备、经费保障、诉前调解纳入年度工作考核内容。同时不仅将"一委一庭三中心"建设情况纳入法院对于乡镇法庭的考核范围，也将其纳入县委、县政府对于乡镇党委、政府的工作考核范围，建立双向考核机制，充分发挥职能。

（二）落实职级待遇，加强经费保障

根据河北省机构编制委员会办公室《关于基层法院派出人民法庭庭长高配为副科的通知》（冀机编〔2006〕47号），乡镇法庭庭长（符合副科

级、二级法官或四级法官助理任职条件）职级按副科级配备，享受副科级待遇。各基层法院应主动与县（市、区）党委加强联系，利用省、市相关文件政策，在人员编制、经费等各方面积极争取党委支持。如曲周县人民法院在省、市两级法院大力推广"一乡（镇）一法庭"之时即主动联系地方县委，争取县委在编制待遇方面给予支持，成功给南里岳等6个新设立的乡镇法庭争取到庭长（股级）编制。同时也要加强经费保障，基层人民法院要根据乡镇法庭工作任务、人员配置、装备配备和信息化建设需要，做好乡镇法庭专项资金年度预算编制工作，积极争取当地党委、政府、政法委的支持，建设好四级政法专网。对驻庭的调解员（陪审员、书记员）可采取政府购买服务方式，按照地方经济水平保障其基本工资待遇；对于法庭负责人，可从基层法院绩效奖金中专列部分资金，建立"基本工资＋以案定补或以奖代补"等福利待遇制度，提高乡镇法庭负责人的积极性。

（三）强化法庭队伍建设，建强专兼结合的人民调解员队伍

一是加强培训工作，提升法庭工作人员业务水平。定期开展乡镇法庭庭长轮训，确保庭长每年接受业务培训时间不少于7天。对乡镇法庭工作人员要分类培训，充分发挥法院各级培训机构的主导作用，积极利用其他培训机构和高等院校的培训资源，通过多种方式促进乡镇法庭工作人员整体素质的提高。二是优先从具有乡镇法庭庭长任职经历的人员中选拔基层人民法院中层正职，确保乡镇法庭的职位能够吸引优秀人才。三是乡镇应配2名以上专职人民调解员，作为"一委一庭三中心"常驻工作人员，其主要负责矛盾纠纷排查调解和中心日常接待工作。健全专业调解组织，对调解员定期进行技能培训。加强业务指导，推动市、县两级医疗、交通、环保、物业、保险、旅游、劳动保障、国土资源等行业性、专业性调解组织规范提升。

B.12
"法官进社区"模式的理论升华与制度支撑

——基于河北法院实践的多维度观察

高　娟[*]

摘　要： 河北法院"法官进社区"的实践是完善预防性法律制度、坚持和发展新时代"枫桥经验"的具体探索。在方法论上，其将顶层设计与基层改革创新、大胆探索结合起来；在认识论上，着力解决好改革设计方案同实际相结合的问题；在价值论上，更加精准地对接基层所盼、民心所向。为了进一步加强"法官进社区"的制度支撑，需要健全领导组织制度，继续完善具体的实施制度和保障制度，进一步以制度建设丰富工作内容，建立科学的考核与督导检查制度。

关键词： 法官进社区　枫桥经验　多元化纠纷解决机制

2020 年 11 月，习近平在中央全面依法治国工作会议上要求，"完善预防性法律制度，坚持和发展新时代'枫桥经验'，促进社会和谐稳定"[①]。这也是习近平法治思想的内容之一。河北法院的"法官进社区"实践是完善

---

[*] 高娟，西北政法大学博士研究生，就职于涿州市人民法院，西北政法大学枫桥经验与社会治理研究院研究员，研究方向为民商法学、社会治理。

[①] 《促进社会和谐稳定——完善预防性法律制度》，中国人大网，2021 年 2 月 3 日，http://www.npc.gov.cn/npc/c30834/202102/c619e855bbd6412e84bf67a15138d091.shtml。

预防性法律制度，坚持和发展新时代"枫桥经验"的具体实践，也是市域社会治理的重要组成部分。多年来，河北法院不断创新参与城市基层社会治理的体制机制，在党委领导和政府支持下，坚持司法为民宗旨，以"法官进社区"为载体，在服务群众"最后一公里"上想实招、办实事、求实效。与人民调解、行政调解、行业调解等社会力量一道，形成多调联动，多种纠纷化解机制一体运作，积极推进基层社会治理现代化，为城市基层社会治理提供法治保障，努力打造人人享有的社会治理共同体。

一 河北法院"法官进社区"的具体实践样态

河北省各级法院以"法官进社区"为契机，从司法作风、审判质效、廉政建设入手，采取多种形式着力破解群众反映强烈的"六难三案"问题。已经陆续开展的"法官进社区"活动，取得了一定成效。

（一）横向推进

就中院而言，目前，各中院开展的进度不一，并非齐头并进，有的中院暂时领先，对这项工作进行了专门部署，如自2015年以来，承德中院就与市综治办联合出台了《开展"法官进社区"活动实施方案》，该方案明确了十项职责，强化了六项举措。就基层法院而言，目前全省约62个基层法院已经开展此项工作，约占全省法院总数的37%。其中有的基层法院已深入开展，持续多年，已形成相对完善的制度机制，取得了良好的效果，可以作为典型经验在全省推广。有的基层法院如蜻蜓点水，偶尔进入社区进行法制宣传，赠送一些法律图书，解答一些法律问题，没有形成长效机制，成效并不明显。总的来说，"法官进社区"工作还没有形成社区网点的全覆盖，呈不均衡发展态势，在发展中存在薄弱环节。由点到线、由线到面，全面开花的格局还没有形成。有的法院还没有充分开展工作的原因在于，一是对活动的重要性认识不足，理念上存在偏差；二是强调法官人数不足，审判任务较重，认为没有足够人数的法官和足够的时间参与社区活动。

（二）纵向推进

一些法院思路清晰，方向明确，在服务群众"最后一公里"上想实招、办实事、求实效。

1. 抓落实

将此项工作列入重要议事日程，纳入"一把手"工程和综治工作内容，列入法官年度工作考核范围。加大物质和资金投入，配备法律服务的硬件设施。石家庄中院组织本院和主城区法院法官进社区、街道、企业、校园开展活动 218 场次，涉及 3628 人次，栾城区法院抽调 21 名法官担任驻乡镇法律顾问，矿区法院建立"法官社区联系人"制度，使工作人员走进社区服务群众。

2. 抓宣传

加大宣传力度，方式方法多种多样，形成良好氛围，扩大了公众的知悉范围。唐山市玉田县人民法院通过加强宣传来扩大影响。运用散发宣传册、开办电视台专题节目、提供法庭电话咨询等方式进行舆论宣传，让老百姓知道有了纠纷先去哪儿解决，解决不了再去哪儿解决，不再一有纠纷就只去找法院。海港区法院采取"走出去、送上门"的方式，积极开展宣传活动。巡回法官在节假日走进社区，发放宣传单，同时法官也深入学校、企业，开展有针对性的宣传。

3. 抓执行

有的法院成立了组织进行强力推进，深入调查研究，了解社情民意，畅通民意沟通渠道。如承德市双滦法院自 2013 年开始推行"一心六环"多元化服务群众工作架构，在党委领导和政府的支持下，其主动争取街道办事处和社区工作站的配合，重点进行简易程序民事纠纷调解、人民调解司法确认、民调组织培训、法制教育宣传、成诉与非诉纠纷化解渠道分流和衔接等 13 项工作，使司法为民更加面向基层、贴近百姓，让人民群众切身感受到司法的温暖。

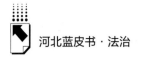

（三）主要成效

如今全省法院的"社区法官"，通过走访、宣传、参与、指导等司法服务，成为化解社区纠纷的"灭火器"。及时就地化解纠纷，指导、帮助化解矛盾，从源头上减少和预防矛盾纠纷，有效地在法院和社区群众之间搭起一座连心桥，取得了良好的法律效果和社会效果。

1. 从源头化解纠纷

办案理念由"案结事了"向"案未立事已了"延伸，按照"速调、速立、速裁、速执、速结"的工作原则，将社区群众的一大批邻里纠纷、婚姻家庭矛盾以及突发性、群体性纠纷化解在萌芽、基层和第一时间，力争小事不出社区，大事不出街道，实现服务的短、平、快，社区矛盾纠纷就地化解，并由此实现息诉。通过跨前一步消除矛盾纠纷，切实为一线审判人员减轻负担，节约司法成本。比如，沧州市2011年所辖16个基层法院诉前调解收案3644件，调解成功3181件，调解成功率达87.29%；2012年诉前调解收案6304件，调解成功5217件，调解成功率达82.76%；2013年调解成功5833件，调解成功率达83.3%；2014年诉前调解成功5109件，调解成功率为82.45%。石家庄市桥西区法院诉前化解医疗损害责任纠纷类案件效果明显，收案形成"两头趋零、中间趋少"（小纠纷有效预防、大纠纷提前解决、中间纠纷的数量呈下降趋势）的局面，2014年结案率上升7.55个百分点，判后无一上访。秦皇岛市青龙县法院依托"五大员"构建矛盾调处大网络，目前，全县已出现多个无讼社区。

2. 提升公信力

法官深入基层，通过多种多样的形式提供便民利民的法律服务，进百家门、知百家事、解百家难，了解社情民意，主动提供零距离服务，切实为居民解决困难，加深了法官与居民之间的了解，赢得了居民的信赖、认同与尊重。开展"法官进社区"活动的法院的息诉服判率、调撤率实现了稳步提升，该活动增强了群众对法院工作的信任，提升了司法公信力，减少了不必要的上访。唐山市玉田法院的"三级调控网络"机制作用发挥明显，将人民调解、行政调解、司法调解有机结合在一起，形成统一的法律服务网络，层层过滤纠纷，全县呈现经济增长、矛盾可控、社会和谐的良好局面，初信初访案件减少，社会发展进入了良性循环轨道。

3. 促进社区和谐

以案释法、宣传法治，增强了社区居民学法、守法意识，减少了矛盾纠纷的发生，实现了法律的评价、预测、指引、教育功能，影响了人们的价值观念，使其对是与非、罪与非罪、合法与非法有基本的认知，对自己的行为做出判断。将普法融入案件审理过程中，发挥了良好的指引作用，引导居民自觉遵守法律，尊重公序良俗，提高法律素养，依法行使权利，自觉履行法律义务，从根源上化解矛盾。"法官进社区"工作与社区治理融为一体，促进了社区和谐，维护了社区稳定。海港区法院与社区联动的"法官进社区"巡回服务新模式，拓宽了矛盾纠纷化解渠道，提升了社区管理法治化水平，切实解决了服务群众"最后一公里"的问题，方便了群众诉讼，又有效化解了社区的各类矛盾纠纷，营造了和谐稳定的社会环境。

二 河北法院"法官进社区"的主要做法

河北法院把"法官进社区"活动纳入基层社会综合治理的大格局中进行统筹推进，以"法官进社区"为平台和抓手，传递法治声音，弘扬法治精神，采取多种形式有效化解群众矛盾纠纷，夯实基层法治建设根基。

（一）组织机构

法院通过建立组织机构，具体负责推进"法官进社区"的各项工作。

1. 建立"法官工作室"

如沧州市盐山县法院同辖区居委会建立直接联系机制，在每个社区建立"法官工作室"，设立法官工作联系牌，公布法官照片、联系电话和服务承诺。"法官工作室"的法官被称为社区法官，每个社区设一名社区法官，负责联系社区，致力于化解社区矛盾。社区法官以法官组为单位，到各街道负

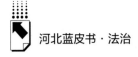

责"法官进社区"活动的组织、协调工作。

2. 搭建诉调对接平台

沧州市搭建以"人民法庭＋人民调解室"为模式的诉前调解与诉讼对接平台，河间、任丘、献县、盐山等法院在原有人民调解室的基础上，又设立了调解室，进一步扩大人民调解室的机构体系，诉前调解工作进一步深入基层；吴桥、黄骅、新华等法院在工商、住建、交警、医院、工会、妇联等有关部门和社会团体中设立了专业调解室或诉前调解联系点，对消费纠纷、物业纠纷、交通事故、医患纠纷、劳动争议等类型化纠纷进行化解。唐山市玉田县人民法院设立了"三级调控网络"，第一级调控网络主要由人民法院指导基层综调组织，化解血缘、地缘关系紧密的简单纠纷，实现了简单纠纷早解决。第二级调控网络主要是借助综治、维稳、信访等平台，由人民法院协调、指导乡镇综调组织解决一些群体性、敏感性、政策性强的纠纷。第三级调控网络即由人民法院对第一、二级网络不能解决的纠纷，如权属确认、合同借贷、交通事故等进行调判。经过前期的调处，双方当事人把解决纠纷的希望寄托于诉讼，基于法官较高的权威性，立案调解具有一定基础。"三级调控网络"的经验得到最高院的肯定，唐山玉田法院被确定为全国多元化纠纷解决机制示范法院。

3. 选聘司法联络员

社区司法联络员是联系社区与社区法官的纽带，负责向社区法官反映本社区社情民意、纠纷动态及法律需求；向社区及所属街道办相关部门报告、请示批准社区法官拟开展的社区法律服务工作；向社区群众宣传"法官进社区"活动。每个社区设一名司法联络员，社区司法联络员一般由社区工作站负责人、人民调解委员会主任或了解社区纠纷全面情况的基层工作人员担任，由社区工作站推荐，法院审查和聘任。

4. 建立社区巡回法官团

秦皇岛海港区法院从各庭选派若干业务骨干为社区巡回法官，组成社区巡回法官团。其中分设民一、民二、民三、民四、长城、海港、东港、西港、海阳9个小组。每组设负责人一名，法官2～5名。每组对应相应的镇、街，该镇、街所辖社区及村委会为该组直接联系社区，每组有对应的服务专业。法官走访社区居民，听取社区群众的反映，向社区群众发放服务卡，社区需要法律帮助时，可直接联系相对应的负责人，对应组随时为群众提供法律服务，及时解决出现的矛盾纠纷。

（二）工作机制

通过建立工作机制，保证"法官进社区"各项工作的顺利进行。

1. 建立法官与社区常态联系机制

其一，建立法官联系点制度。每名法官联系一个社区，以点带面，保持与居民的经常联系。包社区、包街道的法官深入社区，根据领导小组部署或者街道办有关部门的建议，部署社区法律服务工作。石家庄市桥西区人民法院由法院领导班子成员和 24 名庭长分包辖区 17 个街道办事处，建立了常态化的联系机制。其二，建立司法服务站，在每个社区建立司法服务站，实行统一管理，每站配备两名轮值法官，并明确一名党组成员包站监督指导。廊坊市开发区法院的司法服务站设在社区物业办公室内，与社区物业合署办公；廊坊市广阳区法院依托伊奥杰志愿者协会，在 19 个调解志愿者协会分会和 3 个调解志愿者工作站设立了司法工作服务站。

2. 建立法官与社区司法联络员协助工作机制

社区司法联络员协助法院开展法制宣传、诉外调解、社情调查、应急处理、案件执行、社区矫正、案件跟踪回访等工作，反馈社会评价，了解司法需求。法官负责培训指导，定期对司法联络员进行业务培训，讲解法律知识，传授调解技巧，提升司法联络员的协助能力。张家口在全市法院管辖范围内的社区择优选聘诉讼执行联络员 26 名，其负责协助送达、提供被执行人财产、流动信息等工作。

3. 建立法院与基层组织的沟通联络制度

加强与基层组织的配合协作，调动社会力量，解决矛盾、修复社会关系。一方面，在组织力量上进行沟通合作。与街道办事处、居委会、人民调解组织、社区工作志愿者队伍沟通联络，做到工作联动、纠纷联调、问题联

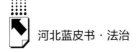

治，形成矛盾调处的新合力。另一方面，在信息预警上沟通合作。与基层组织建立双向信息反馈制度，及时了解情况，充分利用基层组织情况熟、信息快的优势，深入细致做好矛盾纠纷的研判预警工作，早发现、早化解，防止纠纷升级。

4. 建立联动调处机制

实行调解联动，解决社区矛盾纠纷首选调解的方式。充分调动社区干部和基层调解员的积极性，利用他们了解案情和乐于调和的优势，与之协调配合做好调解工作。当社区出现纠纷或发现矛盾有激化苗头时，社区干部应及时与巡回法官联系，法官第一时间指导调解，形成法院和社区联动，基层群众、社区干部与法官共同参与的矛盾纠纷调解联动机制，将纠纷化解于萌芽状态。

5. 建立宣传长效机制

把宣传作为推动"法官进社区"活动的重要组成部分，加大宣传力度，不断提升宣传服务"法官进社区"活动的能力，采取灵活多样的形式，营造良好的舆论氛围。利用报纸、电台、电视台、网络、微博、微信等传统媒体和新兴媒体进行多角度报道，增强宣传的渗透力、辐射力，做到家喻户晓。在加强对外宣传的同时，要做好法院系统内部的经验交流与学习。

（三）工作内容

1. 送法进社区

提供法律指导和帮助、协助信访稳控、组织民调员培训、进行法律宣传及诉讼引导等服务，把法律送到群众的家门口。针对多发易发的家庭邻里纠纷、债务纠纷、劳资纠纷、物业管理纠纷等案件，为社区群众宣讲法律知识，为社区学校、企业提供法制教育课课程。举办法制讲座、现场解答法律咨询、调处简单纠纷、举办法律讲堂、赠送法律图书资料、发放普法宣传单等。深入开展"送法进校园"活动，指导大学生开展"模拟法庭"活动，使广大学生学以致用，学用结合。如张家口市桥东区人民法院的法官进社区开展了扫黑除恶专项斗争的宣传活动。55 名法官、法官助理深入辖区的 2 个镇 1 个乡 5 个办事处 46 个社区 48 个行政村，连续 10 天普及关于黑恶势力违法行为的法律知识，并分发了1000余份宣传资料。通过宣传，提高了群众对扫黑除恶斗争的知晓度，动员广大群众积极检举揭发涉黑涉恶违法犯罪活动，推进扫黑除恶专项斗争向纵深发展。香河县人民法院家具城法庭的法官到新开社区，开展了以"创无诉讼乡镇村街，享和谐美好生活"为主题的送法进社区宣传活动，将法治宣传与维权服务送到家门口。

2. 巡回审判

在社区设立巡回法庭，就地开庭审理案件，并在案件宣判后开展以案说法活动，对群众进行法治教育。实现巡回审判进社区，预约办案进社区，上门办案进社区。张家口市沽源县人民法院交通巡回法庭参与调解道路交通事故案件119件，协助调解120件，最后进入诉讼程序的仅96件，主动为群众快捷、高效地解决道路交通损害赔偿纠纷。唐山市曹妃甸区人民法院充分借助审判服务站这一前沿平台，大力推进巡回立案、办案工作。群众如有纠纷，可随时与当地特约调解员联系，由调解员代为收案，先行调解，亦可预约法庭上门立案、开庭调解。秦皇岛海港区人民法院实行就地办案制度。"涉弱"案件实行巡回审理，就地办案；为方便当事人诉讼，涉及继承、赡养、相邻关系等的纠纷案件，到当事人住所地或者案发地开庭审理，以案说法，可谓审理一案、教育一片。

3. 指导工作

其一，指导社区司法联络员开展工作，指导社区司法联络员依法开展法制宣传、诉外调解、社情调查、应急处理、社区矫正等工作。其二，指导人民调解，为社区调解委员会及人民调解员进行人民调解提供法律咨询。根据人民调解过程中的各类热点、难点问题，在征求社区意见的基础上，制定培训计划，通过授课、案例研讨、庭审旁听等多种形式，对社区人民调解员及相关工作人员进行业务指导和法律培训。海港区人民法院定期开展专题培训、法学讲座，帮助调解人员掌握调解的基本方法和技巧，结合调解组织工作实际，选择典型案例，邀请人民调解员、人民陪审员、居委会主任旁听庭审，听取和解答旁听后的意见和问题，以案释法，提高调解人员对处理类似纠纷的感性认识。

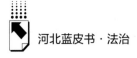
4.了解社情民意

开展调查研究，了解社区基本情况。深入企业走访，解答企业在生产经营中遇到的法律问题，并就法院如何更好地为企业服务进行座谈交流。深入社区走访，就法官进社区工作进行对接，协助各街道办事处化解各类纠纷。深入医院走访，医疗纠纷专业审判庭的法官对医院进行走访，征求医院对法院工作的意见和建议，进一步细化和规范医患纠纷调解机制。如石家庄市桥西区人民法院的院领导带领 17 个巡回法庭的庭长和诉调对接中心的工作人员，深入所分包的 17 个街道办事处对接走访，配合区委、区政府推进"红色物业"工作，提供法律服务，了解辖区内的小区物业管理及纠纷情况，将辖区所有村（居）委会主任拉入工作对接微信群，方便及时沟通联络，及时化解矛盾。截至 2019 年 11 月 22 日，该院共派出 31 名法官走访了辖区 17 个街道办事处，发放物业服务法律知识明白纸 1700 余份，对一起物业纠纷进行了现场研究，活动取得初步成效。秦皇岛北戴河区人民法院与社区携手共建和谐美好家园，在辖区内的 9 个社区都设立了党员法官志愿服务站，及时了解社情民意、掌握纠纷动态，开展普法宣传、释法答疑、就地调解纠纷活动。这不仅拉近了法官与社区居民的距离，为社区居民提供面对面的法律服务，而且也提高了居民法律素质，加强了社区法治化管理。

三 河北法院"法官进社区"模式的理论思考

2020 年 11 月召开的中央全面依法治国工作会议提出要完善预防性法律制度。党的第十九届四中全会指出："必须加强和创新社会治理，完善党委领导、政府负责、民主协商、社会协同、公众参与、法治保障、科技支撑的社会治理体系，建设人人有责、人人尽责、人人享有的社会治理共同体，确保人民安居乐业、社会安定有序，建设更高水平的平安中国。"[①] 这些都为

---

① 《为社会治理提供有力科技支撑（有的放矢）》，人民网，2020 年 2 月 19 日，https：//baijiahao. baidu. com/s？id=1658912098494695627&wfr=spider&for=pc。

法院参与城市社区治理指明了方向。使社区治理走向制度化、规范化，需要体制、机制及制度的完善，涉及更深层次和更广阔领域内资源配置及程序运作的问题，需要在前期实践经验的基础上进行再思考、再认识、再发展。

（一）在方法论上，将顶层设计与基层改革创新、大胆探索结合起来

要落实中央关于城市基层治理的顶层设计，既需要基层法院统筹兼顾，又需要立足省情、市情、县情，因地制宜、自主创新，使顶层设计与地方创新实现融合。为此，应承认地区的差异性，在决策中树立多样性的理念，做出有针对性的创新举措，提升政策执行的效果。在城市基层治理中，基层法院是执行者，也是问题的预警者，能够第一时间感知到问题所在。发挥基层法院参与城市社区治理的主动性、创造性，有助于及时解决问题，控制社会风险，也能为政策的制定提供“营养”。习近平总书记指出：“中央通过的改革方案落地生根，必须鼓励和允许不同地方进行差别化探索”，“要把鼓励基层改革创新、大胆探索作为抓改革落地的重要方法”。[①] 这需要决策者提高决策制定与执行的科学性，明确改革方向和边界，将目光投向基层法院和基层治理的需求和实际情况，尊重客观情况，尊重规律，为基层法院自主创新提供更大的空间和制度保障，为基层赋权，配置相应的人财物，实现权力、责任和资源的匹配，使地方敢于变通、大胆探索。

（二）在认识论上，着力解决好改革设计方案同实际相结合的问题

习近平总书记指出，要坚定不移走中国特色社会主义社会治理之路，坚持和完善共建共治共享的社会主义治理制度，完善党委领导、政府负责、公众参与、法治保障、科技支撑的社会治理体系，建设人人有责、人人尽责、

---

① 《习近平谈基层改革：改革方案要落地生根　把改革落准落细落实》，中国共产党新闻网，2015年10月14日，http://cpc.people.com.cn/xuexi/n/2015/1014/c385474-27696927.html。

人人享有的社会治理共同体。① 构建现代化的城市社区治理体系，需要坚持问题导向，抓住主要矛盾和矛盾的主要方面，解决基层法院创新工作中利益调整的阻力问题，解决推动政策落实的责任担当问题，实现法院参与城市基层治理的体制机制创新，构建组织健全、制度规范、主体多元、功能齐备、便捷高效的运行机制。区分不同情况、实施分类指导，能够提高法院参与城市基层治理工作的有效性。及时对既有实践进行总结评估，对行之有效的经验做法进行总结提炼，完善制度规范，在面上推广是提升社区治理水平的关键。

（三）在价值论上，更加精准地对接基层所盼、民心所向

城市社区治理体系现代化是国家治理现代化的基础，事关社会和谐稳定，事关民生福祉。探索和构建更加有效、适应性更强的社区治理体系，关键在于法院要立足社区的实际，把创新举措落准落细落实，更加精准地对接社区治理发展所需、基层所盼、民心所向。这是在中国基层社会进行的一场可复制的变革，是基层社会在社区治理现代化中寻找"中国特色"之魂的过程，从中可以看到基层法院改革创新的巨大潜力和价值。在实践中，法院建立多样化、多层性、多类型的社区治理参与形式需要构建治理体系以及参与社区治理的组织体系、制度体系、功能体系、评价体系，并在实践中不断加以完善。需要不断增强法院参与社区治理的能力，提升对社会主体、各方资源的战略统筹能力。健全群众的诉求表达机制、利益协调机制、权益保障机制，拓展群众解决纠纷的渠道，增强群众的获得感、幸福感、安全感，这也是法院参与社区治理的价值追求。

四 进一步加强"法官进社区"制度支撑的建议

已有的实践告诉我们，制度是推进工作的有力保证。各地的经验表明，

---

① 《走中国特色社会主义社会治理之路》，人民网，2018 年 1 月 3 日，http：//theory. people. com. cn/n1/2018/0103/c416126 - 29743652. html。

有效推进"法官进社区"活动必须针对社区矛盾纠纷的特点开展工作，有的放矢。做到领导重视有力度，制度健全有深度，扩大试点有广度，资金投入有保障。

（一）建立领导组织制度

建立领导组织制度是推进社区治理的重要保障，也是有效开展工作的关键，领导高度重视，精心组织，结合实际，将促进工作的全面推动落实。一是思想认识到位。意识到扎实深入推进"法官进社区"工作，可以在诉前解决大量纠纷，减少立案数量，减轻审判负担，法院推进这项工作就会有动力，进而形成良性循环，由此法官的积极性也将提高。二是建立领导组织制度体系。为了确保组织领导到位，有的是在中院成立领导组织，层层传导，适时督促，促进基层法院的组织建设。组织制度建设包括成立由党组书记、院长任组长，党组副书记、副院长任副组长，其他班子成员为成员的工作领导小组，下设办公室，具体负责组织落实、对上联络和对下指导工作。三是制定执行制度。推进"法官进社区"的前提是研究部署到位，制定相应的实施制度，保证制度可以落地、实施到位。这需要党组高度重视，以制度建设促进提高"法官进社区"活动参与市域治理的实效，真正做到治理有效。有的法院多次召开党组会、专项工作会议，对工作进行再动员、再部署，统一思想认识，制定实施方案，明确任务分工、时序进度、工作责任。四是建立督导制度和科学的考评制度。工作领导小组成员定期深入基层进行督导。将参与市域治理的工作列入年终考核指标体系、制定科学合理的考评体系，对工作有很大的推动作用。

（二）完善具体的实施制度

完善具体的实施制度是保证规范化运行的关键，建立长效机制，关键在于科学、合理的制度设计，在于制定完备的工作制度、工作机制、工作内容、工作方式。如沧州中院出台了《沧州市医疗纠纷处置办法》等多项规章制度和指导意见，使诉前调解以及诉调对接工作有章可循。唐山曹妃甸区人民法院为使服务站工作走上程序化、规范化、常态化的"健康"轨道，与司法局联合下发了《关于建立诉前调解与人民调解对接机制的意见》，制定了《关于建立审判服务站的实施方案》等规范性文件，对调解的指导思想、工作原则、工作机制和调处范围等做了详细的规定；出台了《特约调解员工作办法》，严格规范调解员的选聘和管理过程。特约调解员参与调解的案件，实现了"三零"：调解后再审案件为零，涉诉上访为零，矛盾升级为零。从中可以看到制度的力量，只有在实践中不断完善制度，形成适应居民、适应社区、适应法院、适应社会的制度体系，才能保证工作有进展而且成效显著。

（三）以制度建设丰富工作内容

以制度建设丰富工作内容是促进有效治理的重要方式。社区纠纷与农村纠纷各有特点，"一乡一庭"和"法官进社区"的服务对象和工作内容以及功能实现方式有所不同。河北法院推进的"一乡一庭"工作旨在为乡镇农村提供司法服务，面对的农村纠纷多为征地拆迁、林业产权、土地承包转让、农村宅基地纠纷等。"法官进社区"区别于"一乡一庭"，旨在为城市社区居民提供司法服务，社区纠纷多为物业、医疗、交通事故、劳资矛盾纠纷等，因此需要针对社区的特点有的放矢，采取灵活多样的工作方式。根据社区不同特点，制定相应的法律服务方案，提供差异化法律服务。一是制定"法官进社区"的具体实施方案。提高规范化和制度化水平，实施方案包括以下内容。其一，加强组织领导，强化工作责任。成立"法官进社区"活动领导小组，负责活动的统一组织部署，确定领导小组成员分管片区范围，分管领导定期对分管片区的"法官进社区"活动进行巡查指导。其二，制定完备的工作制度、工作机制、工作内容、工作方式，明确社区法官工作准则。其三，根据社区的不同特点，制定相应的法律服务方案，提供差异化法律服务。二是制定系统的"诉调对接"制度体系，建立"诉调对接"的跟踪管理机制，衔接诉前与诉讼工作，形成"诉调对接"的新常态。石家庄市桥西区人民法院设立"医患纠纷调解室"专门调解医疗纠纷，秦皇岛市保险行业协会与海港区人民法院建立秦皇岛市保险合同纠纷人民调解委员会，负责调解全市因保险合同引发的矛盾纠纷。这些丰富的工作内容是推动城市市域治理发展的不竭动力。

（四）完善保障制度

河北法院的"法官进社区"实践展示了制度的魅力。可以看到，夯实基层基础的一项重要工作就是做好保障工作，为此应建立一系列制度来保障工作的运行。一是建立资金保障制度。应加大资金投入，在法院年度预算经费中增列"法官进社区"活动专项经费，主要用于社区司法联络员专项补贴和其他必要开支。这是此项工作的重要物质保障。二是建立矛盾纠纷奖励基金制度。积极探索确立调解人员补贴办法，以激励和保障调解员工作。三是建立培训制度。加强职业培训，采取组织庭审观摩、定期不定期培训、参与个案共同调解和对调解进行具体指导等形式，加大培训指导力度，提高调解能力和规范化水平。四是建立舆论宣传制度。开展"法官进社区"活动，要与宣传机关、新闻媒体保持良好互动关系，从而受到人民群众的欢迎并取得良好社会效果，为此要及时总结经验，多渠道宣传推广，努力做好舆论引导工作，着力增强人民群众对司法为民的认同感，引导群众理性维权。运用报纸、电台、电视、网络等媒体展开宣传，尤其要对各地法院的亮点与特色、群众的评价与反映，进行集中报道。

（五）建立考核与督导检查制度

一是建立考核制度体系。加强考核评比，明确奖惩标准。社区法官应做好工作记录，每季度报告"法官进社区"活动的开展情况，提交年度工作总结，将社区法官工作情况纳入部门及个人考核体系。二是建立督导检查制度。领导小组对"法官进社区"活动开展情况进行督促检查，每季度进行情况通报，总结推广好的经验做法，对工作落实不到位的部门及人员进行通报批评。

河北法院"法官进社区"活动得到有效推动的关键因素是有制度支撑。

实践表明，制度建设很重要，但是更重要的是制度的落实与实施、提升制度的执行力。党的十九届四中全会的重要精神是加强制度建设，其特别强调了制度建设在国家治理体系和治理能力现代化中的重要性。习近平总书记指出："制度的生命力在于执行。要强化制度执行力，加强制度执行的监督，切实把我国制度优势转化为治理效能。"① 因此，不仅要加强制度建设，关键是建立制度之后要落实，不能使其停留在纸面上，制度要落在行动中，还要保证制度落实有成效。

---

① 《制度的生命力在于执行》，中国青年网，2019 年 10 月 8 日，https：//m. youth. cn/qwtx/ xxl/201910/t20191008_ 12089114. htm。

河北省民事检察监督办案结构研究报告

刘志宇*

摘　要：　当前，民事检察工作中存在的案件办理结构"倒三角"问题，在一定程度上制约了民事检察监督效力的有效发挥。本报告分析了民事检察监督办案结构的发展及认识，结合近三年来河北省案件办理情况，对民事检察监督案件的办理结构进行梳理和分析，并提出优化办案机制、加强民事检察队伍建设、完善立法等对策建议。

关键词：　民事检察监督　办案结构　再审检察

中华人民共和国最高人民检察院提出推动刑事、民事、行政、公益诉讼"四大检察"全面协调充分发展，作为"四大检察"之一的民事检察面临大好发展机遇。但民事检察工作中存在的案件办理结构"倒三角"问题，一直没有得到根本性转变，在一定程度上制约了民事检察监督效力的有效发挥。如何实现办案资源的最优化，是新形势下做强民事检察亟待解决的问题。本报告结合近三年来河北省案件办理情况，对民事检察监督案件的办理结构进行了梳理和分析，并提出了一些对策建议，希望对今后的民事检察工作有所启示。

---

* 刘志宇，河北省人民检察院第六检察部三级检察官助理，研究方向为检察制度。

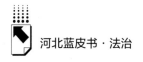
一 民事检察监督办案结构的发展及认识

（一）民事检察监督办案结构历史发展

新中国检察机关成立之初，就有民事检察职能。检察机关重建后，民事检察部门作为新成立的业务部门，对如何开展监督工作并没有明确的法律依据。1982年实施的《中华人民共和国民事诉讼法（试行）》在第十二条规定了："人民检察院有权对人民法院的民事审判活动实行法律监督。"但对监督范围、方式、程序等未做详细规定。1991年《中华人民共和国民事诉讼法》施行，在坚持人民检察院有权对民事审判活动实行法律监督的原则上，规定了人民检察院有权对生效的民事判决、裁定提出抗诉这一监督方式，并明确了监督的条件和程序，确立了民事检察监督实行"上抗下"的诉讼监督模式，即上级检察院有权对下级法院的生效裁决实行抗诉监督。当时各地检察机关将抗诉工作作为重点去抓，抗诉权向上集中也导致案件量在各级检察院呈倒金字塔结构。此后近20年时间，抗诉一直是法律授予民事检察监督的唯一手段。2001年8月，第一次全国民事行政检察工作会议确定了"两率提高、结构改变、业务规范、整体推进"的工作思路，突破了以往办案工作单纯依靠抗诉的局限性，促使民事检察工作向全面监督探索。2011年3月，最高人民法院、最高人民检察院联合发布了《关于对民事审判活动与行政诉讼实行法律监督的若干意见（试行）》和《关于在部分地方开展民事执行活动法律监督试点工作的通知》，以"两高"规范性文件的形式，确认了审判活动监督、执行监督、再审检察建议、调查核实等监督方式。2012年，《中华人民共和国民事诉讼法》修正，确定了民事检察监督的全面监督原则，通过立法将审判人员违法行为、执行活动和调解书等正式纳入检察监督范围，并新增了检察建议、调查核实等监督方式和措施。再审检察建议作为与抗诉并行的一种检察监督方式在立法上得到确认，实现了"同级审，同级抗"，由此能够有效节约司法资源，减轻抗诉权向上集中带来的负面效果。2013 年出台的《人民检察院民事诉讼监督规则（试行）》，进一步细化明确了检察机关民事诉讼监督的范围和手段，为案件的办理指明了方向。民事检察监督工作正逐步从之前的以抗诉监督为主的办案模式向多元化监督模式转变，基层院的检查监督案件数量逐步增加，案件办理整体结构较以往抗诉监督模式下的办理结构明显改善。

（二）现行法律对民事检察监督办案结构的客观影响

因《中华人民共和国民事诉讼法》规定了除最高人民检察院外，只有上级人民检察院享有对下级法院生效裁决的抗诉监督权。而基于我国现有二审终审诉讼制度和上级抗诉的检察监督层级设置，对生效裁决的抗诉监督案件更多地集中在上级院（高检院、省市级院），由此形成了"倒三角"的办案结构。此外，关于案件受理的规定也影响办案结构。1991 年《中华人民共和国民事诉讼法》确定了事后监督的模式，即当事人对法院生效的判决、裁定不服时，既可向法院申请再审亦可向检察院申请抗诉，这就导致出现了部分当事人向法院、检察院分别申诉的情况，造成了司法成本提升、司法资源浪费。为避免审判监督程序同检察监督程序混同而造成上述问题，2012年新修正的《中华人民共和国民事诉讼法》通过第 208 条、第 209 条、第210 条及第 211 条 4 个条款，进一步完善了检察机关民事抗诉的监督程序，通过设置再审前置程序，事实上确立了"法院纠错先行，检察监督断后"的顺位模式，民事检察监督由之前的"双轨制"改变为"接轨制"。又因检察机关内部主要是"同级受理"的受理模式，实际上是进一步强化了检察机关对于民事申诉案件"二级审查、上抗下"的监督模式。此外，为充分发挥诉讼在解决民事纠纷中的作用，尊重审判权，坚持检察监督权的谦抑性，防止检察监督权的滥用，检察机关对一审生效裁决的监督非常谨慎。2013 年《人民检察院民事诉讼监督规则（试行）》施行，其中第 32 条对一审生效民事案件的受理做了限制性规定，这就导致基层院符合受理条件的民事检察监督案件数大幅下降，大量案件经过再审程序后，通过市级院提请抗诉、省级院抗诉的方式向上级院汇集。2018 年 9 月，最高人民检查院印发《关于停止执行〈人民检察院民事诉讼监督规则（试行）第三十二条〉的通知》，要求停止执行对一审生效判决受理条件的限制，基层院相应获得了抗诉权，这对于有效促进解决民事检察监督案件办理结构"倒三角"现象有一定积极意义。

二 河北省案件办理结构及原因分析

河北省共有 11 个市级院、187 个县级院，2020 年民事检察人员省级院有 18 人、市级院有 104 人、县级院有 459 人。2018 年省级院受理民事检察监督案件共 438 件，市级院受理 2842 件，县级院受理 9332 件。2019 年省级院受理民事检察监督案件共 442 件，市级院受理 3482 件，县级院受理 8004 件。2020 年省级院受理民事检察监督案件共 367 件，市级院受理 2570 件，县级院受理 4984 件。从整体监督情况看，从省级院往下至县级院，案件受理数量呈递增趋势，结构上呈正三角状态，说明以抗诉为单一模式的监督局面已经得到改善，多元化监督格局初具规模。但从单位平均案件受理情况看，2018 年省级院为 438 件，市级院为 258 件，县级院为 50 件。2019 年省级院为 442 件，市级院为 317 件，县级院为 43 件。2020 年省级院为 367 件，市级院为 234 件，县级院为 37 件。总体仍然呈"倒三角"结构，监督力逐级减弱现象不容忽视。这种不均衡的"倒三角"状况的持续，从本质上暴露了民事检察监督效力的严重失衡问题，其必将制约检察机关充分履行民事检察职能，难以满足人民群众日益增长的法治需求。这种状况除了受现行法律规定等客观因素影响外，主要还有以下两方面原因。

（一）对民事检察工作不够重视

从调研情况看，部分市级院和基层院对民事检察工作没有真正重视起来，甚至有的院领导对"四大检察"全面协调充分发展的布局认识不充分，"重刑轻民"的观念仍然存在。虽然将民事检察工作定位为"四轮驱动"中的"一轮"，但与刑事检察，甚至公益诉讼工作相比，一些院仍停留于口头上重视、文件上重视，实际工作不够支持的阶段，存在对民事检察工作研究部署少、对人员力量配置不足等问题。特别是基层院，随着公益诉讼工作的开展、领导重视和关注点的转移，人员力量配备和工作部署安排向公益诉讼倾斜等因素限制了民事检察工作的开展。

1. 办案力量、人员素质与工作需求不匹配

一是办案人员力量配备不足。部分基层院在民行部门仅配备了 2 名检察官，有的仅有 1 名检察官，达不到民事、行政、公益诉讼至少配备 1 名检察官的最低要求。同时也存在公益诉讼工作挤占民事检察监督工作的现象。二是专业化程度呈"倒三角"状况。综合全省来看，检察机关级别越高，民事检察干警的年轻化水平、专业化程度以及学历水平越高。三是办案人员不稳定。随着司法体制改革的推进，基层院民事检察部门人员调整较大，如某市 24 个基层院有一半的民事负责人进行了调整，导致大批熟悉业务的干警流失，新调入的同志对业务掌握不深不全。

2. 再审检察建议同级监督作用发挥不够

2012 年民诉法修正，明确了检察机关再审检察建议的监督方式，《人民检察院民事诉讼监督规则（试行）》进一步明确了再审检察建议的适用程序和条件。再审检察建议是同级监督，申诉案件在基层检察机关和法院得到处理和消化，纠纷实现就地解决，能够有效减轻上级民事检察部门的办案压力，促进民事检察工作向"金字塔"结构转变。但在河北省实践中，再审检察建议提出率、采纳率不高，其同级监督的作用并未得到有效发挥。2018年以来，全省检察机关提出再审检察建议 568 件，法院采纳 250 件，采纳率为 44.0%。有个别市院再审检察建议采纳率低于 15%。2020 年，全省加大了再审检察建议工作力度，共提出再审检察建议 276 件，与上年同期相比上升了 86.5%，但与全国平均数 309 件还有差距。再审检察建议这一监督方式虽然具有程序快捷、高效等制度优势，但在实践中存在"刚性不足"的问题。一方面，再审检察建议必须依赖法院启动再审，法院对于再审检察建议是否启动再审具有决定权。另一方面，缺乏对再审检察建议没有被法院采

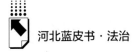

纳后续监督措施的明确规定，部分法院存在对再审检察建议不重视、不配合的现象，对于法院不采纳、不回复的建议，检察机关缺乏进一步的跟进监督措施，在一定程度上影响了再审检察建议的监督效果。

（二）基层院多元化监督不力

最高人民检察院检察长张军在 2018 年 10 月 24 日向第十三届全国人民代表大会常务委员会第六次会议所作的《最高人民检察院关于人民检察院加强对民事诉讼和执行活动法律监督工作情况的报告》中指出："上级检察院对下指导不够有力，基层民事检察工作总体薄弱。有的基层院认为不能提出抗诉就无案可办，对民事检察多元化监督缺乏认识和践行。"由此可以看出，当前基层院执行监督、审判违法行为监督等方面仍是多元化监督格局的弱项。2020 年，共受理全省执行监督和审判人员违法行为监督案件 3366件，占受理案件总数的 42.4%。两类案件大都是依职权启动，"坐等靠"思想严重。从案件监督内容看，总体上仍处于粗放型、浅层次的监督阶段，大部分监督是针对超期执行或法律文书、案卷装订等存在的瑕疵错误的监督，未能形成权威、有力的监督态势。

三　完善民事检察监督办案结构的建议

（一）进一步加深民事检察监督重视程度

民事检察业务社会关注度高，与老百姓利益关系紧密，办理的每个案件都关系群众的切身利益，都影响社会公平正义的实现。习近平总书记在中央政治局"切实实施民法典"集体学习时专门强调："要加强民事检察工作，加强对司法活动的监督，畅通司法救济渠道，保护公民、法人和其他组织合法权益，坚决防止以刑事案件名义插手民事纠纷、经济纠纷。"这为推进新时代民事检察工作创新发展提供了根本遵循，指明了民事检察工作的发展方向。各级院要认真贯彻落实习近平总书记关于"加强民事检察"的工作要求，充分认识做强民事检察工作的重要意义，以贯彻实施民法典为契机，真正将民事检察工作放到检察工作发展的全局中进行谋划和推进，着力强化民事检察监督职能，不断优化监督方式，坚守司法公正底线。

（二）深入推进多元化监督格局良性发展

人民检察院有权对民事诉讼实行法律监督意味着检察机关对于民事诉讼活动由之前的有限监督向全面监督转变，张军检察长也多次强调新时代做强民事检察的关键在于充分运用多种监督方式。当前，要进一步健全一体化办案机制，明确省市级检察院以生效裁判结果监督为重点，基层检察院以审判人员违法行为监督、执行监督、虚假诉讼监督以及支持起诉工作为重点，完善各级院各有侧重、协作配合、上下一体、全面履职的工作格局。尤其是基层院要积极适应民诉法修正后的新形势新变化，牢固树立多元化监督理念，主动调整工作重心，将审判人员违法行为监督、执行监督、虚假诉讼监督作为工作重点和突破口，加强对民事审判、执行全过程的监督。认真组织开展高检院部署开展的为期两年的"虚假诉讼领域深层次违法监督活动"以及省院部署的"虚假诉讼监督专项活动"，加大办理虚假诉讼监督案件的力度，同时深查虚假诉讼案件背后存在的深层次违法行为问题。此外，对于涉及国家利益、社会公共利益以及涉及民生领域的案件要积极开展支持起诉工作。只有将整个民事诉讼活动全部纳入检察机关的监督视野，才能深入推进多元化监督格局的良性发展。

（三）着力解决基层院案源少的问题

各级院尤其是基层院，要切实转变坐堂办案的传统做派，主动出击，拓展案源。一方面要在申诉案源不足的情况下，合理运用依职权发现案件的渠道，凡是可以利用的监督资源都要充分挖掘，凡是能够促进司法公正的监督手段都要充分运用。积极建立与人大、政府部门、政协、司法行政机关、律师协会、律所、社会组织等机关团体的外部联系，注意从社会热点问题中发现案源，努力提高发现线索的能力。另一方面，要做好职能宣传工作，深入

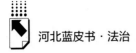
群众开展宣传，拓展案源渠道。借助检察门户网站、官方微博、微信、报刊、广播电视等新媒体、自媒体，广泛宣传民事检察监督职能，提高民众对民事检察的认知。

（四）充分发挥抗诉和再审检察建议的制度优势

再审检察建议和抗诉作为法定的检察监督手段，二者既有相同点，也有区别，要充分利用抗诉程序可以强制启动法院再审的优势，把抗诉与再审检察建议结合起来灵活运用，"刚柔并济"，使得民事检察监督达到最佳效果。严格明确《人民检察院民事诉讼监督规则（试行）》提出的再审检察建议和提请抗诉的适用情形，正确运用这两种监督方式，实现案件的适当分流。实践中对于当事人申诉或检察院依职权主动发现的存在一般或轻微违法情节的民事审判，应首先利用再审检察建议的手段进行监督，争取将矛盾化解在同级，同时缓解省市级院的办案压力。对再审检察建议同级人民法院有错不纠、不予采纳或在一定期限内不予回复的，检察机关可提请上一级院跟进监督，将抗诉作为再审检察建议的后续措施。

（五）加强民事检察队伍建设

市级院尤其是县级院人员配备的缺乏，使得各级人民检察院的民事监督力逐级下降，案件办理结构中单位案件办理数量呈"倒三角"形。事实上，不仅基层院，目前省级院也面临人员严重不足的困境，由于人员的缺失，各级院不仅无法从容应对数量倍增的案件，更没有精力探索新的监督活动，也不能更好地开展对下指导工作。因而为解决民事检察监督案件办理结构不合理的问题，加强各级院的人员配备、保障一定规模的人员数量，显得至关重要。一方面，应科学测算、合理调整民事检察人员人数，以适应做强民事检察的需要。通过外部引进人才、内部调整人员等方式，优化民事检察队伍的年龄结构和知识结构，为民事检察发展做好人员准备。以内设机构改革为契机，统筹调整人员配备，着力解决个别地区人员配置没有按要求落实到位的问题。稳定民事检察队伍，减少民事检察人员的流动性，将业务素质高、有法院工作经验、办案能力强的检察人员充实到民事检察队伍中。另一方面，注重内部挖潜，通过多种形式提高队伍业务素质。以民法典贯彻实施为契机，积极开展岗位练兵和业务竞赛等活动，全面推行分层精准培训制度，以专业化为方向，以司法办案、理论研究、业务竞赛为抓手，着力提高民事检察干警法律适用能力、证据审查能力、文书说理能力和化解矛盾能力。

（六）完善民事抗诉制度的立法建议

为防止检察监督权滥用，也囿于当时民事检察人员业务不熟练，存在"不会抗、不敢抗"等短板，民事诉讼法在抗诉程序规定上将抗诉权上提一级，应该说这对保障民事检察监督的良好效果起到了重要作用。但随着司法责任制改革以及民事检察相关法律制度的不断完善，民事检察人员的业务素质、办案能力均得到了较大提升。为此，在民事检察工作全面发展的新形势下，应该确立"同级抗诉、同级再审"的原则，赋予地方各级人民检察院对同级人民法院错误的判决、裁定直接进行抗诉的权力。这样既可以减轻上级人民检察院的工作压力，使其集中力量办理大案，同时也可节约司法资源，减少当事人的诉累，有利于社会的稳定。

B.14
京津冀著作权侵权赔偿的司法协同研究

—— 以 2020 年 1~9 月 1164 件司法判例为样本

李 静　高晨思*

摘　要：　同案同判是法治统一的基本要求，京津冀要实现法治协同，司法协同是其中的重要组成部分。本报告在对裁判文书网上检索到的2020年1~9月京津冀三地法院审理的1164件著作权侵权案例展开实证研究时发现，京津冀三地判决赔偿数额存在较大差异。其原因主要在于：程序上存在权利人对损失额举证困难问题，导致法院法定赔偿方式适用泛化；我国法律对法定赔偿额规定的幅度过大，实践中法院对赔偿额判定缺乏说理。建议坚持京津冀协同发展的基本原则，建立相应协同机制，完善举证责任分配，加强裁判文书说理性，形成批量案件的处理机制，促进京津冀知识产权司法保护协同发展。

关键词：　京津冀协同发展　著作权侵权　法定赔偿额　司法协同

一　引言

2015 年 4 月 30 日，中共中央政治局审议通过了《京津冀协同发展规划

---

* 李静，天津商业大学法学院教授，研究方向为法学理论；高晨思，天津商业大学法学院硕士研究生，研究方向为法学理论。

纲要》，将推动京津冀协同发展上升为重大国家战略。2016 年 6 月，国家知识产权局与京津冀三地政府签署《关于知识产权促进京津冀协同发展合作会商议定书》，正式建立"一局三地"知识产权合作会商机制，打造区域知识产权协同发展示范区。2019 年 10 月 31 日，党的十九届四中全会审议通过《中共中央关于坚持和完善中国特色社会主义制度　推进国家治理体系和治理能力现代化若干重大问题的决定》，做出了"建立知识产权惩罚性赔偿制度"的重大决策，体现了党和国家对知识产权进行严格保护的决心。

近年来，我国著作权侵权案件的频发，其中一个重要原因就是侵权的违法成本过低而获利极高，这种不对称的风险收益形式使得著作权领域的司法保护尤为重要。著作权侵权赔偿数额是著作权司法保护力度的最直接体现，从当事人的角度看，最核心的诉讼请求就是侵权损害赔偿，而法院的裁判最终也落脚于损害赔偿的数额上。尽管《中华人民共和国民法典》对知识产权侵权做出了包括惩罚性赔偿在内的赔偿额计算相关规定，但著作权非物质性的特殊属性所带来的损失额难以确认的特点依然存在。因此，在京津冀知识产权保护协同的背景下，本报告旨在通过对三地相关司法实践的调研和梳理分析，揭示三地在著作权侵权赔偿额方面的协同上存在的问题，找到问题的节点，进而寻求解决问题，达成三地协同的路径。

本报告采取类案分析的实证研究方法，调研数据来源为中国裁判文书网。

二　2020年京津冀三地著作权侵权赔偿司法裁判数据统计

中国裁判文书网上检索到的数据显示，2020 年 1～9 月京津冀三地著作权侵权诉讼案件的民事判决书共计 1164 件。笔者将重点考察京津冀三地的案件类型分布情况、诉讼请求以及法院的判决结果三个方面，充分了解京津冀三地案例的特点，进而分析三地著作权侵权案件中赔偿数额的认定问题。

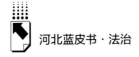

（一）河北省著作权侵权案件的统计情况

1. 案件类型

2020年1~9月，河北省著作权侵权一审案件共77件，二审案件15件。其中，著作权权属、侵权纠纷82件，侵害作品表演权纠纷2件，侵害作品信息网络传播权纠纷2件，侵害其他著作财产权纠纷6件。可见，著作权权属、侵权纠纷的案件类型占绝大多数，占比约为89%。各案件类型所占比重见图1。

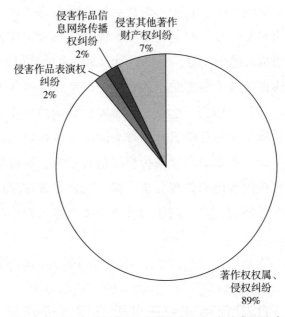

图1 2020年1~9月河北省著作权侵权案件类型分布情况

在涉及著作权权属、侵权纠纷的案件中，批量案件数量较多，这些案件以同一主体批量诉讼的方式展开，诉讼理由、诉讼请求、赔偿数额相对一致，例如陈某某以多个娱乐有限公司侵害其享有的歌曲著作权为由主张权利，这也导致单一法院的集中批量案件占比较大。

2. 诉讼请求

在具体的著作权侵权案件中，原告一方当事人均请求被告承担侵犯著作权的侵权损害赔偿金以及承担原告因制止侵权行为而产生的合理开支，后者主要包括律师费、公证费和购买侵权产品的取证费用。

此外，原告一方虽然提出具体的赔偿数额，但是无法证明其实际损失或者被告因侵权行为的违法所得，即原告请求被告承担的侵权损害赔偿金没有足够的证据支持，因此赔偿数额很难得到法院的全额支持。

在河北省著作权侵权的 77 件一审案件中，8 件案件按撤诉处理，1 件案件被驳回诉讼请求，判决著作权侵权成立的案件共 68 件。68 件案件的诉讼请求总额为 2951478 元，案均诉讼请求数额为 43404.09 元。

3. 判决支持

首先，案件侵权认定率较高。在河北省全部的著作权侵权案例样本中，仅有 1 件案件未被认定为侵权，判决驳回全部诉讼请求，其余 68 件案件均被认定为侵犯著作权，并且支持了相应数额的赔偿请求，案件侵权认定率为 98.6%。

其次，判赔数额支持率较低。判决认定侵权的案件所确定的赔偿总额是 501622 元，诉讼请求数额的支持比例约为 17%，案均支持数额为 7376.79 元。

最后，批量案件的赔偿数额总体一致。同一主体提起的多个著作权侵权案件中，较多的赔偿数额计算方式是以单个作品的著作权损失数额为基数，根据受侵害作品的数量来计算赔偿额，法院判决也是在认定单一作品权利受损害数额的基础上确定总的数额，因而赔偿数额大体一致。以陈某某提起的诸多著作权权属、侵权纠纷的案件为例，法院在综合考虑涉案音乐作品的性质及知名度，以及被告的经营规模和主观过错程度等侵权情节的基础上，对赔偿损失的赔偿数额，每首歌曲酌定赔偿 100 元。另外，对于原告主张的为制止侵权行为支出的合理费用，在原告方提供发票等其他证据支持的情况下，法院一般予以支持。

（二）天津市著作权侵权案件的统计情况

1. 案件类型

2020 年 1~9 月，天津市著作权侵权一审案件共 281 件，二审案件 53

件。其中，著作权权属、侵权纠纷 288 件，侵害作品信息网络传播权纠纷 18 件，侵害作品发行权纠纷 28 件。各案件类型所占比重见图 2。

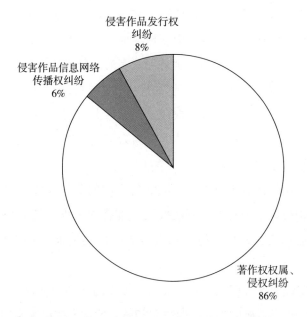

图 2　2020 年 1～9 月天津市著作权侵权案件类型分布情况

2. 诉讼请求

与河北省案例表现一致，原告方的诉讼请求均以经济损失为主，包括侵权损害赔偿以及因制止侵权行为而产生的合理支出费用。在天津市著作权侵权一审 281 件案件中，有 238 件撤诉处理，剩余 43 件判决侵权的案件诉讼请求赔偿总额为 510000 元，案均诉讼请求数额是 11860.47 元。

3. 判决支持

首先，原告方申请撤诉率较高。天津市一审案件 281 件，有 238 件以原告方撤诉处理。其中，最有代表性的是北京乐扬知识产权代理有限公司提起的著作权侵权诉讼，在法院通知交纳诉讼费用后，该公司未在七日内预交案件受理费，故其提起的 145 件案件均以撤诉处理。此外，天津沐松音乐文化发展有限公司提起的 20 件诉讼案件以与被告方达成和解为由申请撤诉。撤诉是当事人行使处分权的重要表现，同时节约了司法资源，符合诉讼效率的价值目标。

其次，案件侵权认定率较高。天津市著作权侵权一审案件43件，法院均认定为侵犯著作权，并且支持了相应数额的赔偿请求，案件侵权认定率为100%。

最后，判赔数额支持率较高。判决认定侵权的案件所确定的赔偿总额是347160元，诉讼请求数额的支持比例约为68%，案均支持数额为8073.49元。最有代表性的是未来电视有限公司提起的12件侵害信息网络传播权案件，法院认定本案中实际损失和违法所得均无法确定，综合考虑涉案节目的性质等具体情节，酌定被告的赔偿数额为15000元。

（三）北京市著作权侵权案件的统计情况

1. 案件类型

2020年1~9月，北京市著作权侵权一审案件共480件，二审案件258件。其中，著作权权属、侵权纠纷414件，侵害作品信息网络传播权纠纷311件，侵害作品发行权纠纷3件，侵害作品改编权纠纷1件，侵害计算机软件著作权纠纷4件，侵害作品复制权纠纷1件，侵害作品放映权纠纷1件，侵害其他著作财产权纠纷3件。各案件类型所占比重见图3。

2. 诉讼请求

与河北省和天津市案例样本的表现存在高度相似性，原告方的诉讼请求大多以经济损失为主，包括侵权损害赔偿以及因制止侵权行为而产生的合理支出费用。只有1件案件存在例外，即刘某某与广西美术出版社有限公司的著作权权属、侵权纠纷案件，该案中，原告方刘某某在诉讼请求中仅要求被告停止侵权，没有提出损害赔偿额。

在北京市著作权侵权一审480件案件中，有22件撤诉处理，剩余458件有效审理的案件诉讼请求赔偿总额为209137107元，案均诉讼请求数额是456631.24元。

3. 判决支持

首先，案件侵权认定率较高。在北京市全部的著作权侵权案件中，有14件案件未被认定为侵权，判决驳回全部诉讼请求，其余444件案件均认定为侵

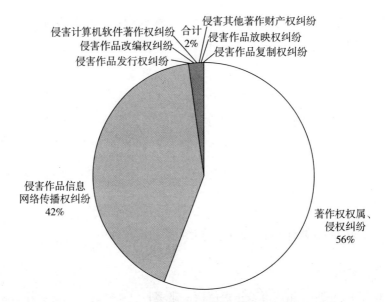

图3　2020年1~9月北京市著作权侵权案件类型分布情况

犯著作权，并且支持了相应数额的赔偿请求，案件侵权认定率为96.9%。

其次，判赔数额支持率较低。判决认定侵权的案件所确定的赔偿总额是57972876.6元，诉讼请求数额的支持比例约为28%，案均支持数额为130569.54元。

最后，批量案件的赔偿数额总体一致。以上海灿星文化传媒股份有限公司提起的41件著作权权属、侵权纠纷案件为例，法院认为原告上海灿星文化传媒股份有限公司未能举证证明实际损失或者违法所得，考虑到被告KTV经营者侵权成本较高，最终根据涉案作品的类型等具体情节，酌情确定侵权损害赔偿数额。

三　京津冀三地著作权侵权赔偿额的比较分析

（一）判赔额度

在京津冀三地共555件判决侵权成立的案件中，原告均提出了明确的侵权损害赔偿额。经过统计，2020年1～9月河北省著作权侵权案例的平均诉讼请求金额是43404.09元，平均判赔金额是7376.79元，判赔支持率约为17%；天津市著作权侵权案例的平均诉讼请求金额是11860.47元，平均判赔金额是8073.49元，判赔支持率约为68%；北京市著作权侵权案例的平均诉讼请求金额是456631.24元，平均判赔金额是130569.54元，判赔支持率约为28%。相比较而言，天津市的判赔支持率最高，北京市次之，河北省最低。而在案件的平均判赔额方面，北京市的平均判赔额最高，天津市次之，河北省最低。

此外，判赔额中位数更能体现各地案件判赔额的真实情况。以河北省为例，将所有样本案件的赔偿额按照从大到小的顺序依次排序，取最中间的数值7473元，与平均判赔额7376.79元相比较，可以发现二者相差无几，这说明河北省大部分的案例判赔额与平均判赔额相差不大。

而天津市和北京市的平均判赔额明显大于判赔额中位数，且北京市的差异更为巨大，这说明天津市和北京市绝大部分案件的判赔额比平均判赔额更低，存在赔偿额较大的案件，从而拉高了平均判赔额，进一步表明案件的赔偿额之间差异较大，这一点在比较赔偿的最大数额和最小数额时也可以得到证明。天津市认定侵权案件的最大赔偿数额为40000元，最小赔偿数额为800元，二者之间存在50倍的差距。而北京市认定侵权案件的最大赔偿数额为50132500元（该案件是侵害计算机软件著作权纠纷，同时涉及不正当竞争行为），最小赔偿数额为180元，二者之间约278514倍的差距则更为巨大（见表1）。京津冀三地的著作权侵权案件的最高赔偿额之间存在较大差别，且损害赔偿的最大数额和最小数额之间存在较大差距，除了京津冀三地的经济发展水平存在差异，案件复杂程度也是一个重要原因。

表1　2020年1～9月京津冀著作权侵权案件判赔情况

单位：元，%

地区	判赔额中位数	最大赔偿数额	最小赔偿数额	平均判赔额	判赔支持率
河北省	7473	11000	2500	7376.79	17
天津市	3000	40000	800	8073.49	68
北京市	1400	50132500	180	130569.54	28

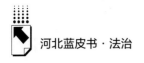

（二）赔偿数额确定方式

根据《中华人民共和国著作权法》第四十九条的规定，我国将著作权损害赔偿的计算方式分为三种：实际损失、违法所得以及法定赔偿。这三种计算方式存在适用上的先后顺序，即只有当权利人的实际损失难以确定时，才可以按照侵权人的违法所得进行计算；只有当违法所得不能确定时，才可以由法院根据案件的具体情况，在法定赔偿最高额以下酌情确定具体的损害赔偿数额。

在对京津冀三地的著作权侵权案件进行分析的过程中，笔者发现在支持侵权赔偿的案件中，绝大多数情况下法院以适用法定赔偿的方式确定赔偿数额。在河北省案例样本中，仅有1件适用实际损失计算赔偿额的案例，法定赔偿的适用率达到98.6%。天津市的案例样本，法定赔偿成为唯一方式。北京市则存在1件适用裁量性赔偿的案例，该案例为北京中青文文化传媒有限公司与北京天盈九州网络技术有限公司的侵害作品信息网络传播权纠纷，法院认为根据原告提供的证据和计算方法不能准确计算实际损失，故综合考虑网络侵权行为的复杂性等具体情节，适用裁量性赔偿，在法定赔偿额以上确定最终的损害赔偿数额（见表2）。

表2　2020年1~9月京津冀著作权侵权案件判赔方式适用情况

单位：%

地区	实际损失	违法所得	法定赔偿	裁量性赔偿
河北省	1.5	0	98.5	0
天津市	0	0	100	0
北京市	0	0	99.8	0.2

此外，京津冀三地认定侵权案件的赔偿数额跨度较大，结合表1中最大赔偿额和最小赔偿额的数据，可以发现，在法定赔偿适用比例占绝对多数的司法实践中，京津冀三地的赔偿数额均呈现差异较大的情况，故法定赔偿泛化是赔偿额差异较大的重要原因。

（三）二审判决结果

在河北省 15 件二审案件中，有 1 件案件上诉理由成立，其余 14 件判决结果均是维持原判；天津市 53 件二审案件中，有 13 件按撤诉处理，4 件上诉理由成立，36 件驳回上诉，维持原判；北京市 252 件二审案件，有 5 件案件上诉理由部分成立，1 件上诉理由成立，20 件按撤诉处理，226 件驳回上诉，维持原判。统计结果表明，绝大多数著作权侵权二审案件以维持原判结案，上诉成功率较低（见表 3）。

表 3　2020 年 1~9 月京津冀著作权侵权二审案件判决结果

单位：件，%

地区	撤诉	（部分）成立	维持原判	上诉成功率
河北省	0	1	14	6.7
天津市	13	4	36	7.5
北京市	20	6	226	2.4

四　京津冀三地赔偿额裁判差异化的影响因素分析

根据上述统计结果，京津冀三地著作权侵权案件的平均判赔额存在巨大差异，在赔偿数额的计算方式上，绝大部分案件采用法定赔偿方式。根据《中华人民共和国著作权法》的相关规定，法定赔偿作为计算侵权损害赔偿额的末位适用顺序，它的适用本应是作为兜底性计算方式，而在统计数据中，我们可以明显看出，法定赔偿方式被泛化，《中华人民共和国著作权法》确定的著作权侵权赔偿三种计算方式在司法实践中逐渐变成一种确定的计算方式，脱离了立法者的本意。

（一）损失额和获利额举证困难，导致法定赔偿适用泛化

通过查阅法院判决书，我们可以发现，大部分原告在请求赔偿额时明确

适用实际损失或者违法所得的计算方式，而法院最终都没有采纳当事人诉请的计算方式，而选择适用法定赔偿，根据案件的具体情况和被侵权作品的性质等酌情确定赔偿数额。尽管大部分原告通过公证、录像、提供发票等方式固定证据，但针对不确定的实际损失和违法所得，仍然缺乏有力证明。

首先，基于著作权的非物质性特征，权利人的实际损失很难准确计算，尽管相关司法解释细化了计算实际损失的方法，例如《最高人民法院关于审理著作权民事纠纷案件适用法律若干问题的解释》第二十四条，但在司法实践中实际损失的计算仍然存在不少困难。

侵权行为与复制品发行量之间不存在正比例或者反比例关系，市场是不断波动的，复制品发行数量减少可能是多种因素导致的，可能是基于经济发展带来的产品更新换代，也可能是某类产品市场饱和，所以，复制品发行量的多少无法与侵权行为的有无产生法律上的直接因果关系。同样，对于侵权复制品的销售量原告方也是难以证明的，因为侵权复制品的生产、销售等环节具有一定的商业秘密性，侵权人往往会规避权利人知晓，侵权复制品的销售量与被侵权作品之间也不具有直接因果关系。以发行侵权复制品的单位利润来计算赔偿额也存在问题，大多数作品的定价和市场销售价并不完全一致，而侵害作品信息网络传播权纠纷的案件则更难以确定单位利润。

其次，侵权人的违法获利与其经营发放等因素有关，如果因侵权人的经营能力不足导致违法获利极少，远不足以弥补权利人的实际损失，那么对于权利人来说是极为不公平的。同时，侵权人的违法获利对权利人来说也是极难合法取证证明的，违法所得的证明涉及会计账簿等机密性文件，由侵权人管理和保存。

最后，举证责任划分不明。法院的判决对原告与被告的举证责任划分不一致，大多数判决要求原告对实际损失或者违法所得进行举证证明，一部分判决要求原告对实际损失进行举证证明、被告对违法所得进行举证证明，少数判决未做区分，原告和被告都没有进行举证证明时，法院适用法定赔偿的方式确定赔偿数额。根据《中华人民共和国民事诉讼法》"谁主张谁举证"的证明原则，应当是原告进行举证，但是基于法定赔偿的兜底规定，原告并不承担举证不能的不利后果，那么，这就不是原告真正的举证责任，也使得在司法实践中，实际损失或者违法所得的计算方式更难以适用，仍采取法定赔偿方式。

（二）法院对赔偿额的确定缺乏说理

基于上述当事人举证不足的情况，京津冀三地的法院在司法实践中也形成了一种处理方式，即适用法定赔偿的方式确定赔偿数额。法官在判决书中直接引用《中华人民共和国著作权法》第四十九条等法律条文论证适用法定赔偿，或者没有论证，直接列举法条，写出赔偿数额，部分案件判决文书中写明原告未提交相关实际损失或者违法所得的证据，或者原告方虽提供证据但不予采纳，为何不予采纳没有说明。

各地的法官在确定最终的赔偿数额时，并没有一个明确具体的标准，而是依靠自由裁量权，在法律限定的范围内充分发挥自己的公平正义理念。面对案件当事人提供的有限证据，在实际损失和违法所得无法举证证明的情况下，法官不得不适用法定赔偿来确定赔偿额。这种赔偿方式很大程度上依靠法官的自由裁量权，需要依照法官的社会生活经验和内心的公平正义，主观判断案件的赔偿数额。

京津冀三地样本案例的裁判文书在说明确定赔偿额的考量因素时，通常做法是罗列多个考量因素，如"本院综合考虑涉案作品的性质、被告侵权的过错程度及给原告带来影响的程度，对经济损失予以酌情支持"。这种笼统的说理方式与直接得出赔偿额没有本质的区别，因为其并没有表明涉案作品的性质如何，被告的过错程度，原告遭受的影响有多大，更没有将具体的考量过程论证完整。这也导致著作权侵权诉讼的裁判文书在说明赔偿额的确定方面具有高度的相似性。

基于当事人对损失额和获利额举证困难，以及法院在适用法定赔偿方式确定赔偿额时缺乏说理的实际情况，京津冀三地的法院形成了内在的自我协调机制，即面对不同的案情，以当事人未举证或者未充分证明损失额和获利额为由，一致选择适用法定赔偿来计算赔偿额，但法院内在的自我协调机制

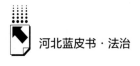

随着著作权侵权案件数量的不断增多而失去平衡，尤其在面对侵害信息网络传播权等新类型的侵权案件时显得更为不合理。

五 对京津冀著作权侵权赔偿司法协同的建议

（一）坚持京津冀协同发展的基本原则，构建三地著作权侵权赔偿协同机制

京津冀协同发展中的法治协同是要义，司法协同是法治协同的重要内容。实现司法协同并不意味着实现完全的"同案同判"。京津冀三地的功能互补，类型差异化较大，进一步要求协同机制的建立。

协同机制的建立应当合理考虑三地的差异性，结合当地的发展状况，深入职能部门协作交流，加强京津冀三地法院之间的沟通和联动，推动构建司法协同机制。为此，《关于知识产权促进京津冀协同发展合作会商议定书》要求在"严格知识产权保护、协同知识产权运用、共享知识产权服务资源等方面进行一系列新的合作机制的探索"。

针对著作权侵权赔偿额的认定，可以积极组织京津冀三地法官共同研讨，进行案件会商，开展学术交流与司法实践双重活动，达成一致的判赔标准，细化赔偿额的具体规则，根据京津冀著作权侵权案件的特点，结合案件的赔偿额和复杂程度，实现案件繁简分流处理，合理配置司法资源，提高司法资源的利用效率，共同推动京津冀司法协同发展，坚持对著作权等其他知识产权进行严格保护。

（二）完善举证责任分配，为赔偿额计算提供客观依据

京津冀三地的司法裁判存在适用法定赔偿泛化的问题，为了减少法定赔偿的适用，应当从举证责任着手，完善举证责任分配，从而使京津冀三地的赔偿额度计算方式保持一致，促进三地司法协同。

举证责任划分不明导致著作权侵权损害赔偿数额的模糊，应当进一步改

革和完善著作权侵权诉讼证据规则，完善举证责任的合理分配。基于前文分析实际损失和违法所得的证据可能掌握在被告手中，建议从立法的角度适当加大被告的举证责任，在原告方提供有一定证明力的证据后，如果明确计算案件赔偿额的关键证据在被告一方，被告拒不提供或者毁损、灭失的，应当由被告方承担举证不能的不利后果，以支持原告的诉讼请求，从而促进被告方积极承担举证责任。

另外，当权利人不能完全履行其举证责任，赔偿数额的计算存在证据上的不足时，法官应当及时予以释明，督促权利人出示更具证明效力的证据。在案件数量不断增长的侵害作品信息网络传播权的案件中，网络侵权行为难以取证和保存证据，法官应当及时释明当事人缺少的证据材料，这也有利于法官更全面地掌握案件的真实情况，在确定侵权损害赔偿额时有更多的依据和参考，更好地实现案件裁判的公平正义。

（三）加强裁判文书说理性，为赔偿额提供理性计算基础

适用法定赔偿的计算方式，将导致著作权侵权案件的赔偿额差距较大。因而法官在适用法定赔偿时，其裁量空间也较大。较大的裁量空间应当受到合法合理的制约，即加强裁判文书对较大裁量空间的说理性，一方面有利于审判人员理清思路，另一方面也可以增强法律的权威性。

法定赔偿作为最末位的兜底计算方式，尚不能被完全替代。为了解决京津冀三地著作权侵权案件赔偿额存在的差异，要加强案件裁判文书中对适用法定赔偿方式计算的论证，对赔偿额的确定进行较为清晰的说明。确定赔偿额的理性是相一致的，在理性沟通的基础上，京津冀三地的司法协同得到推进，司法一致性得到体现。那么，即使京津冀三地经济文化水平的差异导致判赔额的不同，这种差异也是可以被接受的。

（四）形成批量案件的处理机制

在京津冀三地的著作权侵权案例样本中，批量性案件占有较大的比重。例如，在河北省著作权侵权一审案例样本中，陈某某提起著作权权属、侵权

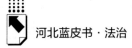
纠纷的案件有 61 件，占比 79.2%。基于批量案件占比较大的情况，需要设定合理的应对处理机制，充分运用和解等非诉方式，化解当事人之间的争诉。

面对具体案情相似的批量案件，首先，要保证批量案件赔偿数额的计算方式一致，在相同案情中赔偿数额一致，避免出现"同案不同判"的情况。其次，批量案件判决文书可以适当简化。批量案件的判决结果是可预测的，在行为人已经明知赔偿方式和赔偿数额的情况下，对批量案件的判决文书进行适当简化，有利于提高案件审判效率，节省司法资源，将注意力更多地放在新颖、复杂的案件上，实现司法资源的优化和合理配置。最后，法院可以积极为当事人组织调解，避免案件的大量堆积，合理运用多元化纠纷解决机制，用最低的成本解决纠纷。

六　结语

京津冀协同发展是国家重大战略，在京津冀三地协力打造知识产权协同发展示范区的背景下，著作权侵权损害赔偿数额的确定具有重大意义。应完善举证责任分配，加强裁判文书说理性，形成批量案件的处理机制，进而推进京津冀协同发展。

B.15
恢复性司法与生态检察区域
协同发展问题研究[*]

朱伟悦[**]

摘　要：　党的十八届四中全会以来，检察机关回应人民群众关切，充
分发挥法律监督与公益保护本职，生态检察全面协调发展。
本报告调研发现，检察建议定位及作用、恢复性司法与罪刑
法定原则认识等方面还存在问题。从罪刑法定原则内涵、法
理学法律适用、刑罚及社会效果角度，探讨将生态恢复责任
履行情况作为酌定量刑情节不违背罪刑法定原则。最后，由
自然环境熵变模式、清代护林经验分析，提出应从加强区域
间协同合作、确立生态环境损害赔偿磋商协议的司法确认制
度等方面共同促进生态环境修复。

关键词：　生态检察　恢复性司法　区域协同　罪刑法定

一　调研基本情况

（一）调研背景

生态兴则文明兴，生态衰则文明衰。党的十八届四中全会提出探索建立

　＊　本文为 2020 年度最高人民检察院应用理论研究课题"恢复性司法与生态环境保护检察区域
　　协同发展立法研究"（项目编号：26 号）和 2020 年度最高人民检察院检察理论研究课题
　　"刑事涉案财物检察监督研究"（项目编号：GJ2020D35）研究成果。
　＊＊　朱伟悦，中国政法大学刑事司法学院博士，河北省宽城满族自治县人民检察院检察官，研究
　　方向为法学。

检察机关提起公益诉讼制度以来，公益诉讼检察经历了从试点到正式确立的过程，与刑事检察、民事检察、行政检察并列为"四大检察"。从程序法角度理解，我国生态环境保护检察制度包含打击破坏生态环境犯罪的刑事诉讼、生态环境保护民事检察公益诉讼、生态环境保护行政公益诉讼，这是生态环境保护领域相关犯罪与绝大多数普通犯罪相比的特殊性之一。从实体法角度分析，生态环境类犯罪侵犯的法益复杂性、危害后果，潜伏性、时空跨度广阔性、刑罚有效性审视等方面，是与其他犯罪相比的特殊性之二。既然有差异，在打击犯罪和犯罪预防等方面就要有所区分。本报告选择对首先建立恢复性司法模式的福建省宁德市、厦门市，以及在海洋、森林保护方面经验丰富的河北省承德市、秦皇岛市四地进行调研。

（二）调研具体内容

1. 部门间联席互动机制构建与制度保障

福建省司法部门联合制定了《关于在办理破坏环境资源刑事犯罪案件中健全和完善生态修复机制的指导意见》，对异地修复、替代修复、社区矫正履行社会服务做了明确规定，推动修复与矫正的融合。

2. 建立生态司法审判庭及专家参与审判制度

首推"恢复性司法实践＋专业化审判机制"，设立专门的生态司法审判庭，建立专家陪审员机制、生态环境审判技术咨询专家机制。

3. 利剑斩污专项行动

河北省承德市、秦皇岛市检察院持续深入推进"利剑斩污"检察公益诉讼专项行动，制定《市监委、市检察院关于在公益诉讼工作中加强办案协作的实施办法》等，建立并完善工作机制。

4. 法治实践与法学理论融合互长

检察机关和高校联合成立"环境保护公益诉讼研究基地"，充分发挥协同创新优势。

（三）恢复性司法实践的模式及调研发现的主要问题

一是在刑事判决书中表述"作为酌情从轻处罚的情节"；二是在刑

事附带民事诉讼判决书中表述"被告人履行公益诉讼起诉人提出的诉讼请求，可予从轻处罚"；三是单独作为刑事附带民事诉讼的赔偿责任内容，不作为刑事诉讼的量刑依据；四是在民事公益诉讼中，对不具有经济赔偿能力的被告人判处"以劳代偿"，化解"执行难"，彰显检察温度。

表1　调研中发现的问题与初步归类分析

序号	问题基本内容	备注
1	如何理解检察建议的刚性和柔性	检察建议作为生态检察监督重要手段的理解
2	《中华人民共和国人民检察院组织法》第二十一条与《人民检察院检察建议工作规定》第五条的理解适用	
3	恢复性司法是否违反罪刑法定原则	恢复性司法认识
4	恢复性司法是否会导致检察权过度延伸	
5	如何避免法官滥用裁量权导致"以钱买刑"	

二　从熵变维度切入谈检察建议

（一）自然资源利用的历史熵变

生态环境保护的重要性尽人皆知，但这种认知不是与生俱来的，从表2可以看出，一是随着生产力水平的提高，人类对自然资源的利用经历了从原始粗放式到绿色、生态、环保式的转变；二是对生态环境资源的认识也经历了"农业村落小系统，生产力低下的简单劳作利用→国家大系统，工业技术化规模利用→区域更大系统，开发保护相结合可持续利用→全球生态系统和谐共生"的转变；三是由正向开发利用到逆向保护利用，更体现主动性、科学性、区域协同合作性。因此，作为社会治理的法治保障，协同保护生态环境资源的司法、执法路径更为时代所需，而本身冲突性不强、弹性有余但力度不减的检察建议符合要求。

表2 自然资源利用熵增到负熵演进过程

资源类别	农业社会时期	工业社会前期	工业社会后期	知识经济新时代
水资源	灌溉	水力发电	防止水污染	热核聚变能源
土地资源	种植作物	温室栽培农业	生态农业	全息耕地图谱生物农业
森林资源	木材	造纸	防止乱砍滥伐	全球生物圈
海洋资源	捕捞	潮汐发电	海洋生态系统	人类综合开发利用

（二）检察建议的刚性和柔性问题

《人民检察院检察建议工作规定》及《中华人民共和国人民检察院组织法》明确了检察建议的性质、种类、功能定位。根据上述规定，检察建议在公益诉讼案件诉前程序中占有重要位置。可以说，检察建议的落实情况对公益诉讼案件的诉讼程序启动起着关键作用。检察公益诉权是法律监督权的衍生，讨论公益诉讼案件检察监督的柔性和刚性，绝大多数情况下会落脚到讨论检察建议的刚性和柔性问题上来，这也就不难理解其中缘由了。但是检察建议的刚性和柔性怎么认定呢？《中华人民共和国人民检察院组织法》第二十一条规定"检察建议的适用范围及其程序，依据法律有关规定"，可以理解为检察建议作为法律监督权的行使方式，其效力并不取决于"建议"的效力，检察建议具体由法律规定，检察机关不能自我赋权、自我设定其效力，所以可以通过检察建议的规范化管理、加强检察建议的释法说理，将检察建议做到"刚性"。例如，通过发现问题的敏锐性、调查的充分性、建议的精确性、整改的可能性、落实的参与性等提升检察建议的专业性，以检察工作的权威、释法说理的充分、外部善意的提示，促使被建议单位主动接受、积极整改、及时回复，虽然是"柔性"方式的"建议"，但是"刚性"效果也自然而然具备了。2020年5月25日，最高人民检察院检察长张军在十三届全国人大三次会议上所做的最高人民检察院工作报告指出，2019年度发出的103076件诉前检察建议回复整改率为87.5%，绝大多数问题在诉前得以解决。以最小司法投入获得最佳社会效果，检察监督由形式上的"柔性"做到了实质上的"刚性"。

三　恢复性司法的再认识

（一）恢复性司法的定义梳理：四种代表观点的争与析

表3　恢复性司法定义观点汇总

被害人中心主义	约翰·布里斯韦特	恢复性司法，是一个更多的以被害人为中心的刑事司法体系，在此基础上，也关注加害人和社区的恢复，而且，对社区的恢复，是扩展后的恢复性司法惯例所提出的目标
程序选择主义	张庆方	恢复性司法是一种将被害人和犯罪人面对面聚在一起，告知对方犯罪与被害的情况，了解对方的背景，并共同确定是选择刑罚还是选择恢复性措施的程序
概括主义	联合国经济及社会理事会	《运用恢复性司法方案于犯罪问题的基本原则》指出，恢复性司法是指运用恢复性过程或目的实现恢复性结果的任何方案

资料来源：John Braithwaite, "Restorative Justice and a Better Future," *The Dalhousie review*, Vol. 76, No. 1；张庆方：《恢复性司法研究》，博士学位论文，北京大学，2001；《关于在刑事事项中采用恢复性司法方案的基本原则》，2000年7月27日。

"口袋主义"和"概括主义"具有内在的一致性，体现了恢复性司法因地区不同而具有不同样态，无法对其统一下定义。"程序选择主义"，将恢复性司法程序与刑罚程序截然对立。宋英辉教授曾指出，"恢复性正义（Restorative Justice），在我国理论和实践中通常叫做'恢复性司法'，也有的称为'修复式司法''复合公义'等。在刑事司法领域，修复性正义是与传统的报复性正义相对的一种理念和原则，关注的重点是对犯罪所造成的损害的恢复与社会关系的修复。""以治愈和修复取代传统的刑罚手段"。[1]

---

[1]　宋英辉：《刑事诉讼原理》，北京大学出版社，2014，第112页。

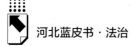

笔者认为，治愈和修复是新的刑罚手段革新，而不是非刑罚的路径选择。无论是结合被害人中心主义观点，还是国内外检察机关的具体司法实践，恢复性司法程序，特别是生态恢复性司法程序，其本质是对环境犯罪适用目前刑罚种类不能达到受损环境修复要求的一种补充，与刑罚不是零和博弈的关系，而是有机统一、互相补充，起到"1+1＞2"效果的一种刑事司法程序，其在我国试行恢复性司法的检察机关现有实践中主要是作为量刑情节运用。

（二）对生态环境保护案件本身特征的认识

检察机关对生态环境保护的方式有打击刑事犯罪、提起公益诉讼等，针对环境破坏问题提起公益诉讼，这本身就是法律监督权的专门设置，体现了差异所在，所以从环境保护类犯罪与其他犯罪比较的角度阐述，更能体现恢复性司法在生态环境保护案件办理中的重要作用。生态环境污染、破坏类犯罪具备一般犯罪特征，但在社会危害的公共性、危害后果的长期严重性等方面又具有特殊性，在立法上也是采取结果犯与行为犯并举的模式。

1. 环境犯罪的附属性与特殊性

环境犯罪往往是行为人为了达到其他经济目的而对环境造成损害，比如盗伐、滥伐林木是为了追求经济利益，环境污染犯罪大多是行为人违规排放企业生产中产生的废弃物，也就是说，环境污染并不是行为人直接积极追求的后果，而是其为了获得经济利益实施不法行为的附带产物，可以说行为人的主观恶性不深。"从国家社会的伦理规范的观点来看，犯罪行为处于恶劣的动机时责任就重，基于应予宽恕的动机时责任就轻。""它是测定犯罪人的主观恶性的心理指数。"此外，"环境刑事诉讼与一般刑事诉讼的思维方式是不同的。刑事诉讼扩充了范围，不仅要为人类、为社会而且还要为自然环境的完整、安宁与保护作出应有的贡献。人有权利利用自然，但以不改变自然界的基本秩序为限度。不仅要约束自己对资源的浪费和对环境的污染，而且必须用主体能动性恢复与保护环境质量"。① 环境污染犯罪后果的公共性、长期潜伏性等是与其他犯罪极其不同的，甚至采取最严厉的刑罚也不能有任何增益，需要恢复原状原貌、消除影响等手段补救环境损害。

2. 刑罚轻刑化发展与现代化

回顾刑罚的产生与发展史，总体上呈现"轻刑化"趋势，这也符合刑法谦抑性的要求。"所谓轻刑化，是指实际表现为相对较轻的刑罚对付和应对犯罪，以及倡导以尽可能轻的刑罚来惩罚和控制犯罪的刑事政策，具体表现在刑罚体系中惩罚总量的降低，轻刑、缓刑、假释的广泛适用。"② 针对环境犯罪，采取发布"补植管护令"、社区矫正"补植复绿"等形式的轻刑罚，往往更符合生态环境恢复的需要。环境犯罪的附属性、犯罪后果的特殊性，体现了引入恢复性司法的必要性，而这种必要性本身又符合刑罚轻刑化、现代化的要求。所以，无论是从特殊性还是一般性角度考量都有正当性。

（三）清代苗疆森林保护经验与恢复性司法的本土实践

早在西周时期，就有关于禁止滥伐林木的规定，可以说，中华民族早已意识到生态环境建设是系统工程，非一己之力一朝一夕可为。梵净山保存完好的生态环境，离不开清代苗疆官员在环境治理方面的重要贡献，他们给今天的人们留下了一笔重要的文化和自然遗产，同时为我们今天的研究提供了可供借鉴的宝贵经验。有学者形象地总结道："清政府对苗疆的治理主要体现为法律上的因俗而治，政治上的恩威并用，行政上的逐步渗透和对土司权力的整体遏制。"③

1. 县境树木逐一编号挂牌

"兴安、灵川两县间，古松夹道，黛色参天，清阴蔽地，惟恐有人斩伐，乃悬牌编号以记之。"这是道光十三年（1833）刊印的《粤西琐记》所

---

① 陈浩铨：《刑事诉讼法哲学》，法律出版社，2008，第138~144页。

② 卞建林、杨宇冠：《联合国刑事司法准则撮要》，中国政法大学出版社，2003，第167页。

③ 袁翔珠：《清政府对苗疆生态环境的保护》，社会科学文献出版社，2013，第13页。

记载的，证明当时广西的地方官员为了保护公山森林，防止乱砍滥伐，将县境野生树木逐一编号挂牌，在交通不便、科技不发达的当时，工作量之大可想而知，这种敬畏自然、保护自然，并穷尽办法付诸实践的生态环境保护理念与执行力值得学习，特别是生态检察工作人员面对调查难、取证难、沟通难等问题时，也是一种精神激励。我们谈过去的经验，并不是否定现在，而恰恰是立足科技更加发达的现在，展望可期的未来。

2. 处罚方式由以人身处罚为主转为以经济处罚为主

清代前期、中期针对乱砍滥伐行为人的处罚以人身处罚为主，到清末有所转变，以经济处罚为主。例如，"昆明观音寺封山育林告示牌"有对乱砍滥伐公山树木的罚则："越界砍树者按树株大小议罚……所罚之银仍交绅管购买秧种补种隙地。牧童私放野火，不严加管束者，按照毁伤之树议罚，每株罚银元五角，即将所罚之银另贸买秧种补种。"① 可见其罚则重点不在罚银，而在于以所罚之银补种树木，这种朴素务实观念的更新，显然与我们现在提倡的恢复性司法是契合的。

（四）恢复性司法正当性论述：罪刑法定原则的悖与合

1. 从罪刑法定原则内涵层面理解

实践中，恢复性司法模式下"补植复绿"及"增殖放流"等处罚的履行情况是作为量刑情节考虑的，也就是酌定量刑情节。所以说，不涉及定罪争议。环境犯罪案件适用恢复性司法，虽不涉及定罪争议，但在量刑、刑罚种类适用上有不同声音，如行政法规能否规定刑罚。根据《中华人民共和国宪法》《中华人民共和国立法法》等有关法律规定，行政法规不能规定刑罚，因为刑罚作为最严厉的制裁手段，只有刑法才能规定，是其一；其所规定的不是刑罚，而是司法者法官在刑事审判活动中援引了不属于刑罚种类的处罚，是其二；《最高人民法院、最高人民检察院关于办理环境污染刑事案件适用法律若干问题的解释（2016）》第五条在司法解释层面明文规定履行

① 云南省林业厅编撰《云南省志·林业志》，云南人民出版社，2003，第878页。

了相关恢复义务的，可以在量刑上从宽处罚，是其三。因此，将问题归类为简单的"罪刑法定原则"的相悖与契合显然是不全面的。

2. 从法理学法律适用层面理解

在法律适用中，有两种基本的操作，即涵摄及衡量，"法律规则的适用方式是涵摄，法律原则的适用方式是衡量"。

我们通常所说的涵摄，最简单的程式为：

大前提（x）（Tx→ORx）

小前提 Ta

结论 ORx

上述公式的解释为："大前提（x）（Tx→ORx）"指对于所有的 x，若具有性质 T，那么必然具有性质 R，字母 O 作"应当（必须）"意思讲，T 指法律规则所规定的行为，R 指基于这一行为所产生的法律结果；"小前提 Ta"指某一特定人的实际情况符合规范所描述的法律行为；"结论 ORx"是指判断结论。

当然，根据案件事实的复杂程度，还有在此基础上的一般的涵摄程式，不管是简单程式还是复杂程式，都强调从一个法律规范出发合乎逻辑地导出一个法律决定，只有这样才能保证结论符合根据可普遍化原则所规定的证成要求。可普遍化原则确立了形式正义的基础，形式正义要求遵循一个规则，而遵守规则阐表明"要以一定的方式对待所有属于一定范畴的人"。[1] 这在形式上对于保障司法公正有着重要意义，且可以避免法不可知造成行为活动的不安全感。但是，实践中作为小前提 Ta 的案件事实上是丰富多彩的，总有作为大前提不能涵摄或者不能全部涵摄的情况，大前提的欠缺，给法官裁判造成困难，客观上体现了立法的困难。于是，利益法学应运而生，其目的在于发现法官在裁判案件中应该遵循的原则。评价法学以利益法学为基础，特点是"法益衡量"。拉伦茨在《法学方法论》一书中进一步阐释了"法益衡量"的方法，即法官从事法的续造之方法，包括超越和非超越法律的续

---

① 〔德〕罗伯特·阿列克西：《法律论证理论》，舒国滢译，中国法制出版社，2002，第 275 页。

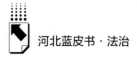

造两种模式，续造的方式有类推适用、目的性限缩、目的性扩张等。

根据法定原则、法的可预测性原理等，在刑事诉讼中，禁止不利于被追诉人的漏洞补充方法。类推适用、"目的性限缩"、"目的性扩张"等均需有利于被追诉人才得适用。至于"创造性补充"，允许作出有利于或不利于被追诉人的漏洞补充，但在作出不利于被追诉人的漏洞补充场合，必须依据民主的立法程序进行，而且不得针对当下被追诉人产生溯及力。[①]

恢复性司法的"补植复绿"等处罚方式，《中华人民共和国刑法》中没有明文规定，属于大前提缺失，因此，涵摄程式适用不能，法官用衡量方式寻找应遵循的原则是一种法律的续造，在法学理论上是有依据的。而且"补植复绿"等处罚方式，在形式上增加了被告人除基本刑罚之外的负累，实质上履行"补植复绿"义务作为从轻量刑情节是有利于被告人的。

四　引入恢复性司法的几点思考

生态恢复性司法程序作为"实践先于理论"的产物，在具体办案过程中必然会存在多重问题，但作为具有正当性、可行性以及有可复制推广前景的程序，问题不应成为其发展路上的绊脚石，应进一步探索完善路径。

（一）区域协同是关键

"'上游污染，下游遭殃'是目前我国区域生态环境矛盾的生动写照，也是区际生态利益失衡的集中表现。我国的区际生态差异往往与社会发展差异相对应，即生态资源环境富集区往往是经济贫困区，生态环境脆弱（敏感）区也往往是经济贫困区，具有生态脆弱和经济落后相互重叠和交织的

---

① 雷小政：《刑事诉讼法学方法论·导论》，北京法学出版社，2009，第235页。

特征。"① 近年来，通过调整产业结构、优化能源结构、淘汰落后产能等的努力，我国在应对气候变化方面取得了显著成效。为了在 2030 年甚至更早让环境库兹涅茨曲线接近峰值，我国正在加快步伐。但是，地区之间的不平衡是每个国家和地区都难以避免的。一项关于中国近岸海域水环境的保护和污染治理的调研项目显示："山东等 6 省区处于 EKC 后期阶段，水环境状况明显改善，其中，广西、海南水环境状况良好且趋于稳定，与其产业结构调整、工业内部经济效益提高存在明显正相关；天津、浙江、上海处于 EKC 中期阶段，水环境急需进一步改善；江苏、河北处于 EKC 前期阶段，水质恶化。二产比重过高是河北、天津近岸海域水环境恶化的主导因素，而城镇化对上海、浙江、江苏近岸海域水环境影响更明显。"② 虽然这是关于近岸海域水环境的调研，但道理是相通的，中国各地各具风情，需要统筹考虑各省（区、市）的社会经济发展状况和水环境差异，"因地制宜"制定环境保护和污染治理策略，区域协同治理是基础，实现协同发展是稳定的关键，结合本报告第二部分关于自然资源熵变进程的分析，这种区域协同的范围会逐步扩大，走向全球生态圈建构。

（二）相关立法待完善

"立法者应该把自己看作一个自然科学家。他不是在制造法律，不是在发明法律，而仅仅是在表述法律，他把精神关系的内在规律表现在有意识的现行法律之中。如果一个立法者用自己的臆想来代替事情的本质，那末我们就应该责备他极端任性。"③ 一方面要求立法遵循生态环境本质，将环境犯罪与其他犯罪区分开来，有针对性；另一方面要求谦抑谨慎立法，有必要性。

1. 刑事立法的完善

随着试点的模式逐渐成熟，有学者提出应考虑完善相关刑事立法，使

---

① 黄寰：《区际生态补偿论》，中国人民大学出版社，2012，第 90 页。

② Simbarashe Hove, Turgut Tursoy, "An Invetigation of the Environmental Kuznets Curve in Emerging Economies", *Journal of Cleaner Production*, Vol. 236, November 1, 2019.

③ 《马克思恩格斯全集》第 1 卷，人民出版社，1956，第 183 页。

"生态恢复性司法程序"师出有名、更有强制力。在刑法中明确确立恢复性司法，并规定适用范围和条件。"适用犯罪情节轻微，犯罪行为是初犯，不适用累犯和惯犯，并综合考虑犯罪人的犯罪情节、主观恶意程度等。对情节严重、影响恶劣的犯罪人慎用恢复性司法，以彰显司法威慑力，有效保护生态环境。"① 刑事诉讼法立法完善主要是恢复性司法与刑事和解适用范围的对接，只有将其纳入刑事和解的适用范围，才能顺畅地与不起诉等制度衔接。

笔者认为恢复性司法适用的关键在于恢复受损生态环境，对自然人来说，单纯严格的自由刑于恢复无益，而应加重的是"补植复绿"等强制性公益性劳动，此外，恢复性司法不适用累犯、惯犯，更起不到激励的作用，也造成实践中的困境。例如，一起适用认罪认罚案件中，被告人即使是累犯、惯犯，也仍享有从宽福利，却在恢复性司法禁止条款限制下不能享有从宽福利，这种程序上的矛盾应当避免。关于是否纳入刑事和解的范围，在现行恢复性司法实践中，已有生态环境损害赔偿磋商协议机制进一步完善对应司法确认制度，也可以达到实质上纳入刑事和解范围的效果。所以，就目前实践情况而言，完善行政法规的相关规定是基础，没有必要动辄上升到修改刑事法律的程度。

（三）标准化监督体系要构建

1. 量刑标准统一倒逼量刑公正

标准化体系缺乏之争在多名被告人共同犯罪案件中最为常见。例如，被告人工作岗位和经济状况不同，企业主管经理个人及所在企业支付巨额水污染修复资金，完全解决了被污染地区的生产生活饮水问题，而负责运输、倾倒的人员则不能或者仅能出极小部分修复资金，导致恢复性司法程序中个体对环境恢复作用的差异，从而可能影响量刑时辩护人提出有失公平的辩护意见。

① 李霞：《环境犯罪案件中适用恢复性司法研究》，《云南警官学院学报》2020 年第 4 期。

《最高人民法院、最高人民检察院关于办理环境污染刑事案件适用法律若干问题的解释（2016）》第五条规定是"宽严相济"刑事政策的重要体现，体现了恢复性司法理念，对于"刚达到应当追究刑事责任的标准，但行为人及时采取措施，防止损失扩大、消除污染，全部赔偿损失，积极修复生态环境，且系初犯，确有悔罪表现的，可以认定为情节轻微，不起诉或者免予刑事处罚；确有必要判处刑罚的，应当从宽处理"。对于履行了生态恢复性司法程序要求的被告人，按照什么标准、在什么幅度内从宽处罚，目前没有明文规定，法官量刑自由裁量权过大，亟待建立标准化的裁量体系。完善量刑规范化中关于环境犯罪案件适用"生态恢复性司法程序"的相关规定是路径之一，相应的监督体系亦应建立，以防从轻处罚之后，被告人怠于履行或者拒绝履行"补植管护令"等行为得不到及时管制。"补植复绿"及"增殖放流"等恢复性司法的处罚配套措施，视履行程度可以作为酌定量刑情节，而实践中，这种类型的处罚配套措施在审判阶段往往已经全部或部分履行，为防止量刑裁量权的滥用，需进一步明确从宽处罚的标准，从侦查、审查起诉、审判、执行全过程，对恢复性司法配套措施的协商合意达成、履行情况留痕建档立卡，使量刑规范化、可视化、公开化。

2. 确立生态环境损害磋商协议的司法确认制度

生态环境损害磋商协议的司法确认制度，"是指生态环境损害发生后，赔偿权利人或者其他代表在生态环境损害调查、鉴定评估、修复方案编制等工作的基础上，统筹考虑修复方案技术可行性、成本效益最优化、赔偿义务人赔偿能力、治理能力、第三方监督可行性等情况，与赔偿义务人就损害事实与程度、修复方式、启动时间与期限、赔偿的责任承担方式与期限等进行平等协商，达成赔偿协议，促使赔偿义务人履行生态环境损害赔偿磋商协议的司法确认制度"。① 应建立生态环境损害赔偿磋商协议的司法确认制度，以便利、规范诉讼过程及种类衔接。

---

① 参见孙佑海、闫妍《如何建立生态环境损害赔偿磋商协议的司法确认制度》，《环境保护》2018 年第 5 期。

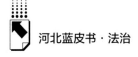
（四）适用案件范围及责任方式问题

1. 因案制宜适用

笔者在调研中发现这样一则案例，甲与家人关系一直不够融洽，但因常年外出务工，接触较少亦并无明显冲突。在新冠肺炎疫情防控期间，甲居家隔离一月有余，与家人朝夕相处，家人冷淡的态度让甲很受伤，为了吸引家人的注意，甲酒后放火。经鉴定，案发时甲患有精神活性物质（酒精）所致的精神和行为障碍，属限制刑事责任能力人。甲认罪认罚，被判处有期徒刑一年六个月，责令补植复绿基地种植岷江柏5142株，并承担三年的造林管护责任，确保成活率达80%以上。该案充分体现了恢复性司法理念在刑事诉讼中的运用，但是，该案被告人患有精神活性物质（酒精）所致的精神和行为障碍，属限制刑事责任能力人，从判决书表述可知其家庭关系并不和谐，那么三年的管护责任、树木成活率保障如何监督？是否在判决被告人补植复绿的同时，一次性判决罚金更适合被告人呢？需要考虑恢复性司法的方式因案制宜。

2. 生态恢复责任方式拓展

可探索多部门联合出台"关于在办理破坏环境资源刑事犯罪案件中健全和完善生态修复机制的指导意见"，采取"明确列举＋概括"的形式，拓宽生态恢复性司法程序适用案件范围，并针对具体案件采取不同的生态恢复责任方式，如拓展"委托修复"（被告人支付修复费用，由专业技术团队设计修复方案）、"替代修复"（修复主体、修复方式可替代）等模式。同时建立相关案例常规上报机制，一方面可以宣传先进地区的先进办案经验，也有利于发现创新性的生态恢复责任方式；另一方面可以起到对自由裁量权的规制作用，以公开公示接受监督倒逼司法公平公正。

结　语

检察机关作为法律监督机关，当结合生态环境保护类案件特点，转变生态检察理念、引入恢复性司法，加强区域协作，拓展责任形式，构建司法确认机制，提升生态检察质效。为打赢"污染防治攻坚战"，做好"六稳"工作，落实"六保"任务，2035 年生态环境根本好转，美丽中国目标基本实现贡献检察力量。

社会治理

Social Governance

B.16
河北多元化矛盾纠纷解决机制建设的
实践困境及其完善路径建议

刘勇*

摘　要： 当前，河北省多元化矛盾纠纷解决机制存在的问题和不足
有：多元化矛盾纠纷解决机制建设缺乏整体和科学的规划，
多元化矛盾纠纷解决机制功能发挥结构失衡，衔接机制不顺
畅，人民调解员队伍建设亟待加强，经费保障不到位。本报
告认为，应树立总体观和大局观，打造多元化矛盾纠纷解决
共同体；进一步拓宽纠纷解决渠道，强化非诉讼纠纷解决机
制的纠纷化解功能；理顺、畅通衔接机制；推进和完善多元
化纠纷解决平台建设；充分调动社会各界人士参与矛盾纠纷
解决的积极性；加强和完善保障机制。

* 刘勇，法学博士，河北省社会科学院法学研究所副研究员，研究方向为民商法。

关键词： 多元化矛盾纠纷　人民调解　河北

　　党的十八届四中全会明确提出，"健全社会矛盾纠纷预防化解机制，完善调解、仲裁、行政裁决、行政复议、诉讼等有机衔接、相互协调的多元化纠纷解决机制"。① 党的十九大报告提出，加强预防和化解社会矛盾机制建设。近年来，河北省深入贯彻党中央决策部署，针对矛盾纠纷主体多元、诉求多元、类型多元的新特点，全面推进多元化矛盾纠纷解决机制建设，推动纠纷解决体系多元化、社会化、立体化、专业化、智能化、法治化，② 有效促进了平安河北、法治河北建设。③ 例如，2019 年 1～9 月，河北全省累计排查各类纠纷 307699 件，预防纠纷 192790 件，调解纠纷 421395 件。④ 2020 年上半年，河北全省调解各类纠纷 14 万件，成功率 98%⑤。河北省多元化矛盾纠纷解决机制建设在呈现出诸多亮点的同时，也存在一些明显的问题和不足。

一　河北省多元化矛盾纠纷解决机制
存在的问题和不足

（一）多元化矛盾纠纷解决机制建设缺乏整体和科学的规划

　　一是缺乏统一、有力的多元化矛盾纠纷解决机制领导和协调；二是多元

---

① 《中共中央关于全面推进依法治国若干重大问题的决定》，中华人民共和国中央人民政府网站，2014 年 10 月 18 日，http://www.gov.cn/zhengce/2014 - 10/28/content_ 2771946. htm。
② 例如，为从法律层面推进矛盾纠纷多元化解机制建设，河北省十三届人大常委会第二十次会议表决通过了《河北省多元化解纠纷条例》，自 2021 年 1 月 1 日起施行。
③ 参见麻新平《河北省矛盾纠纷多元化解调研报告》，康振海、郭竞坤主编《河北法治发展报告（2018）》，社会科学文献出版社，2018，第 102～108 页。
④ 《河北调解工作实战化实效化建设取得阶段性成效》，河北省司法厅网站，2019 年 10 月 18 日，http://sft.hebei.gov.cn/system/2019/10/18/011888812. shtml。
⑤ 《调解成功率 98%，河北上半年调解各类纠纷 14 万件》，河北新闻网，2020 年 8 月 1 日，http://hebei.hebnews.cn/2020 - 08/01/content_ 8027113. htm。

化矛盾纠纷解决机制推进过程中存在发展不平衡问题，比如大调解中心的建设，不仅做法不一，各地的重视程度和支持力度也存在明显差别；三是部分关于多元化矛盾纠纷解决机制的改革方案推出之前，没有经过充分的调研和论证。

（二）多元化矛盾纠纷解决机制功能发挥结构失衡

河北省行政调解、行政复议、商事仲裁等功能尚未得到充分发挥。其中，河北省行政复议功能发挥不足的原因有三方面：一是有些基层政府领导对行政复议工作不够重视；二是化解行政争议职责落实难；三是任务日益繁重与人员力量普遍不足的矛盾突出。河北省商事仲裁主要存在如下几个方面的问题。一是仲裁受理的案件数量明显偏少。以2016年为例，河北省11家仲裁委员会受理案件的总数仅为4938件，平均每家仅449件；案件标的总额仅为105.95亿元，平均受案标的额为9.63亿元，远低于全国平均受案标的额（19亿元）。[①] 二是仲裁案件存在结构不合理、类型过于集中、案件标的偏小等问题。三是各地仲裁机构发展水平存在较大的差异，其中石家庄、沧州等地商事仲裁发展相对较快，而衡水、唐山等地区商事仲裁发展相对滞后。

（三）衔接机制不顺畅

河北省人民调解、行政调解、司法调解三者之间缺乏有效的沟通协作机制，缺乏一个可以互通信息、联动配合、共同解决的平台。法院、公安局、基层组织、社会团体等主体之间各自为战，没有有机地融合起来，建立信息共享、责任共担的联动机制，使有些纠纷调处的环节困难重重，有些相互推诿，有些重复劳动等。

（四）人民调解员队伍建设亟待加强

一是人民调解员队伍建设不稳定，高素质调解人才缺乏。2017年，河

---

① 参见宋连斌等《中国商事仲裁年度观察（2016）》，黄进等主编《中国国际私法与比较法年刊（2017）》，法律出版社，2018。

北省人民调解员数量达到 337109 人。① 表面上看，调解员数量不少，但队伍不稳定，兼职调解员居多，兼而不调的现象突出。更为重要的是，近年来人民调解员整体素质并无明显提高，局部地区特别是乡村地区人民调解员的素质甚至出现下滑趋势。造成这种被动局面的原因很多：一是河北省未对人民调解员建立起科学有效的业绩考评机制，且人民调解员的激励机制存在明显不足；二是河北省法学专家、律师参与调解的积极性、深度、广度与北京、浙江等地有一定差距；三是不仅调解员队伍建设亟待加强，其他纠纷解决主体也存在同样的问题，如商事仲裁的仲裁员，劳动争议仲裁的仲裁员，政府机关从事行政调解、行政复议的人员，专业调解需要的具有专业背景的调解员等，或多或少存在队伍建设不能满足需要的问题。

（五）经费保障不到位

2016 年，河北全省共落实人民调解年度工作经费 3366 万元。② 但是，河北省各地多元化矛盾纠纷解决工作都存在经费保障不到位的问题。一方面是公共财政投入不足，造成相关工作"力不从心"；另一方面是社会资本参与严重不足，进入渠道不畅通。

二 进一步完善多元化矛盾纠纷解决机制建设思路和建议

（一）树立总体观和大局观，打造多元化矛盾纠纷解决共同体

一是做好河北省多元化矛盾纠纷解决工作，要站在推进更高水平平安河北建设的高度，在思想上高度重视、工作上落实责任、组织上提供保障、财

---

① 《河北：覆盖全省城乡的人民调解组织网基本形成》，河北新闻网，2017 年 2 月 20 日，http：//hebei. hebnews. cn/2017 - 02/20/content_ 6321706. htm。
② 《河 北：覆盖全省城乡的人民调解组织网基本形成》，河北新闻网，2017 年 2 月 20 日，http：//hebei. hebnews. cn/2017 - 02/20/content_ 6321706. htm。

政上有力支持，进一步梳理多元化矛盾纠纷解决组织结构、工作框架，明确工作主体、衔接机制。大力推进河北省多元化矛盾纠纷解决工作，努力把影响经济社会发展的消极因素转化为积极因素，避免大量矛盾纠纷进入诉讼渠道。二是河北省各部门、各地区主动前进一步，用联系的、发展的理念，积极协调各方利益，推动河北省多元化矛盾纠纷解决机制进一步融合，出智慧、出力量、出资源，有效整合社会各方力量，形成推进多元化矛盾纠纷解决的合力，打造多元化矛盾纠纷解决共同体，推进多元化矛盾纠纷解决协作水平整体优化升级。三是尽快在河北省平安建设领导小组下设多元化矛盾纠纷解决组，负责统筹协调河北全省多元化矛盾纠纷解决资源力量，发挥纠纷化解的最大功效。河北省平安建设领导小组多元化矛盾纠纷解决组办公室可设在河北省委政法委基层社会治理处。

（二）进一步拓宽纠纷解决渠道，强化非诉讼纠纷解决机制的纠纷化解功能

一是倡导和引领自主协商和解。加大宣传力度，让民众充分认识到自主协商解决纠纷的优越性。加大法律、政策的宣传普及力度，提高民众自主协商的能力和达成共识的概率。二是不断加大组建行业性、专业性人民调解组织的工作力度，特别是在纠纷多发、频发的领域抓紧组建人民调解组织，消除空白点。加强行业性、专业性调解组织星级评定和调解员等级评定工作，完善调解员分类分级管理制度，实施"以奖代补"等激励机制，充分调动行业性、专业性调解组织和调解员工作积极性。三是全面推广建立人民调解工作室。凡调解能力强、在当地影响大、口碑好的人民调解员，都可以设立个人调解工作室。政府应对工作室予以一定的扶持，比如提供办公场所、设备以及运作经费等。工作室主要负责开展当地民间矛盾纠纷以及疑难、复杂和跨地区、跨单位民间纠纷的化解工作，同时承担法律咨询、信访代理等职责。作为主要的购买服务方，政府应根据协议每年向工作室支付费用。这一模式可以有效地将政府职能与社区自治结合起来，对于加强社会管理和支持人民调解的发展都具有重要的意义。四是借鉴上海经验，建立首席人民调解

员制度。选拔一批具有丰富的法律和相关专业知识基础、为人公正、热心人民调解事业的调解员担任首席调解员，作为调解重大、疑难、复杂纠纷的骨干力量，进一步提升人民调解工作专业化水平。五是河北省各级政府应提升仲裁能力，鼓励建立专业仲裁分支机构，为仲裁机构设立、仲裁机构拓宽案源提供必要的支持。六是借鉴浙江经验，积极推广公众责任险、医疗事故责任险、安全生产责任险、环境污染责任险、物业损害责任险等险种，充分发挥责任保险的社会服务和经济补偿功能，为妥善化解矛盾纠纷开辟新的途径。

（三）理顺、畅通衔接机制

一是进一步推进诉调对接。除了与人民调解组织对接外，河北省各级人民法院还应积极与行业调解、行政调解等形成对接，推进保险、医疗、消费、交通等领域的纠纷联动化解机制，通过整合各行业性组织的专业特长和人民法院的法律特长，合力推动行业性矛盾纠纷的有效化解。河北省高级人民法院可与中国互联网协会调解中心签署委托调解协议，打通涉网纠纷诉讼与行业调解之间的衔接通道；可与省知识产权局建立专利民事纠纷诉调对接机制；可与省银保监会建立对接机制，将部分保险合同和交通事故赔偿案件委托给保险协会调解。二是完善"警调衔接"机制和交通事故损害赔偿人民调解机制。在衔接模式上，建立以驻公安派出所人民调解工作室为主，以纠纷移送、协助调解等形式为辅的"警调衔接"模式。三是建立和完善检调对接机制，就轻微刑事案件借助人民调解促成和解。

（四）推进和完善多元化纠纷解决平台建设

一是建立各类平台有机融合、互联互通机制，共同构筑覆盖河北全省各地、各领域的矛盾纠纷多元化解工作平台体系。二是建立完善县（市、区）、乡镇（街道）、村（居）三级矛盾纠纷调处平台，切实化解矛盾纠纷，破解"单打独斗"、群众表达诉求"渠道不畅"、法律维权"门路不通"的困局。

（五）充分调动社会各界人士参与矛盾纠纷解决的积极性

一是适时成立河北省多元化矛盾纠纷解决发展促进会。作为专业性协会，广泛吸纳调解、仲裁等相关组织参加，制定行业工作标准、程序规则及绩效考核标准，规范约束调解、仲裁等矛盾纠纷化解行为，以专家线上线下讲授、案例研讨、以会代训、实地考察、现场观摩、参与法院审判实践、模拟实操等方式开展调解员、仲裁员培训，并组织编写指导调解、仲裁的内部交流材料、刊物等，不断提高调解员、仲裁员的思想素质、业务素质和工作能力。就制定行业工作标准而言，应组织制订房地产、建筑、物业、医患、交通事故、校园矛盾、物业、婚姻家庭、环境、劳资等领域矛盾纠纷化解工作标准和工作流程。二是河北省各级法学会要发挥桥梁和纽带作用，动员组织法学专家作为调解员、仲裁员参与矛盾纠纷化解工作。河北省各级法学会是法学人才智库和思想智库，应建立河北省"法学专家调解人才库"，充分调动法学会各位法学专家的积极性，让法学专家"动"起来，使其成为河北省多元化矛盾纠纷解决工作的重要力量。三是探索"律师介入"机制，利用律师职业的社会中立地位，组织律师参与多元化矛盾纠纷解决工作。河北省应大力引入律师参与调解信访突出矛盾，发挥律师的法律专业优势，对信访矛盾积案逐案出具法律意见书，帮助信访人理解法律、依法维权，努力将化解矛盾的阵地前移，真正实现用社会的方法解决社会矛盾。此外，河北省司法厅应鼓励和支持大成、盈科、国浩、金龙等有条件的省内律师事务所设立房地产、建筑、物业、医患、交通事故、校园矛盾、物业、婚姻家庭、环境、劳资等领域的专业化调解工作室，组成调解团队，将接受当事人调解申请作为一项律师业务开展，并适当向当事人收取一定的费用。

（六）加强和完善保障机制

一是河北省各级党委政府要把全面推进多元化矛盾纠纷解决机制建设纳入地方法治发展规划、平安建设规划，提高多元化矛盾纠纷解决机制建设工作在平安建设目标管理考核中的权重，将软指标变为硬任务，作为各级领导和部门综合考评的重要内容，并健全正向激励机制，实行严格的问责制。[①]考评方面还应积极推进"开门考评"，发挥河北省社会科学院、河北大学、河北经贸大学等第三方的独立、公正、客观、专业等优势，每年对河北省多元化矛盾纠纷解决工作进行专业测评。二是要在经费保障上取得突破，制定"以地方政府公共财政保障为主、以社会筹集和当事人交费为辅"的经费保障方案。尤其要保障人民调解员补贴经费足额到位，大幅增加人民调解员聘任的经费投入，大力推广政府购买服务制度。三是坚持资金来源的开放性原则，鼓励和支持社会资本加入矛盾纠纷多元化解领域，大胆尝试、大胆探索、规范操作、有序推进。例如，可以成立河北省矛盾纠纷多元化解基金，通过非营利性基金会形式鼓励社会资金进入矛盾纠纷多元化解领域。四是委托开发并推广使用"河北省多元化矛盾纠纷解决信息平台"，通过信息平台对矛盾纠纷进行一口受理、归口办理、分口协调、并口回复，实现矛盾纠纷的及时流转和化解、相关部门力量的联合联动，形成相互协作、彼此配合、力量整合且分工明确的工作格局。五是为保障多元化矛盾纠纷解决工作的科学性、规范性，河北省委政法委、河北省司法厅应牵头建立跨部门、跨行业的多元化矛盾纠纷解决专家委员会，在政府决策咨询、技术支持等方面发挥作用。在多元化矛盾纠纷解决专家委员会内，可按专业不同等进行分组，明确各组职责任务。在多元化矛盾纠纷解决专家委员会基础上，还可以组建更大范围的咨询团队，吸纳法律、心理健康等方面的专家，为河北省多元化矛盾纠纷解决机制建设提供更多技术支撑。

---

① 参见刘勇《完善考评机制　推进平安建设》，《河北日报》2020 年 4 月 15 日，第 7 版。

B.17
多元化纠纷解决机制研究
——以基层法院构建市域社会治理大格局为切入点

张旭东　周　煜　刘晶杨*

摘　要：　本报告结合人民法院的司法职能，结合基层法院工作实际，通过阐述多元化纠纷解决机制的内涵和价值，非诉纠纷解决的便利性和诉讼纠纷解决的强制性形成互补。以推进构建市域社会治理大格局为切入点，探索司法职能在法院之外的合理延伸，为社会治理体系和社会治理能力的现代化贡献法治力量。

关键词：　多元化纠纷解决机制　基层法院　社会治理

一　多元化纠纷解决机制概述

近年来，随着经济的发展，我国进入了改革和发展的关键时期，经济体制和社会结构深刻变化，利益格局深刻调整，思想观念深刻变化，人民生活水平有了很大的提高。我国利益多元化的社会已经形成，矛盾纠纷也呈现多样化复杂发展的态势。从司法实践来看，法律调整的局限性和司法资源的稀缺性决定了诉讼方式并不能完全满足社会多元化纠纷解决的需求，集诉讼、非诉讼以及司法行政等多种方式和手段于一体的多元化纠纷解决方式将在整个社会的纠纷化解中逐渐起到至关重要的作用，人民法院作为司法审判机

---

* 张旭东，平泉市人民法院，党组书记，院长，三级高级法官；周煜，平泉市人民法院综合办公室，副主任；刘晶杨，平泉市人民法院综合办公室，五级法官助理。

关，作为矛盾纠纷化解中的重要一环，应积极探索多元化纠纷解决机制的价值与发展之路，充分发挥司法职能作用，加强司法辅助和指导，搭建健全的协作机制，发挥司法资源在市域社会综合治理中的最大效能。

（一）多元化纠纷解决机制的构建

1. 诉讼需求的多样性和司法资源的短缺性之间存在矛盾

近年来，人们的法治观念提高，维权意识越来越强，利益关系的复杂化导致大量纠纷涌现，而立案登记制的实行进一步降低了诉讼门槛，越来越多的人选择通过诉讼方式解决问题，法院的收案数量呈几何式增长，特别是民商事案件数量激增。案件数量增加、难度增大，但员额法官数量却没有相应的增长，甚至由于审判压力的增大，各地法院都出现了人才流失的情况，司法资源愈发紧张。以笔者所在法院为例，现有员额法官 38 名，而 2017 ~ 2019 年案件受理数分别为 6391 件、7716 件、7686 件，司法审判超负荷运转。社会主要矛盾的变化投射到司法层面就是人民日益增长的司法需求与国家司法供给发展不平衡、保障人民权益不充分之间的矛盾，矛盾的转变倒逼多元化纠纷解决方式的构筑与完善。

2. 司法本身固有的局限性在某些纠纷的解决上存在短板

法院的审判实质上是在行使国家权力，国家权力强调的是强制性和对抗性，并附带着高成本性和高技术性的特点。法院审判应作为"正义的最后一道防线"而不应该被推到矛盾纠纷化解的第一线。法律的刚性特点更决定了司法审判应该保持谦抑性和能动性，面对矛盾冲突的复杂性和价值取向的多样性，法律并不能解决社会的所有问题，在某些领域司法审判并非"最佳解决方案"，只能达到"案结"的法律效果，难以达到"事了人和"的社会效果；某些领域执行问题存在困难，"空调白判"现象始终难消除；诉讼的周期性和对抗性甚至会有引发新的矛盾纠纷的风险。可见，仅仅依靠法院一个部门和法律一种手段并不能解决所有的社会矛盾纠纷，从长远来看，社会大众对司法裁判的过度依赖和对司法资源的过度运用，会对社会的健康发展和法治化的实现产生不利影响。

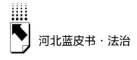

3. 传统法律基础的影响和国家治理观念的转变

20世纪八九十年代，我国的司法体制改革致力于将纠纷向法院集中，但我国构建多元化纠纷解决机制的理念一直根植于历史文化的基因之中。用调解方式解决纠纷由来已久，调解文化在我国一直有着深厚的历史和文化基础。早在周朝我国就在地方官吏中设置调人之职以"司万民之难而谐和之"，经过后续历代的发展，调解一步步成为统治者实现"和为贵"思想的一种有效手段，民国时期也设有调解委员会。新中国成立后，国家也一直注重非诉纠纷解决方式的构建，于1954年设立了人民调解委员会。20世纪60年代，"枫桥经验"取得了良好的社会效果并被充分肯定而推广开来。进入21世纪，我国的治国理政方略发生了新变化，党的十八大强调充分发挥群众参与社会管理的基础作用。2013年十八届三中全会首次提出"创新社会治理"概念，社会形态更加多元包容。十八届四中全会对多元化纠纷解决机制改革做出重要部署，也是第一次从中央层面系统而整体地做出部署。十九大报告进一步提出要"打造新时代共建共治共享的社会治理格局"，强调要加强预防和化解社会矛盾机制建设。党执政理念的转变体现出，我国的司法体制改革从20世纪的将纠纷向法院集中，转变为主张纠纷主体通过对话达成共识，寻求多元化途径解决纠纷。

（二）多元化纠纷解决机制的政策阐释

我国的多元化纠纷解决机制既吸收了传统文化的"和为贵""息讼"等理念精髓，也借鉴了西方国家替代性纠纷解决方式的有益成果；既摒弃了古代的"无讼""厌讼"，也与西方的个案排斥司法纠纷方式有所区分。它的价值在于在保持非诉讼价值的同时，承认诉讼的权威性和主导性，并通过司法确认等衔接机制，将非诉纠纷解决的便利性和诉讼纠纷解决的强制性有效弥合、形成互补，即在多种纠纷解决方式的结合和互补中寻求最佳方案。

多元化纠纷解决机制作为一种满足法治和社会可持续发展需求，兼顾诉讼与非诉讼均衡发展的理念与实践，越来越上升为国家战略。2015年，中共中央办公厅、国务院办公厅联合印发了《关于完善矛盾纠纷多元化解机制的意见》，指出要通过立法推进、制度设计等方式促进各种解纷机制间的对接。2016 年，最高人民法院发布了《关于人民法院进一步深化多元化纠纷解决机制改革的意见》、《关于进一步推进案件繁简分流优化司法资源配置的若干意见》和《关于人民法院特邀调解的规定》，为推动人民法院多元化纠纷解决机制建设提供了规范和指导，随后各地均在法制层面进行了有益尝试。2016 年 5 月 1 日，第一部关于多元化纠纷解决机制建设的地方性法规《厦门经济特区多元化纠纷解决机制促进条例》出台，随后一些省（区、市）也陆续出台相关法规，但也仅限于界定解纷主体职责职能的基本定位，在完善诉讼与非诉衔接多元化解纷机制实质化运行等方面均没有相应规定，内容相对空泛，实操性不强。2019 年，《人民法院第五个五年改革纲要（2019—2023）》再次强调，要深化多元化纠纷解决机制改革，创新发展新时代"枫桥经验"，完善诉源治理机制创新。由此可见，我国在多元化纠纷解决机制的运行方面还有向实质化、制度化迈进的空间，各法院在多元化纠纷解决机制的完善方面还需进行有益探索，不断充实内容，让法院在基层矛盾化解中发挥更加有力的作用。

二 多元化纠纷解决机制在基层法院运行中存在的问题

近年来，全国各地都在努力对多元化纠纷解决进行尝试，部分法院已经形成制度化的经验，还有一部分已推广，取得一定实效。但从整体来看，受多方面因素影响，各地法院多元化纠纷解决机制的发展并不均衡，笔者所在的市地处山区，虽已建立"一乡（镇）一法庭"等基础设施，但依旧面临包括制度政策、资金支持、平台衔接、人员安排等一系列亟待解决的难题。

（一）顶层设计在实际运转方面缺乏行之有效的制度安排

1. 多元化纠纷解决机制的运转方式缺乏法律约束力

中央层面已经深刻认识到了多元化纠纷解决机制在维护社会稳定和促进

经济社会健康有序发展方面的重要作用，最高人民法院等部门也为其实质化运行做了一系列的努力，但是从实际效用来看影响有限。包括最高人民法院在内的各部门在出台多元化纠纷解决机制的相关文件时均冠以"意见"二字，如《关于人民法院进一步深化多元化纠纷解决机制改革的意见》和《关于进一步推进案件繁简分流优化司法资源配置的若干意见》，对于诉讼外的其他解纷主体而言更多是一种提议和倡导，没有直接的约束力和法律执行力，这种号召在实践中很难发挥强有力的作用。

2. 多元化纠纷解决机制的发展缺乏法律和制度支撑保障

非诉讼纠纷解决方式包括且不限于行政调解、行政裁决、仲裁、信访等，仅就调解方式来看，在法律设计上，只有《中华人民共和国人民调解法》在法律制度层面加以规范，其他均缺乏法律制度的支撑，缺乏统一的法律规范和程序规定。立法的滞后严重阻碍了其他调解方式的发展，组织建设欠缺、调解组织缺乏独立性、调解协议效力问题未明确规定等，这些都影响了调解方式的公信力。甚至有些调解方式为了获得调解协议的强制执行力，不得已挂上人民调解的牌子，导致人民调解发展受限的同时挤压了其他调解的发展空间，进一步限制了其他调解方式的发展。

3. 调解案件奖惩补贴机制缺少统一规制

目前，非诉纠纷化解方面没有经费来源，也未在法律上规定奖惩补贴机制。部分地方司法局和法院虽各有一部分经费，但受纪律底线制约，无法根据实际情况发放调解补贴，且缺乏合理的物质保障，人民调解员的积极性将大打折扣。

（二）共治格局尚未形成，多元化纠纷解决机制缺乏内在动力

目前由最高人民法院主导的多元化纠纷解决机制目的在于诉讼分流、降低减法院的人案压力，法院系统尤其是基层法院基于缓解"案多人少"的困境急需案件分流渠道，因此主动联合行政机关、调解组织等部门推动构建多元化纠纷化解机制的积极性较高，但其他非诉纠纷解决组织缺乏推动构建多元化纠纷解决机制的内部动力，主要原因有以下几点。

1. 资金短缺导致解纷组织调解职能边缘化

在众多非诉纠纷解决组织中除仲裁机构收取部分费用外，其他组织没有资金来源及奖惩机制，甚至没有专门的人员配置，很大程度上化解纠纷只是其边缘职能之一，奖励机制的缺乏、组织设置的分散以及相关理念的缺失使大多数非诉纠纷解决组织缺乏内部动力。

2. 权力掣肘导致法院在调解格局上独木难支

就真正推动职能落实的法院来说，其推动制度建设的积极性较高，但由于自身权力掣肘，既无人事任免权也无物质激励机制，很难深入推进共治格局落实。一线法官在工作中面临大量诉讼案件，调处一起纠纷并不比审判一起案件轻松，导致其对多元化纠纷解决机制相对忽视，践行效果欠佳。笔者所在的市现在已经将多元化纠纷解决机制的构建纳入市委深化改革工作重点项目，由市委牵头构建多方参与的"大调解"格局，下一步将会同有关部门完善配套工作机制，此举将有利于破解基层法院面临的困境。

3. 多元化纠纷解决机制与司法确认的衔接性不佳

在司法实践中，因缺乏调解前置程序法律制度，诉前调解没有强制力，司法确认的范围又仅被限定在人民调解协议，调解协议的强制力缺失已经成为阻碍多元化纠纷解决机制完善并发展的问题。按照《关于适用〈中华人民共和国民事诉讼法〉的解释》的相关规定，司法确认程序只适用于调解组织所在地的基层人民法院或人民法庭，而按照《最高人民法院关于建立健全诉讼与非诉讼相衔接的矛盾纠纷解决机制的若干意见》和《最高人民法院关于人民调解协议司法确认程序的若干规定》，委派法院可以受理委派调解协议的司法确认案件，这项规定导致不同层级的法院是否有权办理司法确认存在争议。司法确认只能由法院办理，诉调衔接机制的不通畅又会导致法院只能对调解协议进行程序性审查而非实质性审查，这样在出现虚假调解且无规制程序的情况下，又会衍生出司法确认的风险全部转嫁法院是否合理的新问题。

4. 当事人对非诉纠纷解决方式的选择意愿不高

我国现在低廉的诉讼费收费制度的确缓解了当事人"因诉致贫"情况

的发生，随着立案登记制的实施以及法院各项便民举措的落地生根，当事人打官司越来越便捷，但这也是非诉方式在替代诉讼的成本上毫无优势的原因之一。调解组织的组成人员主体广泛，进入门槛较低，尤其是乡村调解组织参与成员文化水平有限，导致理性当事人在选择时有充分的理由选择诉讼程序，因此对当事人而言非诉纠纷解决方式并非最佳选择。

5. 缺乏统一领导，多元化解纷"一体化"平台运行不畅

目前，网络"一体化"纠纷化解平台尚未建成，各平台之间的数据壁垒也尚未被打破，在线调解平台仅限于道交纠纷"网上数据一体化处理"平台，而其他解纷组织只能线下对接诉调工作，且在具体实践中缺乏统一性、权威性的指挥平台。各地法院发展水平不一，部分地区网络条件差。以笔者所在法院为例，由于内网线路已满，仅中心法庭可以使用政法四级网络办公，其余"一乡一庭"还不具备相应的网络条件，无法通过网络进行数据接收与处理，还需进一步完善网络设施，联通四级政法内网，加大投入购买办公设备，营造良好的工作环境。

三 多元化纠纷解决机制的构想及完善建议

诉讼与非诉纠纷解决方式不是非此即彼的关系，人民法院与其他解纷组织也非替代性关系，而是相互融合、相互促进的关系，同频共振才能发出基层治理最强音。本报告以目前多元化纠纷解决机制在推进过程中存在的困境为角度，结合目前法院系统先进做法，以问题导向阐释如何促进多元化纠纷解决机制的构建与完善。

（一）推进立法进程，为多元化解纷机制提供制度支持

多元化纠纷解决机制实质化建立和运行的前提是法治化。多元化纠纷解决机制是公力救济和私力救济的融合，是诉与非诉问题的程序衔接，亟须从立法层面进行规制。要推进特定类型的纠纷调解适用问题的法律规制，制定和修改相关专门化立法，将非诉纠纷解决方式纳入法治轨道中来。修改并完

善调解人员的选任、培训和奖惩机制，为调解组织提供人员和资金支持，激发调解人员的积极性。制定统一的调解协议司法审查和确认尺度，规范诉与非诉衔接法律制度，从法律层面对虚假调解进行惩戒，从整体上保障非诉调解协议的司法确认质量，免除法院司法确认的后顾之忧。

（二）强化动力支撑，完善"一站式"多元化纠纷解决机制

1. 加强平台建设，畅通诉调对接

法院系统内部有序推动立案、调解、速裁三项程序的有机衔接，并取得了显著成效，下一步应探索建立复合型纠纷解决平台，发挥其核心作用，按照"资源集约、成本管控"的原理，提供多元化纠纷解决平台的"一站式"调解服务。如余杭法院成立的交通事故"一站式"调处平台，探索适用"互联网＋交通审判"模式，通过系统对接和数据共享，整合立案缴费、电子送达、损失确定等功能，通过调解结果预判机制，鼓励当事人选择非诉纠纷解决方式，各主体之间或合力或接力，或主辅协同，实现程序无缝链接，互相支撑。

2. 完善司法确认程序，助推调解协议公信力提升

调解组织出具的调解协议不具备法律效力，这是其公信力低、执行困难的一大根源，健全的司法确认程序为其提供支撑，促使调解工作实现价值初衷，人民法院可以通过强化价值、反向助推的方式，激发民众选择人民调解的主动性。以贵州黔南福泉市人民法院为例，以司法确认为切入点，搭建"福泉112模式"，即1个市级多元调处联动平台，1个以司法确认为切入点的诉调对接平台，第三方组织服务网络和基层"三员两站"便民服务网络，与各个调解组织"点点"对接，曾创下3小时办理16件确认案件的记录。也可效仿深圳市宝安区人民法院做法，将司法确认案件纳入审判流程系统，建立专门的"调确字号"，完善司法统计，将司法确认案件纳入法官绩效考评体系，提高法官的重视程度。

3. 推动"一乡一庭"实质功能回归

充分发挥"一乡一庭"的政治优势和治理优势，强化乡镇法庭职能作

用，与人民调解委员会合署办公，构建基层多元化矛盾纠纷调处大格局。目前，笔者所在单位已将"一乡（镇）一法庭"办公平台同诉调对接系统联通，群众在当地申请登记的纠纷以及立案庭推送至"一乡（镇）一法庭"系统的纠纷将直接转入诉调对接平台，联通各组调解力量。当事人可以选择法官调解、法官指导调解和其他调解机构调解三种方式，同时，坚持用好法院现有的人民陪审员（兼任人民调解员），邀请当地乡贤参与调解，提高纠纷化解率。以上案件若调解未成功，全部由诉调对接系统退回至法院立案系统，立案庭工作人员将在系统内完成立案，推送至诉讼流程。

4. 探索多元化纠纷解决新路径，将调解工作贯穿始终

在实践中，再优秀的调解员也很难达到100%的调解成功率，总有一部分争议较大的纠纷会进入诉讼环节。如果沟通机制不健全、诉前诉中"两张皮"，诉前调解的工作相当于无用功，长此以往，调解员的可信度也会随之下降。因此，凡是调解员调解过的案件进入诉讼程序，理应区别对待。可以考虑在审理过程中，取得双方一致同意后，邀请原调解人员、当事人近亲属以及当地有威望的人员参与调解工作，以取得良好的社会效果，将调解工作贯穿始终。同时，在主持诉中调解时，诉前达成合意部分经过法官审查，除涉及国家、社会及第三人利益以外可以直接引用，免予举证，既节约司法资源，也提高对诉前调解工作的尊重程度。

（三）形成工作合力，多层次架构多元治理格局

1. 开展广泛宣传，增强民众多元化纠纷解决机制的选择意愿

进一步加强对多元化纠纷解决机制的宣传，继续把多元化纠纷解决机制的构建纳入普法内容，通过网络媒体等多种方式广泛宣传多元化纠纷解决机制的特点、功能和优势，引导群众树立正确理性的纠纷解决观。各基层法院可以会同调解组织在乡镇、社区组织开展送法下乡入社区、法律咨询等服务，畅通沟通表达渠道，加强民众对调解组织的了解和认同，增强民众信任感和选择意愿。

2. 提供业务指导和人员支撑，提高调解组织专业化水平

调解组织正处于发展时期，调解员质量参差不齐，且行业调解、商事调解、行政调解等涉及案情更复杂，对专业性要求更高，随着近年来人民调解案件种类的增多，新的矛盾纠纷类型不断涌现，调解工作专业性不足的弊端凸显。因此，包括人民法院在内的相关部门应加强对调解人员的培训，创新搭建培训平台，加强职业道德建设和法律专业素质建设。

3. 提供诉讼人员与非诉人员交流平台，壮大调解组织力量

调解员是诉前化解纠纷的主力军，法官是诉内的调解专家，二者搭建沟通桥梁，便可以起到乘法效应，这一点全国法院系统已经达成共识，但是指导的实效性还需提高。如陕西省富安县人民法院建立"群众说事、法官说法"便民联动中心，法官应邀或主动深入调解中心，提供法治文化宣传、调处矛盾纠纷、提出司法建议。可以建立退休法官人才输送制度，将多年的办案经验转化为精湛的调解技术。

4. 依托互联网技术，搭建多元化纠纷解决"一体化"平台

互联网发展为多元化纠纷解决机制建设提供了广阔的平台，也为法院进一步推进该项机制发展提供最新视角与解决问题的方法。首先各地法院应加强一体化的纠纷解决平台共建。其次应打通部门间数据壁垒，加强司法行政机关与调解组织间的沟通与合作，实现数据共享。最后要强化平台应用，建立纠纷调解数据库，实现线上线下调解资源的全面对接，提升社会治理的智能化水平。

B.18
新时代农村治理的法治化解析

—— 以河北省正定县塔元庄村为例

陈瑞英*

摘　要： 河北省正定县塔元庄村在习近平新时代中国特色社会主义思想指导下，做到了产业兴旺、生态宜居、乡风文明、治理有效、生活富裕，成为新时代农村治理成功的一个实践范例。塔元庄村的治理方式中蕴含着基层社会治理具有普遍性的法治思维和法治方式，也充满了符合本地实际的灵活方法，有效实现了"自治、法治、德治"的结合。可以通过"自治、法治、德治"结合的治理实践，研究如何在自治的基础上，让法治、德治贯穿农村治理全过程，为农村治理体系研究和治理能力提升提供实践样本和具有说服力的材料。

关键词： 农村治理　"自治、法治、德治"　塔元庄村

前　言

塔元庄村是河北省正定县的一个普通农村，"村里过去只有一条凹凸窄仄的小路与外界连接，加上矛盾丛生，问题成堆，能人纷纷外出谋求发展，造

---

* 陈瑞英，石家庄铁道大学文法学院副教授，硕士研究生导师，研究方向为法学理论和社会治理。

成村里经济发展举步维艰，群众渴盼富裕，却又一筹莫展"。① 发展到"2016年底，塔元庄村集体收入超过 1000 万元，固定资产过 5 亿元，村民人均收入达到 2.1 万元，荣获'全国文明村'、'中国最美休闲乡村'等荣誉称号"。②

　　基层历来是国家治理的基础和重点。近年来，我国不断涌现出符合国情地情的基层治理典范。浙江枫桥、山东安丘、浙江桐乡等都为我们提供了基层治理的多样化实践成功经验。农村是我国最基层的场域，在全面依法治国背景下，农村治理尤其是农村法治治理状况成为检验国家治理能力的重要指标。习近平总书记曾深刻总结道："人类社会发展的事实证明，依法治理是最可靠、最稳定的治理。要善于运用法治思维和法治方式进行治理。"③ "基层是一切工作的落脚点，社会治理的重心必须落实到城乡、社区。"④ 在全面依法治国的新时代，社会主要矛盾发生变化，民众对民主、公平、正义、法治等的需求日益增强，基层治理必须回应民众的这种需求，所以，"基层依法治理是依法治国方略在基层的具体实践，是全面依法治国的关键甚至基石"。⑤

　　塔元庄村是我国北方一个普通农村，发展成为新时代中国特色社会主义农村治理的一个成功范例，原因就在于村民始终坚持科学正确的思想指引，坚持党的领导，以及对法治进行创造性实践，保证了正确的发展道路和方向，灵活有效地实现了"自治、法治、德治"的结合。本报告拟将塔元庄村的治理实践放在全面依法治国和农村"三治"结合的背景下，剖析在传统农村治理中中国特色社会主义法治在推进新农村建设和乡村振兴中的重要价值。

---

① 刘瘦云：《塔元庄印象》，《中国企业管理与科技》2012 年第 5 期。
② 许雪亚、杨杰：《塔元庄村"三步走"带来华丽蝶变》，《农村工作通讯》2018 年第 Z1 期。
③ 习近平：《在庆祝澳门回归祖国十五周年大会暨澳门特别行政区第四届政府就职典礼上的讲话》，《光明日报》2014 年 12 月 21 日。
④ 《习近平到上海代表团参加审议》，http://www.xinhuanet.com/politics/2015 – 03/05/c_1114537732.htm，访问时间 2020 年 4 月 10 日。
⑤ 李霞：《新时代"枫桥经验"的新实践：充分发挥法治在基层治理中的作用》，《法学杂志》2019 年第 1 期。

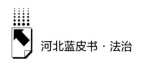
一　中国特色社会主义法治

中国特色社会主义法治是在总结我国长期生活实践经验和悠久历史文化的基础上逐渐探索形成的，具有鲜明的中国特色。

（一）中国特色社会主义法治经历了一个"法制—依法治国—全面依法治国"的发展过程

1978年12月，党的十一届三中全会提出："为了保障人民民主，必须加强社会主义法制，使民主制度化、法律化。"1982年12月4日颁布实施的"八二宪法"确立了法制统一原则，明确规定"国家维护社会主义法制的统一和尊严"。1997年9月，党的十五大明确提出"依法治国，建设社会主义法治国家"基本方略。1999年3月，九届全国人大二次会议通过宪法修正案，把"依法治国、建设社会主义法治国家"作为基本方略载入宪法。2007年10月，党的十七大强调"全面落实依法治国基本方略，加快建设社会主义法治国家"。2012年11月，党的十八大提出"全面推进依法治国"的重大战略任务和"法治是治国理政的基本方式"。十八届三中全会做出"建设法治中国"的抉择。十八届四中全会和2017年10月召开的党的十九大都强调"坚持法治国家、法治政府、法治社会一体建设"。十九大报告明确提出"全面依法治国是中国特色社会主义的本质要求和重要保障"。

可以看出，党和国家做出的符合中国实际的重大决策有力地推进了中国特色社会主义法治发展。这不仅反映出中国共产党对法治在国家发展中重要地位认识的不断加深，对法治的高度重视，也充分反映出中国特色社会主义法治发展每一步都离不开中国共产党的正确领导和推动。正如习近平总书记所说："我们党越来越深刻认识到，治国理政须臾离不开法治。"①

①　习近平：《加强党对全面依法治国的领导》，《求是》2019年第4期。

（二）中国特色社会主义法治始终坚持中国共产党的领导

党的十九大报告指出："党的领导是人民当家作主和依法治国的根本保证"，"依法治国是党领导人民治理国家的基本方式"。2018 年宪法修正案把"中国共产党领导是中国特色社会主义最本质的特征"写进宪法。在中国革命、建设和改革的各个历史时期，中国共产党带领人民艰苦奋斗，取得了各项事业的胜利。在中国特色社会主义法治的道路选择、话语构建、理论创新和实践推进中，必须始终坚持中国共产党的领导，在党的领导下创新法治理论，深化法治实践，在立法、执法、司法和守法的全过程体现党的意志和主张。只有中国共产党才能把全国人民的意志和力量凝聚起来，发展社会主义民主，全面推进依法治国的实施。

（三）中国特色社会主义法治是符合国情、表达民意以及与道德相融共生的法治

我国是工人阶级领导的、以工农联盟为基础的人民民主专政的社会主义国家。社会主义制度是中华人民共和国的根本制度。中国共产党领导是中国特色社会主义最本质的特征。国家一切权力属于人民，人民行使国家权力的机关是全国人民代表大会和地方各级人民代表大会。坚持公有制为主体，多种所有制经济共同发展的基本经济制度和按劳分配为主体、多种分配方式并存的分配制度。文化上，我国经历了漫长的历史发展，传统法律文化中"以宗法为本位的熔法律与道德于一炉的伦理法律价值体系、'德主刑辅'的国家治理与法制运作模式和反映礼治社会客观要求的民俗习惯"。① 这些政治、经济和文化实情对中国特色社会主义法治影响深远。

我国立法、执法、司法和守法中的人民性、公正性、道德性等，充分表现出中国特色社会主义法治是在党的领导下，充分表达民意，用法律制度保障人民当家作主，并且和道德相融共生的符合中国实际的法治。习近平总书

---

① 公丕祥主编《社会主义核心价值观研究丛书·法治篇》，江苏人民出版社，2015。

记曾说："各国国情不同，每个国家的政治制度都是独特的，都是由这个国家的人民决定的，都是在这个国家历史传承、文化传统、经济社会发展的基础上长期发展、渐进改进、内生演化的结果。"①

二 塔元庄村治理的"自治、法治、德治"结合模式解析

塔元庄村是践行习近平总书记提出的"要善于运用法治思维和法治方式进行治理"和党的十九大报告提出的"健全自治、法治、德治相结合的乡村治理体系"要求的治理典范，充分体现了"自治、法治、德治"的结合。

（一）始终坚持正确的指导思想和中国共产党的领导

理论是实践的指引，坚持科学的指导思想和中国共产党的领导才能使实践沿着正确的方向发展。党的十九大报告把十八大以来党的理论创新成果概括为习近平新时代中国特色社会主义思想，并写进党章和宪法。这个思想"是马克思主义中国化最新成果，是当代中国马克思主义、21 世纪马克思主义，是新时代最鲜活生动的马克思主义，是视野宏阔、思想深邃、理论完备、内容丰富、逻辑严密的科学体系"。②农村治理必须坚持以习近平新时代中国特色社会主义思想为指导。

习近平同志在担任正定县委副书记、书记期间，经常下乡调查，提出正定适宜走"半城郊型"经济发展的路子。在"半城郊型"经济思想的指引下，塔元庄村开始快速发展。2008 年 1 月 12 日，习近平同志来到塔元庄村考察，提出加强村"两委"干部队伍建设，搞好新农村建设等。2013 年 7 月 11 日，习近平总书记再次来到塔元庄村考察，提出塔元庄村要在全国率

---

① 习近平：《在庆祝全国人民代表大会成立六十周年大会上的讲话》，《求是》2019 年第 18 期。
② 谢伏瞻：《马克思主义是不断发展的理论——纪念马克思诞辰 200 周年》，《中国社会科学》2018 年第 5 期。

先建成小康，把农业做成产业化、养老做成市场化、旅游做成规范化。总书记每次到村里调研考察都为塔元庄村指明新的正确方向。正如村党支部书记尹小平所说："是习总书记一次次教诲和激励，为我村注入了不懈发展的基因和强大生命力。"

党的领导是国家治理体系和治理能力全面提升的根本保障。塔元庄村的各项成绩都是在坚持党的领导下取得的，塔元庄村治理成功的实践，充分证明只有始终坚持党的领导，才能取得各项事业的胜利。塔元庄村党支部书记尹小平说："俺们村的发展也分三步走，每一步都跟听党的话分不开。从 20 世纪 80 年代中期到 2008 年，走的是'半城郊型'发展路子，算刚起步；2008 年至 2013 年，走的是新农村建设的路子，算一大步；2013 年以后，瞅准的是提前奔小康的路子，我们两步并成一步走。在以后，我们还要在党的领导下，取得更大成绩。"

（二）充分发挥党的基层组织领导核心作用

习近平总书记在十八届三中全会第二次全体会议上指出："国家治理体系和治理能力是一个国家制度和制度执行能力的集中表现。国家治理体系是在党领导下管理国家的制度体系，包括经济、政治、文化、社会、生态文明和党的建设等各领域体制机制、法律法规安排，也就是一整套紧密相连、相互协调的国家制度；国家治理能力则是运用国家制度管理社会各方面事务的能力，包括改革发展稳定、内政外交国防、治党治国治军等各个方面。国家治理体系和治理能力是一个有机整体，相辅相成，有了好的国家治理体系才能提高治理能力，提高国家治理能力才能充分发挥国家治理体系的效能。"

社会有序发展需要社会调控，社会调控有两个必备要素，即调控组织和调控方式，这两个要素随着社会调控的理念变化而有所不同。在以国家管理为主的时期，主要发挥国家和政府管理的职能，注重权力和行政控制，调控主体是国家和政府。在国家治理的理念下，治理主体多元化，除国家和政府以外，社会组织和民众成为社会治理主体，治理方式更注重协商民主。

农村是我国的最基层区域，在农村治理中，同样需要两个不可或缺的要素：一个是治理主体，另一个是治理体系。农村治理就是治理主体运用法律、国家政策、道德准则、风俗习惯等来处理各种村务，稳定农村秩序，促进农村发展。所以，农村治理的好坏取决于治理主体的治理能力高低和治理体系是否完备。

1. 治理主体

党的十九大报告指出："完善党委领导、政府负责、社会协同、公众参与、法治保障的社会治理体制。"在我国的国家治理中，中国共产党有强大的国家治理能力，是国家治理的领导者，通过制定纲领和政策引领国家治理的方向、目标和路径。社会组织和民众在党和政府的积极支持与鼓励下，自觉、主动参与国家和社会治理，政府予以指导和监管。它们根据不同的性质定位，发挥着不同的国家治理主体的作用。

在广大农村，治理主体可以分为"内部型主体、外部型主体以及内—外联合型主体三种类型"。"内部型主体是乡村治理的直接参与者，也是乡村治理规范的制定和实施者。"[①] 根据《中华人民共和国宪法》和《中华人民共和国村民委员会组织法》的规定，中国共产党在农村的基层组织，即村党支部要在农村治理中发挥领导作用。农村内部型治理主体主要有村党支部、村民委员会和其他由村民组成的村民大会、村民代表大会、村民监督委员会、红白理事会等以及广大村民。其中，村党支部和村民委员会发挥领导作用，其他主体积极参与。

根据 2019 年《中共中央国务院关于坚持农业农村优先发展做好"三农"工作的若干意见》"增强乡村治理能力。建立健全党组织领导的自治、法治、德治相结合的领导体制和工作机制，发挥群众参与治理主体作用"和"推进农村基层依法治理"的要求，农村党支部和村委会承担着农村治理主体的重要职能：村民利益表达、整合和实现，国家法律法规纲领政策的传达和执行，农村治理规范的制定和实施，对村民的教育和动员等。总之，就是在自治基础上和法治框架下，采取有效方式，领导村民积极参与农村治理。

---

① 高其才：《健全法治、德治相结合的乡村治理体系》，《光明日报》2019 年 2 月 26 日。

在治理中，塔元庄村党支部和村委会深刻认识到，要激发村民参与农村治理的积极性，首先，必须增强村民对村党支部和村委会的信任，使治理能力和治理方式得到村民认可和支持，增强村民的凝聚力；其次，必须培育村民的集体意识，引导村民为本村发展贡献力量。因为"人只有在与共同体及其成员的相互承认与相互帮助中，才能达到个人自足状态。因而，权利的实现，仰赖于共同体的正常存续；而共同体的正常存续，又立足于共同体成员履行其对于共同体的义务"。①

为此，塔元庄村在村党支部和村委会发展经济和文化教育，使村民的参与意识不断增强。首先，村党支部和村委会制定了"强村富民"的目标和分段式发展模式，村党支部和党员充分发挥战斗堡垒作用和先锋模范作用，通过修路、旧村改造、发展高效农业以及创新市场营销模式、养老模式、旅游发展模式等，带领村民走上了致富的道路。其次，立足于农村实际，邀请有关专家到村里讲党课，用村民易于接受的方式，开展思想政治教育、法治宣传教育、文化服务活动等，大力倡导尊老爱幼、邻里和睦、团结互助的道德品质，不仅提高了村民的物质生活水平，而且村民的精神面貌、村容村貌、文明程度和邻里关系等都有了很大改观。

2. 治理体系

2017 年 6 月《中共中央国务院关于加强和完善城乡社区治理的意见》规定："充分发挥自治章程、村规民约、居民公约在城乡社区治理中的积极作用，弘扬公序良俗，促进法治、德治、自治有机融合。"2018 年《中共中央国务院关于实施乡村振兴战略的意见》规定："必须把夯实基层基础作为固本之策，建立健全党委领导、政府负责、社会协同、公众参与、法治保障的现代乡村社会治理体制，坚持自治、法治、德治相结合，确保乡村社会充满活力、和谐有序。"2018 年 9 月《乡村振兴战略规划（2018—2022 年）》规定："坚持自治为基、法治为本、德治为先，健全和创新村党组织领导的充满活力的村民自治机制，强化法律权威地位，以德治滋养法治、涵养法治，

---

① 秦小建：《宪法的道德使命——宪法如何回应社会道德困境》，法律出版社，2015，第 253 页。

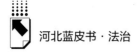

让德治贯穿乡村治理全过程。"党的十九大报告指出："加强农村基层基础工作，健全自治、法治、德治相结合的乡村治理体系。"

据此，"乡村治理依据的规范是多元的，主要包括国家法律、政策、党内法规、上级党政部门规范性文件、村规民约、道德规范及乡村自组织规范等"，① 分别承载法治功能、自治功能和德治功能。

塔元庄村的治理体系，除了依据国家法律、政策、党内法规、上级党政部门规范性文件等以外，还根据本地实际修改完善的村规民约，并以此为基础，在加强基层党组织建设、推动移风易俗、带动经济发展和化解农村社会矛盾等方面制定了近50项制度，把治理工作规范化、制度化，避免主观性和随意性。如《村党支部工作制度》《村委会工作制度》《村民代表大会工作制度》《操办婚丧嫁娶、满月喜宴的章程规定》《村集体资产利用及项目建设公开招标制度》《村级集体资产民主管理制度》《村级集体资产使用决策制度》《村级集体资产有偿使用收费公示制度》《村级财务预算和执行情况报告制度》《村级集体资产承包租赁合同管理制度》《村卫生、保洁管理制度》《楼区卫生管理制度》《垃圾分类收集处理制度》《村务公开制度》《村综治维稳组织工作制度》等，这些制度文件不是简单的条文堆砌，而是相互协调一致的统一整体，共同构成了一套有效的农村自治规则体系。

（三）治理过程充分体现了现代法的价值

基层组织作为农村主要的内部型治理主体，根据国情和当地的实际情况，通过各种村民易于接受的方式，把法的理念传递给村民，是农村法治化的有效方式。塔元庄村的治理过程充分体现了现代法的价值。

1. 民主

民主就是人民当家作主，是社会主义核心价值观的重要内容，也是21世纪中国的奋斗目标："把我国建设成为富强文明民主和谐美丽的社会主义

---

① 缪金华：《习近平河北调研"四点"要求引人关注》，人民网，2013年7月14日，http://opinion. people. com. cn/n/2013/0714/c1036 - 22190818. html。

现代化强国。"《中华人民共和国宪法》规定:"中华人民共和国是工人阶级领导的、以工农联盟为基础的人民民主专政的社会主义国家。"邓小平同志曾提出:"没有民主就没有社会主义,就没有社会主义现代化。"① 习近平同志指出:"发展社会主义民主政治,是推进国家治理体系和治理能力现代化的题中应有之义。"②"选举民主与协商民主相结合,是中国社会主义民主的一大特点。"③ 习近平总书记指出:"人民是否享有民主权利,要看人民是否在选举时有投票的权利,也要看人民在日常政治生活中是否有持续参与的权利;要看人民有没有进行民主选举的权利,也要看人民有没有进行民主决策、民主管理、民主监督的权利。"④

关于选举民主和协商民主,《中华人民共和国宪法》《中华人民共和国立法法》《中华人民共和国全国人民代表大会和地方各级人民代表大会选举法》《中华人民共和国村民委员会组织法》等都做了制度化的规定。

农村实行村民自治,选举民主是鼓励村民参与农村治理的前提和基础,协商民主是村民参与意识和参与能力不断得到锻炼和提升的过程。为保障村民参与民主管理,塔元庄村在处理村里的重大事项时,一直坚持实施"四议两公开一监督"工作机制,保障决策的民主性、公开性。

在旧房改建项目中,习近平总书记亲自看过村民住宅楼规划,嘱咐村干部"要征求村民意见"。在多次听取村民意见后,村里拿出了一套完整的改建方案。之后,又多次召开党员大会、村民代表大会讨论,最后表决通过。随后村里组织村民外出考察,一户出一个人,全村有近 500 人先后赴江苏华西村、天津双街村、河南刘庄村及石家庄市等地进行考察。回来后,一户发一张表,就是否同意拆迁签字,直到达到开工条件。

---

① 邓小平:《坚持四项基本原则》(1979 年 3 月 30 日),《邓小平文选》第 2 卷,人民出版社,1994,第 168 页。
② 习近平:《在庆祝全国人民代表大会成立 60 周年大会上的讲话》,《人民日报》2014 年 9 月 6 日。
③ 中华人民共和国国务院新闻办公室:《中国的政党制度》,《光明日报》2007 年 11 月 16 日。
④ 习近平:《在庆祝中国人民政治协商会议成立 65 周年大会上的讲话》,《光明日报》2014 年 9 月 22 日。

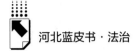

在建设现代农业科技示范园的过程中，对涉及流转土地的问题，经过全体党员、村民代表联席会议充分讨论，达到意见高度统一。在农业园区施工阶段，村班子组织党员、村民代表成立监理小组，从动工到完工，全程监督施工质量，保证了重大事项公开透明。

民主参与的共建共治感是集体感的前提，意见被征求尤其是被采纳会激发更高的参与热情。通过参与实践，村民主体意识和参与热情高涨，乡村治理上形成了人人参与、人人尽责的良好局面。

2. 秩序

在法治社会中，自治不是随意的无秩序的治理，而是一种规则之治。秩序是构建人们彼此间协调的关系，是法的重要价值，也是实现法的其他价值的基础。基层保持良性秩序发展，是社会和谐稳定的重要保障。要形成和保持秩序，必须使经济和道德建设协同发展。"任何一个社会，要想保持基本秩序，就必须通过各种手段，设计各种制度、机制，把贫富差距控制在适度的水平。"①

塔元庄村的治理首先开始于经济发展。这些年，塔元庄村始终围绕加快经济发展、实现村民幸福生活这个主题，坚持以"强村富民"为目标，在习近平总书记提出的"半城郊型"经济思想指引下，结合本村实际，创新思路，深挖农业潜力，把农业做成了产业化，走上了发展现代农业之路，带领村民增收致富。先后兴建了现代农业科技生态园，成立了河北首家农业科技示范园区；滹沱河岸2000亩沙地进行了生态林绿化，建设了集旅游休闲度假于一体的综合景区；发展现代农业，建成了无公害豆芽厂、豆腐厂、美食街；注册了专属商标；养老做成了市场化。目前，塔元庄村集体经济、民营经济和家庭经济共同发展，呈现出"产业兴旺"的格局，村民人均年纯收入不断提升，成为有名的小康示范村。

在致富的同时，塔元庄村积极进行道德文化建设，在社会主义核心价值观的引领下，用村民易于接受的方式传承文明。投资打造社会主义核心价值

---

① 秋风：《儒家式现代秩序》，广西师范大学出版社，2013，第58页。

观涵育基地，建成文化长廊 1 座、宣传栏 4 处，喷绘各项标语及公益宣传。基地内主要展示十九大宣传标语、社会主义核心价值观内容、习近平总书记两次来村视察的相关照片、2013 年总书记为塔元庄村提出的发展方向、村内文化宣传栏、按照总书记指示落实情况宣传栏等。不仅对本村村民进行政治和文化熏陶，还成为中国人民大学等十几个单位的基层教学基地，发挥着辐射全国的重要作用。

创新道德教育方式。为了节约资源和节省时间，塔元庄村在村民综合服务中心每天早晨为所有村民提供免费早餐，餐前有固定仪式：由村里德高望重的村民讲道德规范，如勤俭节约、尊老爱幼等，大屏幕不间断播放这些规范。村里经常开展"善行好人""好媳妇好婆婆""说说我的家风家训""团结和谐、美丽家庭""爱国教育、文明礼貌、孝亲敬老"等形式各样的活动，善行义举、爱国爱家蔚然成风；每年大年初一，党支部书记带领全体村干部给村民拜年；重阳节，全村 60 岁以上的老人聚集一堂开联谊会等。把道德教育落在实处，村民的公共道德、家庭美德和个人品德明显提升，道德文化教育取得了良好的效果。

村里同时进行法治教育。根据村民的认知水平，利用节假日、农闲时机，把村民组织起来，采用"请进来"的方式，邀请县委组织部、宣传部、党校、司法局、团委、妇联和高校学者等专家，经常性来村里给村民讲党课、讲法治，采取的方式是大家坐在一起"念叨念叨"，唠家常式的讲课方式非常容易被村民接受。党的十八届四中全会以后，村里开始建设法治乡村，加大了法治宣传教育的力度和频次，让村民学法、知法、守法，牢固树立法治意识，使法律在基层得到落实和普及。

村里把在经济文化道德和法治领域取得的发展成果惠及全体村民，建起了文化广场、综合服务中心、卫生所、图书室、老年活动中心等。每月给 60 岁以上的老人发放 200 元补贴，米面油按月送上门，提供免费体检、过生日。新农合的缴纳费用和数字电视收视费由村集体补贴；独生子女户意外保险费、物业费、电梯使用费和冬季供暖费都由村集体负担，考入全国排名前 20 位大学学生的学费也由村集体负担。

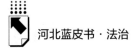
塔元庄村经济发展为村里的法治和道德建设奠定了坚实的物质基础，而经济、文化、社会、家庭的法治和道德建设，又为村里的经济进一步发展创设了良好的文化环境，成为农村建设和发展的强大精神动力。这样的良性循环使该村的经济秩序、生产秩序、生活秩序和家庭秩序保持稳定，村风文明。共享社会发展成果是社会认同的基础，共享感是共同体感的真正基础。享受到发展成果的塔元庄村村民，更加认同、积极参与和支持农村治理。

3. 公正

公正是社会主义核心价值观的重要内容，是国家治理的首要价值理想，也是法的最高价值，在社会各领域广泛使用。"古往今来，人们思想认识关涉的几乎所有价值评判问题，人们社会活动追求的几乎所有利益和权利问题，人们社会行为引发的几乎所有关乎是非曲直的裁判问题，都与公平正义具有高度相关性。"① 但何谓公平正义，没有统一的界定。美国法学家博登海默说："正义有着一张普洛透斯（Protean）似的脸，变幻无常、随时可呈不同的形态并具有极不相同的面貌。当我们仔细看这张脸并试图揭开隐藏其背后的秘密时，我们往往会深感迷惑。"②

公平正义的实现，能激发社会的活力和创造力，增强凝聚力。党的十八大报告提出："公平正义是中国特色社会主义的内在要求。要在全体人民共同奋斗、经济社会发展的基础上，加紧建设对保障社会公平正义具有重大作用的制度，逐步建立以权利公平、机会公平、规则公平为主要内容的社会公平保障体系，努力营造公平的社会环境，保证人民平等参与、平等发展权利。"习近平总书记指出："我们推进改革的根本目的，是要让国家变得更加富强、让社会变得更加公平正义、让人民生活得更加美好。[19]党的十九大报告提出，从 2020 年到 2035 年，人民平等参与、平等发展权利得到充分保障。

在我国，"公平正义问题涉及三个关键词：公平、公正和正义，公平的

① 李林：《通过法治实现公平正义》；俞平平《国家底线——公平正义与依法治国》，中央编译出版社，2014，第 16 页。
② 〔美〕E. 博登海默：《法理学、法哲学与法律方法》，邓正来译，中国政法大学出版社，1999，第 252 页。

核心是平等，公正的核心是无私中立，正义是公正的义理"。[20]

公平的核心是平等，是法的重要价值之一。平等要求反对特权和歧视。塔元庄村的平等，体现了法治社会中平权型的自治关系，主要表现为基层组织成员与普通村民之间、普通村民之间的平等。基层组织成员与普通村民之间的平等，使村民对基层组织充满了尊重和信任，对基层组织的工作充分理解和配合，大大提高了工作效率。村民之间的平等，使村民之间建立起相互的信任，可以很好地进行低成本的各种合作，村民相处更加和睦，形成了"平等—信任—合作—高效"的良性互动模式。

公正的核心是无私中立，指权威机构或个人在处理社会事务时，秉持公而无私的立场和态度。正义是公正的义理，指基于自然正义观所形成的道德规范和制度规范。

《史记·货殖列传》载："众人熙熙皆为利来，天下攘攘皆为利往。"利益是人进行创造的最大动力，但因为资源的有限性和主体的多元性，利益也是矛盾产生的根源，是法的重要价值之一。利益追求、利益表达、利益维护和纠纷化解都是不能回避的问题。

塔元庄村党组织在利益面前勇于奉献，坚持群众优先，公平公正地解决村民关注的问题，把矛盾解决在萌芽状态。如在旧房拆迁中，坚持拆房先从自家拆起，分配新居时，打破"抓阄"惯例，按照先村民、后党员、最后基层组织干部的顺序。在农村容易产生矛盾的水电费缴纳和宅基地审批问题上，公正办理。塔元庄村规定，所有村干部和村民一样，一律按水表和电表收费。村里按照"公平、公正、公开"的原则，结合村容村貌治理实际，对宅基地平等审批。

中国特色社会主义社会治理的本质要求和治理理想就是以人民为中心。《中华人民共和国宪法》规定："中华人民共和国的一切权力属于人民。"党的十九大报告提出："坚持以人民为中心。把人民对美好生活的向往作为奋斗目标"，"打造共建共治共享的社会治理格局。"在塔元庄村的治理中，通过法治思维和法治方式，做到了"自治、法治、德治"相结合，真正实现了"产业兴旺，生态宜居，乡风文明，治理有效，生活富裕"。

B.19
河北农村公路治理法治化问题研究

刘嫒嫒　张立辉　栗　辉＊

摘　要： 河北农村公路发展全面落实党中央关于乡村振兴、扶贫攻坚等国家重大战略，站位建设交通强国，不断加强基础设施建设，优化路网结构，完善政策机制，加大对深度贫困地区的支持力度，取得了从速度规模向质量效益转型的发展成效。但是仍然存在引领和保障农村公路发展的法治规范体系不完善、行政管理体制不规范、依法治路没有充分落实等制约因素和法治化问题。本报告提出，要顺应依法治国基本方略、推进农村公路治理体系和治理能力现代化、提升农村公路发展法治化水平，通过法治化路径推动改革、解决问题、巩固成果，应当从完善法治规范体系、健全行政管理体制、畅通纠纷化解渠道、形成法治治理生态等方面进行深入研究和探索。

关键词： 农村公路　乡村治理　法治化

引　言

农村公路是指纳入农村公路规划，并按照国家和省公路工程技术标准修

＊ 刘嫒嫒，河北省交通运输厅公路管理局高级政工师、经济师，研究方向为政府法治、公法规制、行政法；张立辉，河北省交通运输厅公路管理局高级工程师，研究方向为土木工程、公路交通；栗辉，河北省交通运输厅公路管理局高级工程师，研究方向为公路建设投融资体系。

建的县道、乡道、村道及其所属设施。其中，县道是指除国道、省道以外的县际公路以及连接县级人民政府所在地与乡级人民政府所在地和主要商品生产地、集散地的公路；乡道是指除县道及县道以上等级公路以外的乡际公路，以及连接乡级人民政府所在地与建制村的公路；村道是指除乡道及乡道以上等级公路以外的连接建制村与建制村、建制村与自然村、建制村与外部的公路（不包括村内街巷和农田间的机耕道）。

由此可见，农村公路是覆盖范围最广、服务人口最多、提供服务最普遍、公益性最强的交通基础设施，是广大农村地区对外的通道，农村公路网是国家路网大动脉的"毛细血管"。因此，扩大农村路网覆盖范围，加快构建安全便捷、通村畅乡、外通内联的农村公路网络体系，是发展农业农村经济和实现农民致富的先行保障；在农村改革发展大局中把农村公路发展作为改善民生、服务"三农"的重要内容，对于新时代打赢脱贫攻坚战、实施乡村振兴战略有着重大政治意义和实践意义。

近年来，河北农村公路发展深入贯彻习近平总书记关于建好、管好、护好、运营好农村公路重要指示批示精神和党中央、国务院决策部署，将"四好农村路"建设纳入全省 20 项民心工程，深入推进体制改革和机制创新、政策创新，大力实施补短板、促发展、强管理、促养护、提服务、助增收、保安全、重示范"八大工程"，基本实现了全省农村公路建管养运协调可持续发展，为全面建成小康社会提供了坚强的农村交通保障。

但是，河北省主要采取以省政府及相关行业主管部门为主导，成立专项组织、运行机构，制定和执行政策、规范性文件的方式来推进农村公路发展工作。这固然在很大程度上提升了行政效能，但若最终不以法治化路径推动改革、解决问题、巩固成果，必然会降低工作措施的长效性和规范性。鉴于此，本报告从法治化研究视角，全面审视河北农村公路发展现状，以及近年来改革创新的实践经验，深入分析研究河北农村公路在建设、管理、养护、运营等方面的主要制约因素和法治化问题，以推进农村公路治理体系和治理能力现代化、提升农村公路发展法治化水平为目标进行初步探索，进而提出河北农村公路发展法治化路径选择。

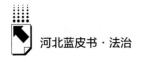
一 河北农村公路发展现状与实践做法

党的十八大以来，习近平总书记高度重视农村公路建设，多次做出重要指示，要求建好、管好、护好、运营好农村公路。党的十九大之后，习近平总书记从实施乡村振兴战略、打赢脱贫攻坚战的高度进一步提出，既要把农村公路建好，更要管好、护好、运营好，为加快推进农业农村现代化提供更好保障。河北省委省政府将"四好农村路"作为服务全面建成小康社会、推进农业现代化、让人民共享改革发展成果的重要载体，取得了"四好农村路"建设明显成效。截至2019年底，全省农村公路总里程达17万公里，其中县道1.2万公里，乡道4.6万公里，村道11万公里，等级公路比例达到97.7%，路面铺装率达92.5%；农村公路桥梁共16000余座，一二三类桥梁达14000座以上，占比92.9%；农村公路隧道共100余处，一二三类隧道20余处，占比25.2%。全省农村公路养护里程达17万公里，列养率100%，农村公路已评定里程的优良路率为73.6%；206个深度贫困村全部实现通连村硬化路，具备条件的乡（镇）、建制村通硬化路比例均达到100%；全省乡（镇）和建制村通客车率均达到100%，基本完成农村客运班线公交化改造的乡镇达55%，农村公路安全通行能力持续提升，农村人居环境明显改善。

（一）建立起集中高效的组织机构和统筹协调的工作机制

河北省政府成立了相关行业主管部门组成的全省"四好农村路"建设领导小组，河北省人民政府办公厅印发了《河北省深入推进"四好农村路"建设三年行动计划（2018—2020年）》，明确了农村公路建管养运4个方面14项重点任务和5项保障措施；省交通运输主管部门组织力量成立"四好农村路"建设工作办公室，制定年度"四好农村路"建设实施方案，建立了集体会商、信息交流、督查检查等统筹协调工作机制，集中推进具体工作，基本建立起权责清晰、高效运转的农村公路行政管理组织机制。各级政府强化发改、财政、农业农村、生态环保、自然资源、林业、文化和旅游、金融管理、邮政等相关主管部门行业协同，确保落实项目审批、资金下达、示范县创建、土地政策支持、公路绿化等方面管理职责；13 个市政府、174 个县政府均成立了相应的组织领导机构，13 个市政府全部出台了三年行动计划。

（二）基本形成了财政资金主导、社会力量支持的资金保障机制

在农村公路建设方面，积极争取中央车购税补助资金，加大省级农村公路建设资金投入，提高对贫困县特别是深度贫困县省级资金补助标准；市、县级政府通过列入财政预算、使用一般债券等方式多渠道筹集资金。有的县实行"向上争、市场筹、干部助、社会捐、群众投、政府奖"六种筹资渠道，有的县整合使用涉农、京津对口帮扶、"一事一议"等专项资金，有的县采用 PPP、BOT、TOT 等融资模式鼓励社会资本参与建设，吸引了市场资金、社会资金，拓宽了以公共财政为主的资金来源。

在农村公路养护方面，提升省级补助标准，提高部分结合年度考核情况以"以奖代补"的形式进行补助，从政策上引导各地增加资金投入；以省政府办公厅规范性文件的形式明确了每年市、县公共财政用于每公里农村公路日常养护资金的最低限额，以及市级公共财政承担金额的最低比例，为县级政府将农村公路养护资金列入财政预算提供了政策依据，以财政资金投入为主的资金保障体系基本建立。

（三）全面推行农村公路"路长制"，推动落实县级政府主体责任

省政府办公厅印发了《关于全面推行农村公路"路长制"的通知》，各市、县政府印发了全面推行"路长制"的实施意见，明确了由县、乡级政府主要领导以及村委会主要负责人担任县、乡、村三级路长，对辖区内农村公路建管养运及路域环境整治负总责；县、乡两级政府按照"县道县管、乡村道乡村管"的分级管理机制，设立了路长日常工作机构及县有路政员、乡有监管员、村有护路员的路产路权保护队伍。实行路长信息登记制度，按照职责逐路逐段明确县、乡、村路长，建立路长基本信息库；在农村公路沿

路设置公示牌，公开公示路长信息，广泛接受社会监督，全省农村公路县、乡、村三级路长责任体系基本建立。对"四好农村路"建设开展专项考核，考核结果与"以奖代补"资金挂钩，推动县级政府将"四好农村路"建设纳入考核指标体系，爱路、护路乡规民约、村规民约制定率达到100%，农村公路治理能力显著提升。

（四）健全专业化养护和群众性养护相结合的养护模式

结合农村人居环境治理、建设美丽农村路，成功尝试建养一体化模式，积极推广市场化专业化养护，广泛应用城乡管护一体化、"以路育树、以树养路"、义务养护、贫困群众有偿养护等群众性多元养护模式，以县为主、分级负责、群众参与的农村公路养护格局基本形成，农村公路技术含量逐年上升，建设美丽农村路成为打造生态宜居农村的先行之举。2019年，全省范围内市级命名250条2478公里美丽农村路，省级命名28条504公里美丽农村精品示范路；张承草原天路、涉县圣福天路、易县"绿廊花谷龙西路"等精品美丽公路，充分发挥了农村公路对人居环境改善、产业融合发展的保障作用。

（五）运用现代信息手段推动农村公路提升治理能力

结合"智慧交通"建设，探索实施"农村公路＋互联网"发展模式，线上线下融合，利用云平台、大数据、移动互联网技术，对农村公路基础数据、养护管理、安全设施、日常巡查等各方面实行信息化管理。开发使用"智慧路长""智慧公交"等App，实现"线上管理＋线下巡查"的工作模式；建立"互联网＋"交通信息智能系统，对路网运行、车辆运营监管、危桥险段预警、公交运营智能调度等实行数据化管理与监测，实现农村公路重要节点全覆盖；实施集车辆卫星定位数据查询、重点路段视频监控、"二维码"路线信息、投诉举报和业务咨询于一体的动态、网格化管理；利用卫星遥感技术检测桥梁病害；通过无人机路政执法维护路产路权；等等。这些措施推动了农村公路逐渐实现可视化、实时化、精细化管理，极大提升了农村公路管护和运营服务科技水平。

二　河北农村公路发展中的法治化问题与制约因素

近年来，河北农村公路发展取得了显著进步，但在长效保障机制上还不完善，尤其是在全面依法治国、建设法治政府、推进治理体系和治理能力现代化的过程中，以法治化路径引领、规范和保障农村公路建管养运各项工作的固态性、有效性还不够，在今后的工作实践中必然会影响改革成果的巩固和长效运行。河北农村公路发展面临的法治化问题和制约因素主要有以下三个方面。

（一）引领和保障农村公路发展的法治规范体系不完善

法治化的重要前提在于法治规范体系的完善。一方面，现行河北农村公路法治规范体系中适用的大部分法律、法规、规章出台时间比较早，地方性法规缺位，相关政府规章也几乎没有开展过修订工作，其中很多内容因不符合当前社会经济的发展形势而不再适用。另一方面，近年来党中央、省委、省政府提出的重大战略部署，对新时代农村公路发展提出了新的标准和要求。党的十八届四中全会提出全面推进依法治国重大问题的决定，党的十九大提出建设交通强国重大战略决策，河北省委省政府提出建设经济强省、美丽河北，谱写交通强国河北篇章重大部署；《交通强国建设纲要》《关于建立健全城乡融合发展体制机制和政策体系的意见》《关于加强法治乡村建设意见》《关于印发交通运输领域中央与地方财政事权和支出责任划分改革方案的通知》《关于深化农村公路管理养护体制改革的意见》等一系列重要文件的出台，都立足于社会经济发展规律和社会实践，对当前建设农村交通基础设施网、建立规范化可持续管护机制、推进城乡客运服务一体化等做出了部署、提出了变革要求，对现行农村公路法治规范体系产生了强大冲击。

同时，近年来省、市、县级政府及行业主管部门相继出台了许多规划、实施方案等规范性文件，对于推进农村公路具体工作具有很强的可操作性和实用性，但是这些文件因效力等级不高而无法满足法治化需求，农村公路发展依然缺乏可适性立法依据。

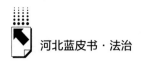

（二）行政管理体制不规范，设立专项机构具有临时性

近年来，随着"四好农村路"建设力度不断加大，省、市、县、乡级政府工作任务日益加重，行政机关处于高负荷运转状态，原有机构设置和人员难以满足现实需求，设立专项临时机构、大量抽调临时工作人员的情况日益普遍。这些机构的设立和人员调配没有行政组织法依据，职责权限不明确，管理存在随意化倾向和不确定因素，其做出的带有行政管理性质的行为接续性、权威性和执行力不足，成为地方政府主体责任落实不到位的重要原因。同时，乡、镇没有农村公路专职工作人员，基层管理干部队伍不专业，导致改革精神、工作制度落实不到位，不能显著改善实际问题。

2018年6月1日实施的交通运输部《农村公路建设管理办法》虽然在立法上取得了一定进步，明确了县级人民政府承担农村公路建设主体责任的内容，并且首次明确了乡、镇人民政府是村道的建设主体，但并未在行政组织法意义上对以上行政主体在设立农村公路建管养运机构、建立管理机制、明确人员编制等方面提供立法依据。目前的工作实践中仍由非正式组织机构负责农村公路具体工作。

（三）依法治路没有充分落实，法治理念未能深入人心

依法治路是农村公路发展改革的重要保障。落实依法治路需要政府、行业主管部门、社会公众在推进农村公路建管养运和保护工作上形成合力。但从农村公路发展实践中存在的诸多问题来看，农村公路区域发展不平衡，发展水平差距较大，依法治路没有充分落实，法治理念没有深入人心。一方面，农村公路行政执法存在很多薄弱环节，各类破坏农村公路基础设施和公路权益的现象时有发生；另一方面，农村公路行政执法在主体、程序和行为上的不规范，也容易导致对人民群众合法人身、财产权益的侵害。

河北农村公路发展存在的具体问题如下：有些地方公路保护的形势严峻，存在非法占用和挖掘公路、随意挪动甚至损毁公路附属设施和安防设施、乱砍滥伐护路林等严重危害公路的现象；有些地方公路沿线村民缺乏爱

路护路意识，在农村公路建筑控制区内乱搭乱建、摆摊设点、倾倒垃圾，极少数路段甚至出现公路街道化现象；有些地方政府仍然存在"重建轻养"、"以建代养"甚至"弃养待建"意识，导致主体责任难以落实；有些地方公路管理机构设立不规范，职责权限不明确；有些乡、镇政府及村民自治组织的作用未能充分发挥，加上乡、镇政府没有农村公路专职工作人员，影响了农村公路管理养护机制的改革进程。同时，随着农村经济的发展，客货运输量迅速增长，有些地方的农村公路成为当地经济发展的交通要道，但由于农村公路设计标准低，加上受自然灾害、车辆超载超限、养护管理不到位等因素影响，硬化路面破损，通行能力和服务水平明显下降。这种情况如果持续下去，养护高峰期到来时就会严重损坏来之不易的建设成果。

三　法治化框架下河北农村公路高质量发展的对策建议

结合全省交通运输行业机构改革、深化农村公路管理养护体制改革、交通投融资体制改革、公路养护市场化改革等多种改革持续推进，基于农村公路建设发展涉及的政策、资金、管理、人员等重要因素，本报告提出如下几方面推进河北农村公路发展的法治化路径。

（一）重视立法引领，完善农村公路法治规范体系

良法是善治的前提和保障，以法治化路径实现农村公路创新、协调、绿色、高质量发展，其逻辑起点就是坚持立法先行。农村公路立法应当遵循国家法和民间法、法制文件和行政规范性文件、正式制度和非正式制度之间的理性平衡与良性互动，既要注重通过成文法、正式制度的强制执行力构建外生性秩序，也要注重村规民约、社会规则等民间法在内生性秩序构建中的作用，从而形成共生、融合的法治规范体系供给。

1. 加强科学立法

省、市、县级政府及行业主管部门要加强农村公路科学立法工作，督导

法治机构进行立法调研和研究，注重政策与制度设计的系统性和前瞻性，为深化改革预留空间，发挥好中层制度设计的布局功能。立法工作应当充分结合地域实际和发展优势，以农村公路建设规划编制、简化审批程序、项目库建设、村道管理、推行市场化养护、治理超限超载与路政执法、提升科技信息化水平与加强信息安全等为重点和突破，适时创新，构建和完善层级分明、衔接有序、高质高效、因地制宜的农村公路法治规范体系。同时，强化专家论证工作，引入高等院校、科研机构、专业智库等第三方专业机构，就立法的合法性、合理性、规范性、协调性等开展前、中、后期评估，增强立法实效。

2. 坚持立改废释并举

对现行有效的农村公路法治规范文本进行修订、整合，对行政规范性文件中涉及农村公路行政主体权责、行政管理机制、行政处罚、信息公开等的规定进行甄别，将其合理内容上升为立法；统筹考虑农村公路地方性法规、地方政府规章的制定，实现与国家相关法律、行政法规、国务院部门规章的衔接、补充和细化；对制定时间较早、层级效力较低、规范内容已不适应当前经济社会发展需求的农村公路法治规范进行审查、清理和废止。

3. 做好法治延伸

加强农村公路行政规范性文件管理，严格履行制定和备案程序，实行目录和文本动态管理；结合地区经济状况、自然环境和社会人文等因素，修订和完善农村公路建设、养护、运营技术和规范标准；结合农村公路相关法律、法规、规章实施情况，完善重大行政决策程序、政府绩效评估政策等，及时出台相关配套制度；结合农村地区风俗习惯、伦理道德构建制度化的行为规则体系，发挥村规民约的作用，引导基层组织和村民的行为。

（二）明晰政府权责，健全农村公路行政管理体制

地方政府主动运用法治思维和法治方式，深化自我革命，加强法治建设，是完善其行政管理过程中权力运行机制的基础和关键。农村公路工作涉及的行业主管部门多，管理难度大，必须以法治化路径推动政府主导的农村公路

行政管理体制改革，明晰政府权责，实现政府"权责法定"，对行政管理过程中权力的运行进行有效约束和规制。这也是法治政府建设目标和内在品质的必然要求。因此，应当深入推进全省交通运输行业机构改革和全省农村公路管理养护体制改革，加快构建适应当前经济社会发展、符合农村特点的农村公路管理养护体制，消解农村公路行政管理过程中的无序状态和体制机制障碍。

1. 合理配置行政权责

根据农村公路发展实际需要，合理配置和明晰省、市、县、乡级政府权责，构建省市统筹、县级负责、乡村共管、社会参与的农村公路管理养护责任体系，重点推动落实县级政府的主体责任。首先，省政府应当制定农村公路管理养护权力和责任清单，强化省级统筹和政策引导。其次，市级政府应当加强政策支持和指导监督，加强地方农村公路管理机构能力建设，给予资金支持。再次，县级政府应当履行主体责任，按照"县道县管、乡村道乡村管"原则，切实加强农村公路管理养护目标责任制和绩效管理；理顺公路管理事权，明晰支出责任，秉持"有路必养、养必到位"的要求，将农村公路养护资金、管理机构运行经费及人员支出纳入一般公共财政预算，加大履职能力建设和管理养护投入力度。最后，乡级政府在县级政府确定的职责范围内，具体负责乡、村道管理养护工作，指导村民自治组织开展村道管理养护工作。

2. 优化行政组织结构

行政组织作为行政权力和行政职能的载体，是行政权力配置及运行过程中各种关系的外化和静态形式，优化行政组织结构会对行政权力配置及运行进行根本变革，因此，应当构建政府主导、权责清晰、部门协调、依法行政、精干高效的农村公路行政管理组织体系。首先，全面推行农村公路路长制，确立"县、乡级政府主要负责同志和村委会主要负责人为县、乡、村各级路长，对本地农村公路建管养运及路域环境整治工作负总责，县、乡级政府设立路长制运行日常工作机构"的组织体系。① 其次，明确路长工作职

---

① 《河北省人民政府办公厅关于印发河北省深入推进"四好农村路"建设三年行动计划（2018—2020年）的通知》，《河北省人民政府公报》2018年第6期。

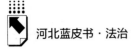

责。实行各级路长对总路长负责、下级路长对上级路长负责和部门分工负责的路长责任制。路长负责组织领导和统筹协调解决重大问题；路长日常工作机构负责反映问题、组织协商、信息反馈、督查督办等具体实施工作。最后，建立推进规范化建设示范县、示范乡（镇）创建工作长效机制，出台配套建设标准和督查检查制度体系，提升行政组织区块治理功能附加值。

3. 厘清政府和市场边界

分类有序推进农村公路养护市场化改革，逐步建立和完善"县为主体、行业指导、部门协作、社会参与"的管理养护机制。首先，优化营商环境，实现政府与市场合理分工，以法治厘清政府和市场边界，在法治框架内调整和平衡各类市场主体的利益关系，加强社会信用体系建设。其次，积极培育养护市场，鼓励采用设计、施工和验收后一定时期养护工作合并实施的"建养一体化"模式，鼓励社会力量参与农村公路养护项目，推进农村公路养护向规范化、专业化、机械化方向发展。最后，建立专业化企业养护和非专业化群众养护相结合的模式，大中修等专业性工程逐步通过市场化运作交由专业化养护队伍承担；日常保洁绿化等非专业项目，鼓励沿线群众参与。

（三）保障监督制约，畅通农村公路纠纷化解渠道

1. 健全监督制约机制

首先，省、市、县级政府应当建立统计、监测、惩戒工作机制，完善农村公路法治指标考核评价体系，设置科学、可行的评价指标，采取政府内部考评、社会公众满意度调查等多元化评价方式，将考核结果与干部绩效、财政补助资金挂钩，切实发挥考核评价体系对农村公路各项工作的监督、制约作用。其次，充分行使监察、审计、信访、人大监督机构、司法监督部门等的法定监督职权，实现对农村公路工作全方位、多途径的有效监督。最后，在依法引导的前提下，发挥社会组织专业性、有序性的监督作用，使其做好特定群体的管理者和代言人，在公权力和私权利发生冲突的时候，发挥促进沟通与合作、合法有效维护私权利和社会秩序的作用。尤其是要充分利用和

保障农村社会组织对农民群众进行公共参与和有序利益表达的作用，从制度层面对其法律地位、权利义务等进行依法规范和引导。

2. 严格规范行政执法

首先，应当深入推进农村公路综合行政执法改革，依法建立"县有路政员、乡有监管员、村有护路员"的路产路权保护队伍，研究推广县统一执法、乡村协助执法的工作机制。其次，应当提升农村公路行政执法人员的法治意识和业务素质，重视学习培训，严格实行人员持证上岗和资格管理制度，确保规范、公正、文明执法。再次，实行行政执法公示、执法全过程记录以及重大执法决定法制审核制度，加强行政审批事中事后监管。最后，加大路政执法力度，依法保障农村公路用地确权工作，依法查处违法超限运输及各类破坏、损坏农村公路基础设施的行为。

3. 优化公共法律服务

结合省委省政府关于推进公共法律服务体系建设的工作实践，推动法治资源向农村地区倾斜，进一步加强农村法务工作站点、法律服务机构等的建设，发展结对帮扶、志愿者服务等法律服务形式，丰富法律服务产品，提升法律服务质量，为农村公路法治化提供普惠、精准、便捷、及时、有效的法律帮助。同时，根据当地实际，充分考虑基层协管人员、贫困户、农民工的法律服务需求，开设法律援助"绿色通道"，特别是发挥乡（镇）公共法律服务中心、村公共法律服务工作站和村法律顾问的实际作用。

4. 畅通法定救济渠道

首先，保持定期接访、网络维权平台、意见反馈机制等制度化权益表达渠道的畅通，及时发现和调查问题，及时处理和解决问题，并将结果依法公开或反馈。其次，充分发挥行政复议的积极作用，有效纠正违法或不当行政行为，提升行政复议的公信力。再次，在农村公路纠纷化解过程中严格实行诉访分离，引导农民群众通过法律渠道解决纠纷、理性维权，维护司法权威；推动形成农村基层司法组织的合理架构，创新农村地区巡回法庭、临时法庭对农村公路纠纷案件的审理模式。最后，优化完善利益评判标准，推进利益补偿公平、公开、公正，引导农民群众形成合法、合理、公平、公正的

利益诉求观念，以及"遇到事情找法、化解矛盾靠法、解决问题用法"的法治基本价值取向。

（四）依托乡村治理，形成农村公路法治治理生态

将法治嵌入乡村治理的过程也是传统乡村治理理念逐步消解、转型，进而形成现代法治治理生态的过程。在这一过程中，依托乡村治理法治化取得的实践成果和制度成果，形成推动农村公路法治化发展的直接合力。

1. 提升农民群众法治意识

农村公路发展法治化的最终目的，是践行便民、利民、惠民理念，以有限的经济投入获取最大限度农村公路服务的有效供给，从而增强人民群众获得感、幸福感、安全感。农民群众是农村公路的直接受益者，也是推动农村公路发展的直接力量。创新自主协商机制，充分发挥主体作用，真正树立和增强其建路、爱路、护路的法治意识，引导鼓励和依靠农民群众直接参与农村公路建、管、养、运各环节，充分调动农民群众的积极性、主动性和创造性，推进农村公路法治化进程。比如，吸收群众参与日常养护项目，以及创建公益岗位，吸纳有劳动能力的建档立卡贫困户参与农村公路日常养护工作等，有效增强农民群众的爱路、护路意识，在工作实践中继续完善制度、推广实施，制定、修订地方性法规、地方政府规章。

2. 调动多元社会力量

社会力量也是助推农村公路发展法治化的重要因素，对提升村民自治组织、农村公路运输司乘人员、社会公众等的法治意识有着重要的现实意义。因此，应当充分利用各种实体平台、热线平台、网络平台，对农村公路运输司乘人员、社会公众等广泛开展交通安全出行、保护农村公路基础设施、维护路产路权、承担路损赔偿责任等内容的宣传教育。同时，落实"谁执法谁普法"责任制，结合农村公路超限超载运输治理、路域环境整治等行政执法活动，开展普法工作。

3. 创新法治文化生成方式

厚植法治文化土壤是实现农村公路法治化路径的坚实基础。法治文化的

形成是一个循序渐进的积累过程，对于参与主体来说，也是一个耳濡目染、潜移默化的过程。在当今时代背景下，以新发展理念为引导，深入结合农村地区生产生活实际，创新法治文化生成方式，有助于为农村公路法治化提供更加坚实的基础保障。首先，应当加强农村地区法治文化设施建设，通过法治文化长廊、法治宣传栏、法治图书室、法务工作站点等设施，开展农村公路法治规范和政策宣传，打造法治文化建设示范点，将农村公路法治文化建设更好地融入农民群众日常生活。其次，结合乡村治理的特殊性，发挥"乡村精英"群体的法治教化功能，以村"两委"班子成员、人民调解员、网格员、村民小组长为重点，培育"法治带头人"，对村民开展经常性法治教育和引导。最后，广泛开展群众性法治文化活动。比如利用农贸会、庙会、各类集市等人员相对集中的时间，采用群众易于接受的形式进行宣传教育，通过戏曲、小品、微电影等群众喜闻乐见、具有乡土特色的法治文化作品，拓展农村公路法治宣传教育的深度和广度。

四　结语

当前，我国正处在全面实施乡村振兴战略的新阶段，农村公路服务经济社会和促进城乡融合发展的新布局开始形成。在此过程中，以深化农村公路管理养护机制改革为契机，加快推进农村交通治理体系和治理能力现代化，真正实现农村公路发展法治化意义重大。应该看到，近年来河北农村公路虽然通过政策创新、体制创新、方法创新，建管养运各项工作取得了显著成效，但在发挥立法引导和保障作用、规范行政管理体制和行政权力运行、增强主体法治意识等方面还有很大提升空间。这就需要在深刻认识河北农村公路发展现状和实践规律特点的基础上，从完善法治规范体系、健全行政管理体制、畅通纠纷化解渠道、形成法治治理生态等方面，认真进行河北农村公路发展法治化路径研究，以期真正实现新时代河北农村公路发展法治化。

B.20
常态化疫情防控中社区治理
有效性调研报告

——基于河北省社区治理的调查

蔡欣欣　武彤彤*

摘　要： 加强基层社会治理是保持社会稳定、维护国家安全的重要举措。在新冠肺炎疫情防控中，河北省城市社区在外防输入、内防扩散中发挥了巨大作用，成为打赢新冠肺炎疫情防控阻击战的最前哨。基层社区治理的有效性直接影响疫情防控工作的成效。本报告在对河北省社区治理调查的基础上，以社区治理模式、社区治理功能、社区应急处置机制、社区治理主体等方面为切入点，分析常态化疫情防控中河北省城市社区治理有效性。针对社区人口信息把控困难、社区资源匮乏滞后、应急防控体系薄弱、多元共治力度不够等问题，提出创新社区治理模式、完善基层社区治理功能、健全社区应急处置机制、提升社区协调治理能力等相关对策。

关键词： 疫情防控　社区治理　河北省

　　2020年是极不平凡的一年，突如其来的新冠肺炎疫情在全球大流行，对于国家治理体系和治理能力是一次大考。河北作为首都政治"护城河"，

---

* 蔡欣欣，河北省社会科学院法学研究所副研究员，研究方向为经济法、行政法；武彤彤，河北经贸大学金融学院讲师，研究方向为基层社会治理。

对疫情防控的要求更高、任务更重。社区是重大疫情防控的坚强堡垒，能有效应对疫情新变化，提升常态化疫情防控的有效性。作为防止疫情蔓延的第一道防线，河北省各社区立足现实，筑牢基层社区"门禁"，及时跟进调整社区疫情防控策略和思路，补齐基层社区治理短板，深化基层社区治理内涵，在促成常态化疫情防控的同时，倒逼基层社区治理优化增效。

一 河北省基层社区疫情防控的做法与经验

社区稳，则城市稳，小社区蕴含着大治理。在新冠肺炎疫情防控阻击战中，河北省基层社区筑起了一道社区防疫战线。河北疫情防控形势逐渐平稳向好，与基层社区缜密做好社区治理各项经常性、基础性工作密不可分。

（一）建立联防联控机制

为确保疫情防控成效，京津冀出台相应防控方案，针对疫情防控的实际，建立起疫情防控联防联控机制，建立三地政府和各专业部门的协调联动机制。合理引导人员流动，制定交通管控措施，加强防疫物资保障和生活物资保障，引导企业有序复工复产。河北省各社区结合日常管理和上门排摸情况，跟进建立联防联控机制，组建由社区工作人员、网格员、志愿者、楼院长、党员等力量集结的先锋队，24 小时全天候值班，对所有出入小区人员实行"一拦、二测、三登记"的"三步走"和"出入证"限行管理，与疫情赛跑。对重点疫区及外省返乡人员实行分类分级管理，根据疫情风险层级进行集中或居家隔离管理，同时配备力量全力做好居家隔离人员服务，让社区防控更有力度、更有温度。

（二）做好社区群众工作

坚持群众路线是中国共产党领导工作的重要法宝，是历史唯物主义原理在党的工作中的具体运用，也是我们党的优良传统和政治优势。对社会多元化与多样性的高度尊重，切实守好社区群众的"心理门"，对疫情防

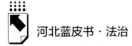
控工作的顺利开展起着至关重要的作用。在疫情防控中，人人都是战士，更要依靠社区群众来打赢这场疫情阻击战。在疫情防控中，河北省部分社区通过实地宣传结合媒体宣传，以典型案例教育引导、联系发动社区群众，服务为民，加大疫情防控力度。也有部分社区通过热线电话、上门慰问等方式做好自愿居家隔离人员的心理疏导和服务工作，引导居民消除恐慌心理和惧病心理。这些都极大地增强了社区居民在社区疫情防控中的责任感和紧迫感，强化了他们的风险意识，凝心聚力筑牢了社区疫情防控的人民防线。

（三）政府工作人员下沉

社区在整个疫情防控工作中承担着疫情具体监控、信息上传下达、居民宣传教育、社区环境整治等各项具体工作，这导致社区工作者的工作量大大增加。尤其是入口管理和人员排查这两项工作更是琐碎而具体，需要大量的人力付出巨大的精力，远远超出了社区工作人员的应对范围。在一些重点防控社区，入口管理和人员排查工作更加繁重，这些都对社区工作构成了极大的压力和挑战。为此，政府各个机关单位的工作人员分片下沉到社区，设立监测点和排查站，对社区内住户的家庭人口及近期行踪进行逐一登记摸底，对外地户籍、疫情重点地区、近期来冀返冀、居家隔离观察等重点人员进行动态管理，并做到全覆盖，对过往行人和车辆逐一测温和排查。通过做严做实社区疫情防控工作，将疫情阻击在社区之外，有效防止了人员流动带来的传播风险。

（四）党建引领抗击疫情

社区是城乡体系的"细胞"，也是党在城乡工作的基础。作为国家治理的基本单元，社区是党联系群众的最直接纽带。基层社区的党建工作，事关党和国家大政方针的落实落地，关系社会经济发展和人民群众生产生活的切实利益。河北以街道社区党组织为核心，坚持对党忠诚、对人民负责的原则，把对党组织的热爱挥洒到疫情防控的阵地上，以党的资源撬动各类社会资源，有机联结辖区各单位、各行业及各领域党组织。通过基层党建，把党的各种优势转化为疫情防控的强大政治优势，形成疫情防控最紧密的共同体，构筑起群防群治的严密防线，用"绣花"功夫抗击疫情。疫情暴发以后，社区党组织率先行动，积极动员社区党员参与疫情防控和志愿服务工作，倾心引领居民向党组织靠拢，共同走上抗疫战线。很多社区党员主动作为，帮助生活困难的居民购买生活必需品，用实际行动支援奋战在防控一线的工作人员，筑起社区党员的防疫"长城"。

二 河北省在疫情防控中社区治理的典型案例

基层社区治理是国家治理体系的重要组成部分。社区作为社会治理的基本单元，处于国家治理体系的最末端，在治理体系中占有重要一席。疫情暴发以后，河北省深入贯彻习近平总书记的重要讲话精神，落实河北省委、省政府的决策部署，抓好社区防控工作，优化社区管控措施，筑牢社区防控安全屏障，做实做细做严做精全民常态化疫情防控。

（一）石家庄市欧景园社区

2020 年初，正值疫情防控处于紧张状态。河北省石家庄市根据疫情防控的态势发布通告，要求在疫情防控期间实施社区封闭管理。欧景园社区隶属石家庄市桥西区振头街道办事处，包括欧景园小区和周围 10 个老旧小区在内共 1 万多名居民。该社区老人多、租户多，居民构成表现出多样性与异质性特点，治理环境较为复杂，疫情防控压力较大。在疫情防控攻坚期，欧景园社区的物业人员用红外测温仪对进出社区的每一位居民进行登记、测量体温。负责消杀工作的物业人员每天对电梯、楼道、垃圾筒、活动广场等公共区域进行消毒，并在社区微信群留痕留底。

在疫情防控胶着对垒的关键时期，欧景园社区工作人员实行规范化管理、精细化治理、人性化服务，走家串户，倾心为民，完成 3300 户家庭信息排查。按照上级要求，全面做好排查登记这一基础性工作，对公租房、出租房的外来人口群体，实施建档立卡、一户一表的动态管理机制。有效实现了工作推进网格化，实现了对重大突发公共卫生事件的群防群治、联防联控。针对居家隔离观察人员，与医务人员积极配合，做好生活物资代买、日常事项代办等服务工作，提供物质支持，在确保隔离人员严格居家隔离的前提下，尽可能减少疫情对正常生活的干扰。同时，通过社区微信群互动，加强关心关爱，给予居民精神上的温暖与抚慰，不断增强居民的安全感。

小区进入封闭式管理以后，有三个最明显变化：一是小区以前的三个出入口减少为一个；二是业主凭门禁卡出入小区，一律严控其他非本小区人员和车辆出入；三是封闭式管理之前只对进入小区人员登记、测体温，封闭管理以后对外出人员也进行登记、测体温。为避免与外界人员直接接触，社区还对业主网上订购的快递、外卖等推出"无接触派送"服务，不允许快递员进入小区，而是将快递、外卖等放到快递柜，进行消毒后，由业主自取或者由物业人员、志愿者派送，为在疫情防控中抢得先机、争得主动创造了有利条件。

（二）邯郸市飞机场社区

飞机场社区位于邯郸市邯山区西部，地处老城区，老旧小区较多，物业管理不到位，且紧邻火车站和汽车西站，人员流动较大，疫情防控工作面临很大难度。为做好老旧小区的封闭式管理，飞机场社区第一时间召集辖区6个"红色物业"党支部和2个"红色物业"党建指导站，传达上级指示精神，并根据各楼院实际情况构建以社区党总支为堡垒、楼院党支部为支撑、各楼栋为单元的三级防控体系。

1. 党建引领，吹响疫情阻击"先锋号"

为守护好楼院疫情防控第一道防线，飞机场社区党总支制定"党建引领、功分治理"的党员考核方法，并以"红色物业"为党建统领，给参与"红色物业"党支部行动的党员们发放党员功分册，让党员肩上有责，切实做好疫情防控工作。号召自管党员和志愿者主动参与疫情防控，组织党员志愿者对辖区楼院进行排查，入网入格入家庭，将防控措施落实到户、到人，全面掌握重点人员及其身边人员活动轨迹，建档立卡、分类施策。在整个疫情防控过程中，社区防疫力量超 500 人。其中，入网是对社区人员进行线上管理，利用社区微信群宣传防疫知识，对居民进行合理引导；入格是对社区的整个楼栋进行管理，在各个小区特别是武汉返邯人员的小区设立门岗，对所有进入小区人员实行体温检测，并建立登记台账，规定一切外来人员禁止入内；入家庭是对家庭成员全覆盖，排查入户，对武汉返邯人员实行居家隔离，医学检测，不留死角。

2. 发挥优势，筑牢疫情阻击"防火墙"

一是各楼院物业服务站迅速转变职能，在原有物业服务基础上增加了卡点执勤、重点监测、巡逻劝导、环境整治等工作。二是业主委员会在特殊时期转变身份，加强了对小区居民的监督，将从疫区返回、发热人员等纳入监督的范畴。三是"红色物业"志愿服务队转换角色，弥补物业服务功能及人员不足等问题，按照"楼不漏户、户不漏人"的工作要求，逐一上门入户排查，把疫情防控工作做到群众家门口，力争零遗漏，同时将"防输入"与"防扩散"结合，重点对外来人员、车辆、近期有过武汉旅居史以及与湖北有接触史的群众进行全面梳理核查，对发现的可疑情况立即上报处理。各院各类垃圾日产日清，加大力度整治社区人居环境，对重点位置及时消杀，以营造干净卫生的生活环境。

3. 党群心连心，争做疫情阻击"逆行者"

疫情当前，飞机场社区各楼院"红色物业"党支部及指导站在冲锋在前的同时，注重发动群众，党群同心共同抓好社区疫情防控工作。"红色物业"党支部以楼栋为单元，小区党员、居民小组为延伸触角，整合各方力量，充分发动群众力量，将防疫力量变散为聚。疫情排查防控除了全民动员，更离不开科普宣传。志愿者每天背着扩音器，穿梭在各栋居民楼、各单元之间，利用"移动小喇叭"进行全民动员，科普宣传；楼院长以楼院为单位，跟进宣讲普及疫情防控知识和要求，消除居民麻痹大意思想。在"红色物业"党支部的带领下，社区居民纷纷自愿捐款捐物，团结一心共同守护家园。

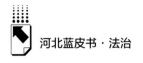
（三）秦皇岛市英才社区

秦皇岛市北戴河区英才社区在疫情防控攻坚战打响以来，社区"两委"、治安员、清扫员、党员志愿者以及普通居民迅速行动，封堵小区、加大宣传、值班值守、走访摸排，做到了"五个强化"。

1. 强化防控宣传

英才社区发挥社会宣传动员作用，引导居民提高自我防护意识和能力，发放新冠肺炎疫情防控手册，通过悬挂户外条幅、小区门口播放疫情防控音频、组建小区居民微信群等方式普及防控知识，引导居民回归理性，助力城市回归有序。

2. 强化辖区内人员管理

社区既有大量常住居民，也有不少流动人员。以电话排查为基础，配合多次大规模入户滚动摸排，深入了解每户居民的具体情况，确保掌握常量，了解变量，建立"一院一档""一房一户"台账，做到不落每一户、每一人。

3. 强化居家隔离人群管控

对从外地回北戴河的人员进行排查，上门发放隔离告知书，填写健康登记表，并让当事人签署隔离承诺书。依法依规开展居家观察，每天电话询问居家隔离人员的体温情况，在及时做好疫情上报工作的同时，强化对隔离人员的生活关怀，做到社区居家观察人性化。

4. 强化公共环境清洁消杀

强化各项消杀工作的标准与管理，组织社区工作人员加强对社区公共场所的日常消毒工作，确保社区公共环境安全，保障社区居民身体健康。对社区进行常态化消杀作业，定时定点对楼栋、垃圾桶等进行消杀，做到无死角、不遗漏、全覆盖，为疫情防控工作顺利进行奠定了坚实的基础。

5. 强化各"卡口"管理

严格按照规定要求，全面加大小区管理卡口检查力度，严格执行查验居民持证进入规定，并落实测温、扫码、登记、戴口罩等规定，确保小区封闭管理卡口发挥作用，为早日战胜疫情贡献社区力量。

三　河北省防疫工作中社区治理存在的问题

疫情防控是社区治理的试金石。此次疫情凸显了理顺社区治理架构体系的重要性与紧迫性。可以说，疫情防控也是社区治理的助推器。面对疫情大考，常态化疫情防控中基层社区治理能力还存在薄弱环节。各社区应以此为契机，打破部门壁垒、信息孤岛，提升社区的精细化治理能力，成为防疫坚强堡垒，圆满完成社会治理"考题"，实现基层社会治理现代化目标。

（一）人口信息把控困难

目前，城市化进程快速推进，社区人口基数、社区人员的身份来源信息，尤其是流动人口的底数和相关信息得不到精准把控。作为人员居住输入地，大型企业周边的小区面临较大的压力，有的放矢做好大量流动人口疫情防控工作成为首要问题。虽然有综治和警务双网格，但是人口总量、分布、结构和居住情况等网格数据不能完全做到实时更新，居民也存在不主动申报、办理了居住证但实际人已离开、户籍在册人异地居住、出租户申报不全等共性问题，常态化、共享式的人口数据采集机制有待完善，以精准快速获取高质量、精细化的实时社区人口数据。

（二）资源匮乏滞后

社区往往涉及组织、民政、发改、财政、住建、人社、司法等多个分管部门，上面千条线，下面一根针。社区工作面向千家，服务万户，社区工作人员更是千辛万苦。随着基层治理单元的下沉，社区工作繁杂且工作强度大，更凸显了社区人力资源的匮乏，一人身兼数职的情况较为普遍。受编制、人员招录等限制，基层社区的吸引力较低，目前以政府公益性岗位人员和其他无编制人员为主，专业人员和管理人员比例偏低，法律、公共管理等方面专业人员更是稀缺，在应对矛盾纠纷和公共事件时显得力不从心，呈现多头管理。多项公共管理职能落地社区，社区要向上对接多个部门，现有力

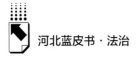
量配备不能满足治理需求。在疫情防控的整个过程中，可以窥见社区在不同程度存在的资源短缺和配置不合理现象。尤其在疫情防控初期，基本的防控用品诸如防护口罩、医用手套和防护服等卫生用品的缺乏，成为社区疫情防控的瓶颈。

（三）应急防控体系较为薄弱

在疫情面前，生命相对脆弱，社区等基层需要打通与上级公共应急管理部门、医疗机构直接对接的绿色通道，多渠道掌握居民的健康状况。从疫情防控的情况看，目前社区的应急防控体系不完善，只能应对日常管理，不能做到在流动人口较多区域防输入、在有确诊病例小区防内部交叉感染，而是眉毛胡子一把抓，不能很好地解决突发、多元、多变的问题，特别是还不能有效预警、干预和处置突发性问题。根据民政部统计，截至 2020 年 2 月，有近 400 万名社区工作者奋战在疫情防控一战，每个社区平均有 6 名社区工作者，而每个社区工作者平均要面对 350 名群众。由于个别社区规模偏大，社区网格员人均服务人口更多，普遍达到 500 户 1000 人以上，石家庄某高层住宅区网格员人均服务人口甚至达到了 1100 户 2010 人，应急防控体系与实际服务人口无法高度匹配。

（四）多元共治力度不够

为了解和掌握社区居民的出行状况和健康状况，社区防控人员和志愿者需要挨家挨户逐一排查，然而社区工作人员和志愿者数量有限，面对庞大的工作量和时刻紧绷的工作状态，普遍存在"小马拉大车"现象。社区居民生活观念和价值观念碰撞，原来熟人社会所形成的人与人之间相互交织的社会关系网络趋于松散。部分社区居民认为参与社区疫情防控属于政治动员性质，把自己排除在疫情防控工作的范围之外，主动参与意识不强，以小我为中心，不愿主动参与到社区疫情防控中。而疫情防控能取得良好效果离不开高质量的社区治理水平，单纯依靠某一个部门并不能达到理想的防控效果，政府的有效引导、广泛的社区动员、较强的公民意愿和强有力的社会支撑是提升社区治理水平的必备条件。单单依靠少数居民的积极参与，而不是广泛的社区参与，无法完全激发出社区治理的活力。

四 常态化疫情防控中完善基层社区治理的实践路径

2020 年 9 月，习近平总书记在全国抗击新冠肺炎疫情表彰大会上的讲话为全面打赢疫情防控阻击战，推进基层社区治理向纵深发展提供了行动指南和思想武器。疫情防控是一场人民战、总体战和阻击战。社区治理的重要性在疫情防控中尽显，人们也普遍意识到社区在常态化疫情防控中的比较优势。当前疫情虽然得到了有效控制，但绝不能掉以轻心，务必要吸取教训，总结经验，找出不足和短板，完善和创新基层社区治理，提升社区治理有效性，以常态化疫情防控为契机助推基层治理现代化。

（一）党建引领：创新社区治理模式

在坚持问题导向的前提下，通过发挥社区基层党组织优势，把基层党员纳入社区治理体系，增强基层党组织的凝聚力和向心力，提高党建品牌的影响力和知名度，筑牢社会治理"大厦"根基。整合网格员、楼栋长、物业公司、业主委员会力量，建立以小区党小组为核心，"街道党工委—社区党支部—小区党小组"三级组织体系，避免执行简单化、防控扩大化，构建上下联动、共建共治格局，避免传统安全和非传统安全的威胁。建立党建引领社区物业、业主委员会的治理模式。推行"双向介入、交叉任职"机制，社区党组织负责人与物业管理公司负责人交流任职。定期召开物业管理联席会，协商协调处理小区管理各项工作。鼓励机关、企事业单位退休党员及时将党组织关系转往居住地所在社区党组织，积极参与社区党组织活动，以业主身份参选业主委员会委员，提高党员业主委员会成员比例。

（二）夯实基础：拓展社区治理功能

科学分类，精准施策，是疫情防控的关键。疫情防控是一个系统工作，对于大城市而言，做好疫情防控，不仅要严防和死守，更要讲究科学、精准施策，让基层真正专注于与辖区内民生相关的社会管理、公共服务和社会建设事务，避免陷入"小马拉大车"的超负荷运作的困境。逐步建立以"事"为中心的基层协调机制，为基层增能，提高其整体运行效能；同时，吸收群众参与对基层政权组织和自治组织的监督评议，推动基层社区更好地服务民众。制定培训规划，依托党校（行政学院）建立社区工作者培训基地，在疫情防控、信息化应用、服务群众等方面加强培训，提升社区工作者专业素养。引进具有社会工作专业知识的年轻群体，不断为社区治理注入新活力。建立社区工作者薪酬待遇体系，健全薪酬待遇增长机制，探索制定社区工作者免费体检、带薪休假和生活困难补助等制度。提升基层社区治理的信息化功能，鼓励有条件的社区投入使用人脸识别、"数字门卫"等系统，构建联防联控严密高效精细防线。

（三）共建共享：健全社区应急机制

引导社区居民参与共建共治，社区治理淡化行政色彩，发挥社区居民在社区民主管理、民主决策方面的积极作用，提高社区事务管理透明度，提高居民责任感和主人翁意识。适时制定各类公共空间场所应急方案，结合居住区规划设计标准的5分钟、10分钟、15分钟生活圈的公共服务设施配比，相应制定应急空间改造计划。在制度建设上，总结前期社区防控工作的经验教训，特别是将社区封闭管理、避免人员聚集，出入证办理、人员流动管理等环节上的工作流程、各协同机构的权责关系等内容规范化与体系化；建立信息交换机制，以社区为基本单元，促进单位和居家观察人员情况与社区共享；建立对突发事件早预防、早发现、早报告、早处置的信息传递机制；建立市、区、社区三级应急管理体系，以及社区与医院的医疗救治对接机制；建立与省、市级疾控中心等部门的数据交换机制，及时掌握辖区内人口健康状况，并利用大数据手段进行数据关联与集成分析，引导居民做好家庭安全防护与应急管理。

（四）多元共治：提升社区协调能力

在新冠肺炎疫情暴发后，全社会齐心协力、同舟共济，最大限度整合资源，最大限度凝聚共识，是人人有责、人人尽责、人人享有的社会治理共同体最生动的诠释与写照。事实证明，只有真正构建社区命运共同体和社区治理共同体，群众才能在紧急状态下快速拧成一股绳，共度艰难时刻。依托社区民生服务微信群，建立民情收集站，精准掌握居民需求，为社区居民提供服务。在常态化疫情防控中，应积极引导社会各方力量积极参与到社区治理中，调动一切可以调动的社会力量，吸纳企业、社会团体、党员志愿者、社区居民等各方社会治理的主体，最大限度激发社区治理活力，激活居民自治热情。全面落实常态化疫情防控责任，压实领导干部示范引领和包联责任、社区管理责任、行业部门督查监督责任及辖区单位责任，加强社区建设，把疫情防控工作做深做细做实。全面落实关心关爱常态化措施，做到薪酬补贴、服务保障、减负减压、激励措施、总结宣传到位，为社区做好疫情防控工作提供有力保障。

推进国家治理体系和治理能力现代化是全面深化改革进程的重要环节之一，是党和国家的工作全局，涉及社会各领域各方面，是一项浩大工程。理想的国家治理结构应该是"小政府，大社会"，社区治理作为国家治理的重要一环，由社区治理推进社会治理，就需要社区治理更加专业化、职业化、精细化。在抗击新冠肺炎疫情的斗争中，基层社区发挥了基础性作用，是成功抗击新冠肺炎的坚强堡垒，是党和国家治理体系和治理能力现代化的重要体现。这场社会治理的"大考"还在进行中，在今后推进国家治理体系和治理能力现代化过程中，社区会有更多探索，将实现更大作为。

B.21
突发公共卫生事件背景下合同纠纷案件的司法应对

温雅洁 *

摘　要：　突发公共卫生事件发生后，社会生产生活秩序势必会受到不同程度的影响，市场交易活动无法正常开展，合同纠纷大量增加。为了更好地通过司法服务助力经济恢复，人民法院需要建立审理此类案件的司法应对路径。准确把握特殊时期的司法政策，运用适当的民事裁判思维，在现行法律背景下非机械单一地适用不可抗力规则，还要类推适用情势变更规则，方能兼顾案件审理的社会效果和法律效果。通过合同纠纷类型化分析、统一法律适用标准等方法来达到个案公平和类案统一的目的。

关键词：　突发公共卫生事件　合同纠纷　情势变更

新冠肺炎疫情是新中国成立以来发生的传播速度最快、感染范围最广、防控难度最大的一次突发公共卫生事件。在疫情暴发之后，全国各省（区、市）陆续启动了公共卫生事件一级响应，采取了许多应对措施。不管是疫情本身还是疫情防控措施，都不可避免地影响到市场交易活动的正常进行，各类合同纠纷随之而来。如何发挥司法能动作用，妥善应对突发公共卫生事

＊　温雅洁，邯郸市中级人民法院第一民事审判团队三级法官助理，研究方向为民事审判。

件导致的合同纠纷案件，立足服务防控疫情和经济社会发展大局，兼顾案件的社会效果和法律效果，是司法裁判者应该思索的问题，也是对审判体系和审判能力的一次考验。

一 突发公共卫生事件的法律性质及引发的司法实践困惑

（一）突发公共卫生事件的法律性质

《突发公共卫生事件应急条例》第二条指出，突发公共卫生事件，是指突然发生，造成或者可能造成社会公众健康严重损害的重大传染病疫情、群体性不明原因疾病、重大食物和职业中毒以及其他严重影响公众健康的事件。不管是非典疫情，还是新冠肺炎疫情，都属于非常典型的突发公共卫生事件，都因采取疫情防控措施影响了合同履行而导致大量纠纷的出现，比如企业受疫情防控措施的影响无法正常经营，从而与相对人之间产生了房屋租赁合同纠纷、买卖合同纠纷、服务合同纠纷等。妥善处理这些纠纷的一个重要前提条件就是准确把握导致纠纷产生的突发公共卫生事件的法律性质。

2003 年"非典"疫情暴发之后，最高人民法院就在《关于在防治传染性非典型肺炎期间依法做好人民法院相关审判、执行工作的通知》（法〔2003〕72 号）中指出，"因政府及有关部门为防治'非典'疫情而采取行政措施直接导致合同不能履行，或者由于'非典'疫情的影响致使合同当事人根本不能履行而引起的纠纷，按照《中华人民共和国合同法》第一百一十七条和第一百一十八条的规定妥善处理"。[①] 新冠肺炎疫情暴发后不久，全国人大常委会法工委亦迅速做出权威的解答，明确新冠肺炎

---

① 该通知已于 2013 年 2 月 26 日被最高人民法院《关于废止 1997 年 7 月 1 日至 2011 年 12 月 31 日期间发布的部分司法解释和司法解释性质文件（第十批）》的决定废止。

疫情及相应的防控措施如导致合同不能履行应属于不可抗力。随后，最高人民法院出台的《关于依法妥善审理涉新冠肺炎疫情民事案件若干问题的指导意见（一）》［以下简称《指导意见（一）》］也明确要求各级法院审理涉疫情合同纠纷案件时要准确适用不可抗力的规定。可见，从国家层面来说，十几年以来，法律界权威部门对于疫情属于不可抗力这一点上是有共识的。而这两次疫情也的确符合《中华人民共和国民法总则》《中华人民共和国合同法》对不可抗力的定义，即不能预见、不能避免且不能克服的客观情况。

按照《突发公共卫生事件应急条例》的规定，除了重大传染病疫情之外，群体性不明原因疾病、重大食物和职业中毒等能够严重影响人民群众健康的情形，都属于突发公共卫生事件的范畴。我们可以看到，这些事件的共同点是突然发生并且在一定区域范围内造成严重后果。突发公共卫生事件，国务院和各省、自治区、直辖市人民政府要开展应急处理工作，这些应急防控或者行政措施亦如同新冠肺炎疫情防控一样，势必给社会生活各方面带来影响。不论哪种突发公共卫生事件，都是常人难以预见、难以避免和难以克服的客观事实，因此而导致的合同不能履行，同样也应该被定性为不可抗力事件。由此可见，不仅疫情，凡是突发公共卫生事件都应该属于不可抗力范畴。

（二）司法实践的困惑：不可抗力抑或情势变更

权威部门认定疫情属于不可抗力，这为涉疫情案件的审理确定了基调，但是在司法实践中单纯的适用不可抗力规则并不能够满足案件审理的需求。当合同尚有履行可能但对一方当事人显失公平的时候，从鼓励交易的角度看，民法上的情势变更规则比不可抗力规则更加适合，而学术界也对疫情的法律属性到底是不可抗力还是情势变更始终莫衷一是，争议不休。

为了满足审判需要，很多地区法院在出台应对涉疫情案件的指引类文件时，对疫情的定性颇为灵活。其中，浙江高院回避对疫情是否构成不可抗力予以表态，但在法律后果上倾向于不支持解除合同的诉求，并要求尽量从鼓励交易的角度对合同进行变更；湖北高院态度较为折中，即认为疫情及管制措施构成不可抗力，也会因此达到解除合同和当事人免责的效果，但不排除合同能够挽救时可以类推适用情势变更的规则；重庆高院在认为疫情构成不可抗力的同时，未明确能否适用情势变更，仅称可依照公平原则处理。① 最高院的《指导意见（一）》里，在明确了要准确适用不可抗力规则的同时，也从公平角度出发，允许各地法院对尚有继续履行可能性的合同是否进行变更有自由裁量权。

综上，我们可以看出，疫情属于不可抗力是实务界的共识，但不能以"一刀切"的方式适用所有案件的审理，在不可抗力规则之外必须结合案情类推适用情势变更规则，方能达到公平裁判和妥善处理的要求。至于为什么是类推适用情势变更规则而非适用，那就要回溯到我国法律对二者的规定，厘清二者的界限。

二 不可抗力规则和情势变更规则的 法律规定及二者的关系

（一）两个规则的法律规定

1. 不可抗力规则的法律规定

"不可抗力"一词起源于《法国民法典》，后被德国民法学界发展从而在全世界范围内广泛使用。我国对不可抗力的现行民事法律规定主要集中在《中华人民共和国民法典》第八章第一百八十条。② 最高人民法院的《指导意见（一）》也正是基于这些法律条文，对涉疫情合同纠纷案件的审理做出

---

① 参见姚辉、阚梓冰《论情事变更与不可抗力的交融及界分——以新型肺炎疫情防控与疫后重建为契机》，《中国政法大学学报》2020 年第 3 期。

② 《中华人民共和国民法总则》第八章第一百八十条规定："因不可抗力不能履行民事义务的，不承担民事责任。法律另有规定的，依照其规定。不可抗力是不能预见、不能避免且不能克服的客观情况。"

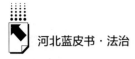
了更有针对性的要求。①

2. 情势变更规则的法律规定

情势变更规则由来已久，曾多次出现在最高人民法院的司法政策文件中。早在 1993 年 5 月 6 日发布的《全国经济审判工作会谈纪要》（法发〔1993〕8 号）里就指出，由于不可归责于当事人双方的原因，作为合同基础的客观情况发生了非当事人所能预见的根本性变化，导致合同履行显失公平的，可以根据当事人的申请，按情势变更原则变更或解除合同。② 但是，一直到 2009 年，最高人民法院才在《关于适用〈中华人民共和国合同法〉若干问题的解释（二）》第二十六条中正式确认了情势变更规则，该条规定"合同成立以后客观情况发生了当事人在订立合同时无法预见的，非不可抗力造成的不属于商业风险的重大变化，继续履行合同对于一方当事人明显不公平或不能实现合同目的，当事人请求人民法院变更或解除合同的，人民法院应当根据公平原则，并结合案件的实际情况确定是否变更或者解除"。这一司法解释填补了我国关于情势变更原则的立法漏洞，同时也给审判以及仲裁裁决情势变更的案件提供了法律依据与参考。③ 根据这个司法解释，当客观情况发生变化而导致原合同继续履行明显不公平的时候，法院可以依照当事人的请求判定是否对合同予以变更或者解除，但不可抗力情况除外。也就是说，正是由于这一司法解释的出台，不可抗力和情势变更两个规则被放在了彼此的对立面。这也就是在这次涉疫情案件应对中，前文所提多个法院在出台涉疫情案件指引类文件时对情势变更规则进行模糊处理的原因所在。

---

① 最高人民法院《关于依法妥善审理涉新冠肺炎疫情民事案件若干问题的指导意见（一）》：对疫情或者疫情防控措施直接导致合同不能履行的，依法适用不可抗力的规定，根据疫情或者疫情防控措施的影响程度部分或者全部免除责任；当事人对于合同不能履行或者损失扩大有可归责事由的，应当依法承担相应责任；因疫情或者疫情防控措施不能履行合同义务，当事人主张其尽到及时通知义务的，应当承担相应举证责任。
② 王轶：《新冠肺炎疫情、不可抗力与情势变更》，《法学》2020 年第 3 期。
③ 邹艳珏：《不可抗力与情势变更原则在房屋买卖合同纠纷处理中的适用探析》，《仲裁研究》2010 年第 2 期。

（二）不可抗力规则和情势变更规则的关系

从我国现行法律规定来看，这两个规则虽然在适用范围、法律后果、实现权利途径等方面有所不同，但是二者的适用前提都是在合同订立之后发生了不可归责于当事人的不可预见的重大变化，存在意义都是为了更好地遵循民法上的诚实信用原则和公平原则，协调当事人之间的利益冲突，稳定市场经济秩序。

现行民事法律让不可抗力和情势变更泾渭分明，既不符合逻辑关系，也不符合司法实践的需求。从逻辑上讲，当一个不可抗力事件发生而影响到合同的履行时，首先应该考虑是否可以通过变更合同解决问题，鼓励交易的继续，其次才是合同确实无法履行时，解除合同，进行责任分配。从司法实践来讲，新冠肺炎疫情是不可抗力事件，由于疫情原因出现买卖合同纠纷，合同履行不能的时候直接适用不可抗力的相关规定即可；但是如果该合同履行对一方显失公平需要变更的时候，恰恰是由于疫情被界定为不可抗力事件，当事人不能向法院申请变更合同内容，这并不利于市场交易的进行和经济秩序的恢复。因此，不可抗力规则和情势变更规则二者非但不是对立的，反而应是相互补充的。

2020 年 5 月 28 日，《中华人民共和国民法典》对情势变更规则的规定有了重大变化，也是对不可抗力和情势变更二者关系的重新界定。该法律第五百三十三条规定，"合同成立后，合同的基础条件发生了当事人在订立合同时无法预见的、不属于商业风险的重大变化……当事人可以请求人民法院或者仲裁机构变更或者解除合同"。该法律删除了"非不可抗力造成的"这一情势变更规则的原构成要素，从而使不可抗力和情势变更两大规则今后可以更好地在司法实践中进行衔接和适用。

三 运用司法政策和民事裁判原则解决合同履行显失公平问题

情势变更规则的内容有利于更好地解决涉疫情合同纠纷，既然按照现行

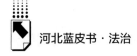
法律规定无法在案件审理中直接援引该规则，那我们就从司法政策以及民事裁判原则的角度出发，回避其与不可抗力规则的冲突，将情势变更的实质内容类推适用在案件审理之中。

（一）司法政策

司法政策是有权机关所制定的对司法活动进行指引和规范的规则，是有权机关对司法活动以及司法机关的角色所表达的基本观点和态度，在表现形式上包含处理司法领域事务的一系列路线、方针、原则和指示等。[①] 不同时期的司法政策均有不同，都有其明确的价值导向。

新冠肺炎疫情暴发后，最高人民法院出台的两个关于依法妥善审理涉疫情民事案件的指导意见就是司法政策的体现，既反映了国家对防控疫情和经济社会发展的指示精神，又为各级法院发挥司法服务保障作用指明了方向和重点。针对这次新冠肺炎疫情导致的合同纠纷，我们的司法政策可归纳为：第一，充分发挥司法调节社会关系的作用，加大调解力度，鼓励当事人协商和解，共担风险，共渡难关；第二，根据个案情况，对合同各方当事人的合法权益予以平衡和保护；第三，在不可抗力规则适用时，需要准确把握疫情及其防控措施与合同不能履行之间的因果关系和原因力大小，严格把握适用条件。由此可见，新冠肺炎疫情之下的司法政策更侧重恢复经济秩序、鼓励交易。若合同尚有履行可能，双方当事人能够通过协商，对合同履行期限、履行方式、价款数额等重新达成一致，这种双赢的处理方式是值得鼓励和支持的。

（二）民事裁判原则

合同作为平等主体之间合意体现的民事法律行为，法院在审理涉疫情合同纠纷案件时，更应该尊重当事人的意愿，充分运用民事裁判原则来解决问题。

---

① 李大勇：《司法政策论要》，《现代法学》2014 年第 5 期。

1. 意思自治优先

订立合同的时候，平等的民事主体是在法律允许的范围内自由表达意愿，那么当出现影响合同履行的情形时，对于合同的未来走向、利益的分配和风险承担，合同当事人是最有发言权的。法院在审理案件时，应该充分听取并尊重双方当事人的意见，鼓励当事人自主解决问题，在法律允许的范围内就合同的履行、变更、解除和责任的承担等问题达成协议。

2. 鼓励交易优先

像新冠肺炎疫情这样的突发公共卫生事件，给国家经济和市场交易带来巨大的影响，任何一方市场经济主体都无法在这样的公共卫生事件里独善其身。因此，当疫情及防控措施导致合同纠纷发生时，不能直接解除合同，而应本着鼓励交易的原则，想办法降低合同各方利益损失，方能有效推动复工复产，恢复社会经济。如最高人民法院的《指导意见（一）》所提出的，"疫情或疫情防控措施仅导致合同履行困难的，当事人可以重新协商；能够继续履行的，人民法院应当切实加强调解工作，积极引导当事人继续履行，当事人以合同履行困难为由请求解除合同的，人民法院不予支持"，就是为了尽量鼓励和推动合同的继续履行。

3. 利益平衡原则

因疫情或疫情防控措施而影响到合同的履行，影响到正常生产经营活动，这不能归咎于任何一方当事人，处理时要结合具体案情，平衡各方利益，促进当事人友好协商，分担风险和责任。比如旅游过程中因疫情滞留，从而增加了食宿及返程费用，这部分费用就可以由旅行社和旅游者分担。

4. 公用利益优先

非典疫情、新冠肺炎疫情这种重大公共卫生事件突发时，会严重危害到公众的健康和生命安全。国家为了处理这些突发事件，势必要采取很多非常态措施，难免出现公共利益和个人利益冲突的情况，也可能因此而产生民事纠纷。此时，公共利益优先是我们应当遵循的原则。比如因疫情防控需要，国家对单位或个人的财产进行征用，如果因此而影响到该单位或个人与对方当事人相关合同的履行，那么该单位或个人的责任应当予以免除。

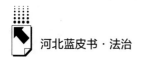

四 突发公共卫生事件背景下合同纠纷 案件审理的司法路径

在防控新冠肺炎疫情的过程中，为了保障群众生命健康，一部分正常的社会经济活动被暂停。在这种情况下，人民法院该如何通过司法手段来维护社会的稳定、助力经济恢复，是对作为国家治理能力重要组成部分的审判能力的一次重大考验。

（一）准确把握不可抗力规则适用要素

非典疫情和新冠肺炎疫情都被认定为不可抗力事件。因此，准确理解和把握不可抗力规则是应对突发公共卫生事件下合同纠纷案件的基础。

1. 主观要素

非因当事人故意或过失，双方当事人都不存在认识上的过错。如有一方当事人不能对合同的履行负有责任，则在其责任范围内是不能适用不可抗力规则的。

2. 客观要素

对于事件的发生，合同当事人是不能预见、无法避免和不能克服的。所谓不能预见，是指以正常人的思维或以签订该类合同所应具备的专业知识来判断，当事人在签订合同时，不具备预见该事件发生的能力。无法避免是指当事人尽管采取了及时、合理的措施但仍无法阻止该意外事件的发生。不能克服是指该事件所造成的损失是当事人无法通过自身努力去避免的。虽然无法避免或不能克服，但是当事件发生后，合同的任何一方当事人都有义务在能力所及范围内及时止损，否则不能免除相应的责任。

3. 时间节点

对于个案而言，不可抗力事件必须是在合同签订之后且在合同履行期内发生。如果该合同是在不可抗力事件发生后才签订的，或者该合同的履行期本应在不可抗力事件发生前结束，且一方当事人迟延履行但未经对方当事人同意的，则不能适用不可抗力的规定。合同履行完毕后，即使发生不可抗力事件，也不会对合同的履行造成影响，当事人也不能主张适用不可抗力规则。

4. 因果关系

不可抗力事件发生后，合同当事人并不是当然免责，不可抗力事件与合同的不能履行或不能完全履行之间必须存在因果关系，如果该不可抗力事件并不直接导致某合同无法正常履行，是不能适用不可抗力规则免责的。就如最高人民法院《指导意见（一）》规定的，首先要求合同纠纷案件是因疫情或者疫情防控措施直接导致的，其次疫情对不同地区、不同行业、不同案件的影响均不相同，要准确把握疫情及其防控措施与合同不能履行之间的因果关系和原因力大小。

5. 通知或减损义务

不可抗力事件发生后，有合同履行义务的当事人负有将事件告知对方的通知义务，并且要积极采取措施降低损失。这里的通知和减损义务实质上是因合同的履行而附随的义务。附随义务是大陆法系特有的法律制度，以诚信原则为理论基础。合同附随义务，是合同义务的延伸，指合同当事人按照约定全面履行给付义务的同时，必须履行通知、减损、协助、保密等与合同有关的义务。① 不能履行合同的一方负有通知或减损义务，且要承担相应的举证责任，如果不能证明及时履行了相关附随义务的话，就要承担部分或全部赔偿对方损失的民事责任。

6. 法律后果

第一，不可抗力是法定免责事由。这里的免责并不当然免除全部责任，而是限于合同尚未履行部分可能产生的违约责任。同时，如果当事人对合同不能履行或损失扩大有责任的，仍要在相应范围内承担责任。第二，可以解除合同。这种解除权是法定解除权，合同双方均享有，既可以通知对方解除，也可以提起诉讼或者仲裁请求解除合同。解除权的行使必须以合同目的

---

① 方龙华、吴根发：《论合同法上的保密附随义务》，《法律适用》2001 年第 10 期。

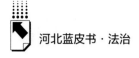

不能实现为前提，如果是合同履行困难或是继续履行合同对一方当事人明显不公平，那么一般不能行使解除权。第三，不可抗力免责规定和特别法冲突时，依照特别法。如疫情对旅游服务合同产生影响，此时优先适用《中华人民共和国旅游法》的相关规定；针对某突发公共卫生事件而出台的政策文件、法律法规也应当优先适用。

除上述不可抗力规则的一般性理解和适用问题外，具体案件还有其特殊性，实践中应综合考虑合同类型、案件事实、当事人诉求等因素，以便更加准确地处理突发公共卫生事件引起的合同纠纷。

（二）在法律规则的框架下建立起具有普遍性的裁判模式

一是因突发公共卫生事件而产生的合同纠纷诉到法院后，如果权威机关尚未明确该事件的法律属性，法院应该在现有法律规则的框架内，结合民事裁判原则、参考类似案例进行裁判。

二是突发公共卫生事件被定性为不可抗力之后，裁判路径如下。首先，综合考量这一突发公共卫生事件或相关防控措施与阻碍合同履行之间是否具有因果关系和原因力大小，判断该案件是否由该突发公共卫生事件及相关防控措施引起。其次，若案件纠纷与不可抗力事件相关，则按照合同类型的不同，以现有司法政策为依据，考虑突发公共卫生事件对不同地区、不同行业、不同案件的影响差异，判断阻碍合同履行的程度。最后，合同不能履行的，适用不可抗力规则，根据突发公共卫生事件的影响程度部分或者全部免除责任；合同尚有履行可能的，加强调解，积极引导当事人进行协商；继续履行显失公平的，类推适用情势变更规则及公平原则等民法基本原则，对合同进行变更或解除。

（三）通过自由裁量追求个案公平

在个案审理中，我们发现固定的裁判模式并不能解决所有的问题，很多时候需要法官群体通过发挥主观能动性来判断疫情对合同履行的影响程度，平衡协调各方利益，引导当事人协商，稳定交易预期等。规则的约束固然重要，但法官结合自己的智识、前见、体系化思维以及客观情势形成的理性判断，亦发挥着至关重要的作用。[①] 然而，自由裁量权的行使会带来另一个不可回避的问题，即当法官在对法律规范和案件事实的理解和把握中加入了主观因素之后，就容易造成法律适用和裁判尺度的不统一。

（四）类型化分析完善裁判规范

司法实践中，由于法律理念、文化传统、专业修养、思维能力、价值诉求等诸多因素的多元化与差异性，对于特定的案件事实，不同主体之间有时很难达成共识。[②] 虽然说类案不同判不可能完全避免，但是法律的统一适用是体现法律的确定性的最好办法，人民群众也是通过一个个案例来感受公平正义的。因此，如果能够敏感地意识到可能影响裁判结果的诸多要素，并精细化地对案件事实进行类型化区分，[③] 为法官审理案件提供尽可能明确的裁判标准，那么就能把行使自由裁量权所带来的消极影响降到最低，即能最大限度实现司法政策的目的，充分发挥司法调节社会关系的作用。从目前实践看，很多法院都非常重视这些工作，出台了不少适合本地区具体情况的合同纠纷的审理指引，在"指引"中把合同纠纷类型化，每一类又分若干详细情况进行说明，这是作为审判者智慧的具体体现。

（五）运用法院工作机制保障类案统一

法院系统内部构建了多种机制来保证法律的统一适用，例如审判监督机制、专业法官会议制度、审判委员会制度等。当面对大量的因突发公共卫生事件出现的合同纠纷案件时，我们也要充分发挥这些工作机制的作用，对疑

---

① 转引自姚辉、阙梓冰《论情事变更与不可抗力的交融及界分——以新型肺炎疫情防控与疫后重建为契机》，《中国政法大学学报》2020 年第 3 期。

② 杜文静：《法律论证视域中的同案同判原则》，《法律方法》2017 年第 1 期。

③ 姚辉、阙梓冰：《论情事变更与不可抗力的交融及界分——以新型肺炎疫情防控与疫后重建为契机》，《中国政法大学学报》2020 年第 3 期。

难、复杂、新型问题认真讨论研究，加强调研，逐级上报。我们还可以利用最高人民法院创设的类案与关联案件检索机制，在审理案件时，依托办案平台、档案系统、中国裁判文书网、法信、智审等，对本院已审结或正在审理的相关案件进行全面检索，达到类案统一的目的，维护案件审理的公平公正。

B.22
农村卫生治理法治化的若干思考

——基于对某县农村新冠肺炎疫情防控的观察

李瑞宾*

摘　要：　新冠肺炎疫情防控在农村取得显著成效。组织的细密化程度日渐提高，网格化、智能化、信息化与村情相结合催生出的新措施在疫情防控过程中不断得以升华完善。防控理念逐渐由经验判断向规则理念转变，由紧急防控向日常预防转变，由概括认知向文化理念转化。本报告指出，农村卫生治理法治化尚需解决的主要问题包括防控力量急需凝练整合，数据内容急需扩充夯实，村与村之间的协同联动机制急需健全，智慧防控平台急需完善。推进农村卫生治理法治化，应把成熟的经验纳入规则治理内容，增强"智慧防控"水平，提高农村卫生治理法治化的绩效；重视社会力量参与，提升疫情防控的主动性、自觉性，明晰责任，稳定疫情防控预期。

关键词：　农村卫生治理　法治化　社会参与

　　新冠肺炎疫情防控在农村取得显著成效。总结农村新冠肺炎疫情防控经验，聚焦防控过程中存在的问题，并以此为基础，着眼于解决实际问题，提高制度的集成力和实效性，深度推进农村卫生治理法治化进程显得尤为必

---

　　* 李瑞宾，馆陶县人民法院法官，研究方向为立法学、诉讼法学、卫生法学。

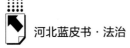
要。本报告以某县农村新冠肺炎疫情防控为观察对象，总结农村新冠肺炎疫情防控的经验，分析农村卫生治理法治化存在的问题，并提出推进农村卫生治理法治化的若干设想。

一 农村卫生治理法治化的重要基础：农村新冠肺炎疫情防控经验总结

（一）迅捷的动员组织

在疫情防控过程中，农村的动员组织呈现出如下特点。第一，基层政府的动员组织安排在农村迅速得到贯彻落实，加之对疫情可能带来危害的深刻认知，农村对基层政府的动员组织安排有更加深切的体会，由此，农村的动员组织自主性、自发性的特征尤为明显。第二，在动员组织过程中，形式呈现广泛多样化的特点，传统的喇叭广播与微信朋友圈密切结合，户户联动的效率之高再次得到验证，基于对村情、疫情的实际思考，呈现出因时制宜、因村制宜、因户制宜的组织特点，动员组织已突破原有比较概括的层面，深入对户户防控的组织机理中，广义的村动员与狭义的户动员由表及里、深层互动，组织过程中对户甚至村民个体的关注被放到了重要位置，组织的细密化程度日渐加深。第三，动员组织安排的目标导向非常清楚。目标导向在疫情防控过程中不断得以具体化、递进化、系统化，动员组织安排与目标导向相适应，组织的结构与人员安排与目标导向相适应、相协调，切实践行"早发现、早报告、早隔离、早诊断、早治疗"的原则，最大限度消除风险因素，以日臻优化的防控组织结构促进防控目标的全面实现。

（二）扎实的摸底排查

如果说迅捷的动员组织是防控疫情的重要组织基础，那么扎实的摸底排查就是对农村组织能力、基层组织战斗能力的实践检验。疫情防控的摸底排查呈现如下特点。第一，摸底排查的"地域"导向非常明确，对当地在高风险地区务工、上学、探亲的人员密切关注，以现有的科技手段为支撑，紧密了解以上这些重点人员的身体状况，有情况及时上报，及时采取有力措施，实践也广泛证明，对重点人群的关注对疫情的防控发挥了重要作用。第二，在摸底排查过程中，户户相守、村民相望的老方法筑牢了疫情防控的重要堤坝，网格化、智能化、信息化与村情相结合催生出的新措施在疫情防控过程中不断得以升华完善，尽可能减少与村民的直接接触，并在此过程中努力实现对村民复工复产的"零打扰"和全面护航，使得摸底排查呈现出动态化、实时化、无碍化的特点。第三，在摸底排查过程中，注重对困难村民的重点照顾。摸底排查已经突破了对村民务工求学地点的掌握，而把重点同时放在了对困难村民、孤寡老人等的防护关注上，尽力解决其现实问题，在疫情防控中给予困难村民、孤寡老人更全面更具体的照顾，提高困难村民、孤寡老人抵御风险的能力，尽力使困难村民、孤寡老人在疫情防控中生活质量不降低、生活环境有改善。

（三）高度的风险警觉

随着疫情防控的深度推进及疫情防控常态化，对疫情及相关风险的高度警觉日益渗入村民的日常生活，这种渗入是积极的、健康的甚至对村民日常生活习惯的重塑发挥了重要作用。高度的风险警觉主要表现在如下几方面。第一，自觉隔离与健康防护紧密结合，自觉不串门走亲、自觉减少聚集、自觉传播积极防护信息，主动不接触获取防护信息、主动科学增强营养、主动适应疫情防控常态化。第二，在疫情防控中省思工作出路、致富门路、教育新路。对疫情防控的风险警觉已不仅仅局限于这次疫情防控本身，更重要甚至生产生活实践中正在发生的是，这次疫情给村民的生产生活方式带来巨大影响，在迎接挑战中孕育着符合新时代要求的改变。村民在思考如何最大限度降低疫情的不利影响，如何提高孩子的学习质量，如何就近发家致富兼照顾好父母孩子，村民自治组织也在思考如何进一步提高自治水平，如何提高村民抵御风险的能力，如何发挥基层自治组织优势以提高对孤寡老人的照料

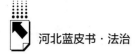
能力。第三，与前述风险警觉相适应，在自觉提高抵御风险能力的过程中，专业化需求、行业化信任等相关议题不断凸显。在疫情防控过程中，村民特别是孤寡老人渴望高效便捷甚至触手可及的专业医疗服务，在接受医疗防护过程中不断提高自我防护水平，对医疗知识的掌握更加丰富，使自己的健康水平越来越可预期。一些志愿支援团队组织活跃在疫情防护第一线，村民更加渴望与其密切相关的行业化服务，如，如何在疫情防控期间科学管理农田，如何通过行业团体获取生产生活急需物品。

（四）递进的连贯措施

在新冠肺炎疫情防控过程中，系统连贯的防控措施是必要的，也是必须的。观察农村疫情防控，系统连贯的立体防控措施呈现出如下特点。第一，应急措施的最优化。这种最优化突出体现在对村民的影响非常小，甚至努力做到没有影响。应急防控措施体现出应急不应付的特点，在采取应急措施的过程中，明显比以往的应急措施有了多方面的差别，应急措施确保了村秩序的稳定，降低了村民的不安情绪，营造了在疫情防控条件下努力不降低村民幸福指数的环境。第二，防控措施体现出遍地开花的"最优化"，创造了许多有益的防控经验，并在防控过程中日益融合逐渐成为水平较高的基准措施，比如广泛运用技术手段普及防疫知识，加大对模范事迹的宣传，突出对弱势群众的照料，提高村民依法防护水平，维权手段及时方便快捷等。第三，应急措施呈现出立体化的趋势。底线思维在疫情防控中得到了显著体现。以切实的服务满足村民所需，以信息的畅通降低生产生活成本，刚性办法与柔性措施相结合、强制行为与非强制行为相融合，保持生活水平与消解矛盾纠纷两不误，在疫情防控过程中提高抵御自然灾害的能力，防控措施紧急性、实效性、长期性、灵活性紧密融合。

（五）平台的综合运用

在新冠肺炎疫情防控过程中，综合运用多种平台并取得显著效果。经实践检验，比较常见的几种平台可以概括为如下几类。第一，村民信息流动平台，并以此为基础为其他平台提供流动人员信息，当然，村民信息之间的流动尽量不涉村民个人隐私，实践中也的确如此。比较关键的是，这次信息流动平台包含比以往更加丰富的内容，比如说务工信息、流出流入信息、详细住址信息等。第二，健康防护平台在此次疫情防控过程中表现得尤其突出。村卫生所或村卫生室的工作人员需要尽可能全面的村民健康信息，并为此积极行动上门服务进行检测等，以尽力提供对村民有实质帮助的医疗卫生支持。村民在此次疫情防控过程中，结合自身身体状况，也自觉地为自己建立健康防护记录并与日常生活习惯相结合，努力降低疫情对自身甚至家庭的危害，并在此基础上不断重塑新的生活习惯。第三，支持保障平台。在疫情防控过程中，好的措施需要有力的支撑环境。支持保障平台主要包括网络技术支持、物资提供支持等，以为各项疫情防护措施的实施提供有力支持。更重要的是，支持保障平台及时向村民提供最新的疫情防控动态，消除可能存在的不科学认知，及时了解村民所需所盼所想，营造安定可预期的生活环境。

（六）机制的日臻协调

机制的日臻协调主要立足于安定性、可预期与透明性三个方面。第一，机制完善重安定。在疫情防控过程中，安定的生产生活环境是基础，也是落实各项疫情防控措施的重要前提。比较明显的就是，随着疫情防控工作的深入进行，对破坏疫情防控的行为进行了有针对性的预防，并对违法行为及时予以处理惩戒。安定的秩序需要高质量化解矛盾纠纷，疫情防控期间更是如此。针对村民之间的矛盾纠纷，村治安员、调解员发挥了比较大的作用，把矛盾纠纷尽量化解在萌芽状态，降低化解矛盾纠纷的成本。确需经过法院审判的案件，在审判环节也尽力调解，降低诉辩的对抗激烈程度，深度化解矛盾纠纷。第二，机制协调重预期。防控疫情怎么做？疫情后怎么办？这是村民考虑比较多的问题，机制的协调也围绕着解决这些问题展开。在疫情防控过程中为村民的生产生活提供有力支持，努力做到物品获取无障碍、孩子成长有保障，确保村民对未来的生活有稳定的预期。在此过程中，科学理性的引导机制一直在发挥着重要作用，为个体的决策提供有益参考，使其提高对

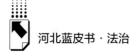
未来生活设计规划的能力。第三，机制衔接透明化。在透明的疫情防控过程中，村秩序更加安定，村民未来的生活更加可预期，在此基础上也检验着措施的实际实施效能，以及时对措施进行校正，着力提高机制的协调性、整体性。

（七）理念的深层转化

在疫情防控过程中，村民理念的深层次转化主要体现在两个方面。第一，由经验判断到规则理念的转化。面对疫情防控的诸多问题，问题怎么解决；解决问题的最佳方案是什么；疫情防控期间出台了哪些新规定、提出了哪些新要求；如何做才能既不给村集体添麻烦，又能把疫情防控好，把日子过好；遇到矛盾纠纷，该怎么理性表达诉求；等等。以上这些问题都同规则紧密联系起来，这既是长期普法宣传的效果彰显，更是村民在面对疫情时对规则不同程度的深层次需求，渴望依法解决现实问题，更盼望对未来有明确的规则预期。当然，经验与规则不是截然对立的，对经验的科学运用有助于提高对规则及问题实质的认知水平。第二，由紧急防控到日常预防的转化。疫情防控尤其是初期采取的防控措施，给村民的生活带来一些调整，不过这种调整是积极的、正向的。问题思考的维度已不仅仅局限于怎么把疫情这道坎迈过去，更重要的是如何靠自身及家庭的努力和生活方式的调整使类似的坎不再发生，或许这样的改变是潜在的，但体现出了对预防重要性的认识。这种认识转化带来的重大改变就是村卫生面貌有了更大的改观、融合村情实际的生活习惯更加科学化，并自觉把这种转化体现在生产生活的方方面面。

二 农村卫生治理法治化尚需解决的问题

（一）急需凝练整合的防控力量

强大的防控力量是疫情防控取得胜利的重要基础性保障。那么农村疫情防控力量现状如何？存在哪些问题呢？防控力量整合要面对两方面的问题。

第一，防控力量的结构尚待优化。有的疫情防控人员身兼数职，有的疫情防控人员从事的工作与"专业化"要求不太适应，有的存在人员在岗却责任虚置的问题。防控力量没有从结构上突出人员素质、整体合力、协调联动的要求。二是动员社会组织、企业参与农村疫情防控的机制不健全。不同的村庄究竟需要什么样的支持？农村与社会组织、企业的沟通不畅通的问题不同程度地存在。企业参与农村疫情防控，既增强农村疫情防控的力量与保证物质供应，又为企业发展、村民就业提供了潜在的机会。

（二）急需扩充夯实的数据内容

在疫情防控过程中，数据的客观真实传输是做好疫情防控工作的重要基础。观察疫情防控过程，可以明显发现在数据方面存在统计重复、精度不高等问题。

（三）急需增强村与村之间的协同联动

村与村之间的协同联动主要存在如下问题。第一，村与村之间人员流动信息共享力度有待加大。从这个村到那个村，村与村之间人员流动信息记载不太完备，相互之间人员流动信息的"出"和"入"能否对应，是对人员流动信息的一个重大考验。做不到或者做不好这样的对应，将加大疫情防控难度，导致数据失真，万一发生风险或者危机，又要"从头再来"。第二，村与村之间克艰协助机制不健全。一个村如何与另一个村形成优势互补，成为健全村与村之间协助机制考虑的重点问题，这是因为邻村之间相互协助和资源共享，会在很大程度上降低疫情防控的成本，而且这样的提供与满足之间的对应度还非常高。第三，复工复产联动渠道不畅通。没有具体制度的设计和基础机制的完善，信息发挥作用的效能将大打折扣。面对村民生产生活实际，村与村之间有哪些复工复产的通道，有哪些复工复产的机会，如何为村民的复工复产提供简便快捷的支撑平台，并使得这样的平台在以后村民增产增收中长期发挥作用，这是疫情防控引发的一些重要思考。

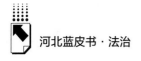
（四）急需推进智慧防控平台建设

智慧防控平台建设主要存在三方面问题。第一，健康出行智慧通道不畅通。在疫情防控过程中，尤其是复工复产过程中，村民需要开具不少证明材料，还要到乡镇政府盖章。面对这一问题，需要考虑的是，这些证明村民符合健康条件可以出行的书面材料，能不能在疫情防控中由非纸质化材料替代。这些问题确实给村民的健康出行带来困难。第二，矛盾纠纷智慧化解机制不完善。在疫情防控中，如何给村民提供专业、精准、易用的矛盾纠纷化解服务，是需要考量的一个重点问题。不能只是"理论概念的宣传"，更重要的是贴近农村实际。第三，专项信息落实支持力度不够。在疫情防控中，农田需要管理，有关部门针对农田管理的信息发布得非常及时到位，但是，如何把这些农田管理信息转化为粮食稳产增产的现实，还需要及时的支撑保障，比如说农资怎么"智慧购买"，农田怎么"智慧管理"，缺乏劳动力的农户如何对农田进行管理，如何对困难农户进行帮扶。

三　推进农村卫生治理法治化的若干设想

（一）把成熟的经验纳入规则治理内容，加大农村卫生治理法治化的基础支撑力度

把新冠肺炎疫情防控中成熟的经验纳入规则治理内容，无疑可以为今后的风险防控提供有力的规则支撑。把疫情防控中成熟的经验纳入规则治理内容，应注意三个方面的问题。第一，注意经验的普遍性和可重复性，增强规则的应用范围。以自治织密防控网络，以法治维持防控秩序，以德治助推防控效能。第二，注意规则之间的相互性和整体性。把经验纳入规则内容，有助于解决发生的实际问题，增强规则之间的相互支撑力度，发挥规则的系统效能。第三，面对突发的新冠肺炎疫情，公众往往缺乏理解某些决策可能引

起不利后果或损害的专门知识，也缺乏足够的信息和理性判断力，应以疫情防控中遇到的专业问题为着力点，突出卫生治理的专业性要求，为常态化疫情防控提供专业保障支撑。

（二）提高对疫情的"智慧防控"水平，增强农村卫生治理法治化的绩效

结合"智慧防控"急需解决的问题，提高对疫情的"智慧防控"水平，增强农村卫生治理法治化的效能，应注意做好三个方面工作。第一，信息技术的存在并不必然导致"智慧防控"效应形成，应以实际需求为导向，开发多样的"智慧防控"平台。第二，"智慧防控"平台的建设要贴近生活，既注重平台上下协调机制的建设，也注重平台之下及平台上下联动机制的健全。第三，注重建立完善数据回馈检测具体制度，确保数据真实、"智慧防控"平台牢固、防控效能不断提升。

（三）重视社会力量参与，提升疫情防控的主动性、自觉性，提高农村卫生治理法治化的整体合力

重视社会力量参与，提升疫情防控的主动性、自觉性，提高农村卫生治理法治化的整体合力，应做好如下工作。第一，健全社会力量参与的机制，为社会力量参与疫情防控提供多方支持，使社会力量的参与与农村疫情防控形成实质化的对接，提高社会力量参与疫情防控的实效性。第二，健全激励机制，论证必要的"容错机制"的可行性，提升积极参与疫情防控的主动性、积极性、自觉性和创造性，为风险防控提供长期保障。

（四）明晰责任，稳定疫情防控预期，提高农村卫生治理法治化的安定性

应强化责任机制建设，细化责任，把各项疫情防控举措落到实处。从责任理性出发，就对象而言责任主要可分为两大类别：一类是行为责任即法律责任，另一类是任务责任。法律责任是指对行为本身负责，特别是指

对行为的过失承担责任。责任是外在任务的内在化，能够成为责任的任务只是任务中的极少部分。但一旦任务变成了责任，对于主体来说，它就有了内在的强制性。农村卫生治理法治化，既应科学细化各项治理措施，也应将责任细化，力避责任空洞化，为农村卫生治理法治化提供牢固的责任机制保障。

社会科学文献出版社

皮书

智库报告的主要形式
同一主题智库报告的聚合

❧ 皮书定义 ❧

皮书是对中国与世界发展状况和热点问题进行年度监测，以专业的角度、专家的视野和实证研究方法，针对某一领域或区域现状与发展态势展开分析和预测，具备前沿性、原创性、实证性、连续性、时效性等特点的公开出版物，由一系列权威研究报告组成。

❧ 皮书作者 ❧

皮书系列报告作者以国内外一流研究机构、知名高校等重点智库的研究人员为主，多为相关领域一流专家学者，他们的观点代表了当下学界对中国与世界的现实和未来最高水平的解读与分析。截至2021年，皮书研创机构有近千家，报告作者累计超过7万人。

❧ 皮书荣誉 ❧

皮书系列已成为社会科学文献出版社的著名图书品牌和中国社会科学院的知名学术品牌。2016年皮书系列正式列入"十三五"国家重点出版规划项目；2013~2021年，重点皮书列入中国社会科学院承担的国家哲学社会科学创新工程项目。

中国皮书网

（网址：www.pishu.cn）

发布皮书研创资讯，传播皮书精彩内容
引领皮书出版潮流，打造皮书服务平台

栏目设置

◆ 关于皮书

何谓皮书、皮书分类、皮书大事记、
皮书荣誉、皮书出版第一人、皮书编辑部

◆ 最新资讯

通知公告、新闻动态、媒体聚焦、
网站专题、视频直播、下载专区

◆ 皮书研创

皮书规范、皮书选题、皮书出版、
皮书研究、研创团队

◆ 皮书评奖评价

指标体系、皮书评价、皮书评奖

◆ 皮书研究院理事会

理事会章程、理事单位、个人理事、高级
研究员、理事会秘书处、入会指南

◆ 互动专区

皮书说、社科数托邦、皮书微博、留言板

所获荣誉

◆ 2008 年、2011 年、2014 年，中国皮书
网均在全国新闻出版业网站荣誉评选中
获得"最具商业价值网站"称号；
◆ 2012 年，获得"出版业网站百强"称号。

网库合一

2014年，中国皮书网与皮书数据库端口
合一，实现资源共享。

中国皮书网

权威报告・一手数据・特色资源

皮书数据库
ANNUAL REPORT(YEARBOOK)
DATABASE

分析解读当下中国发展变迁的高端智库平台

所获荣誉

- 2019年，入围国家新闻出版署数字出版精品遴选推荐计划项目
- 2016年，入选"'十三五'国家重点电子出版物出版规划骨干工程"
- 2015年，荣获"搜索中国正能量 点赞2015""创新中国科技创新奖"
- 2013年，荣获"中国出版政府奖・网络出版物奖"提名奖
- 连续多年荣获中国数字出版博览会"数字出版・优秀品牌"奖

成为会员

　　通过网址www.pishu.com.cn访问皮书数据库网站或下载皮书数据库APP，进行手机号码验证或邮箱验证即可成为皮书数据库会员。

会员福利

- 已注册用户购书后可免费获赠100元皮书数据库充值卡。刮开充值卡涂层获取充值密码，登录并进入"会员中心"—"在线充值"—"充值卡充值"，充值成功即可购买和查看数据库内容。
- 会员福利最终解释权归社会科学文献出版社所有。

数据库服务热线：400-008-6695
数据库服务QQ：2475522410
数据库服务邮箱：database@ssap.cn
图书销售热线：010-59367070/7028
图书服务QQ：1265056568
图书服务邮箱：duzhe@ssap.cn

社会科学文献出版社 皮书系列
SOCIAL SCIENCES ACADEMIC PRESS (CHINA)

卡号：756845624746
密码：

S 基本子库
UB DATABASE

中国社会发展数据库（下设 12 个子库）

整合国内外中国社会发展研究成果，汇聚独家统计数据、深度分析报告，涉及社会、人口、政治、教育、法律等 12 个领域，为了解中国社会发展动态、跟踪社会核心热点、分析社会发展趋势提供一站式资源搜索和数据服务。

中国经济发展数据库（下设 12 个子库）

围绕国内外中国经济发展主题研究报告、学术资讯、基础数据等资料构建，内容涵盖宏观经济、农业经济、工业经济、产业经济等 12 个重点经济领域，为实时掌控经济运行态势、把握经济发展规律、洞察经济形势、进行经济决策提供参考和依据。

中国行业发展数据库（下设 17 个子库）

以中国国民经济行业分类为依据，覆盖金融业、旅游、医疗卫生、交通运输、能源矿产等 100 多个行业，跟踪分析国民经济相关行业市场运行状况和政策导向，汇集行业发展前沿资讯，为投资、从业及各种经济决策提供理论基础和实践指导。

中国区域发展数据库（下设 6 个子库）

对中国特定区域内的经济、社会、文化等领域现状与发展情况进行深度分析和预测，研究层级至县及县以下行政区，涉及省份、区域经济体、城市、农村等不同维度，为地方经济社会宏观态势研究、发展经验研究、案例分析提供数据服务。

中国文化传媒数据库（下设 18 个子库）

汇聚文化传媒领域专家观点、热点资讯，梳理国内外中国文化发展相关学术研究成果、一手统计数据，涵盖文化产业、新闻传播、电影娱乐、文学艺术、群众文化等 18 个重点研究领域。为文化传媒研究提供相关数据、研究报告和综合分析服务。

世界经济与国际关系数据库（下设 6 个子库）

立足"皮书系列"世界经济、国际关系相关学术资源，整合世界经济、国际政治、世界文化与科技、全球性问题、国际组织与国际法、区域研究 6 大领域研究成果，为世界经济与国际关系研究提供全方位数据分析，为决策和形势研判提供参考。

法律声明

"皮书系列"（含蓝皮书、绿皮书、黄皮书）之品牌由社会科学文献出版社最早使用并持续至今，现已被中国图书市场所熟知。"皮书系列"的相关商标已在中华人民共和国国家工商行政管理总局商标局注册，如LOGO（ ）、皮书、Pishu、经济蓝皮书、社会蓝皮书等。"皮书系列"图书的注册商标专用权及封面设计、版式设计的著作权均为社会科学文献出版社所有。未经社会科学文献出版社书面授权许可，任何使用与"皮书系列"图书注册商标、封面设计、版式设计相同或者近似的文字、图形或其组合的行为均系侵权行为。

经作者授权，本书的专有出版权及信息网络传播权等为社会科学文献出版社享有。未经社会科学文献出版社书面授权许可，任何就本书内容的复制、发行或以数字形式进行网络传播的行为均系侵权行为。

社会科学文献出版社将通过法律途径追究上述侵权行为的法律责任，维护自身合法权益。

欢迎社会各界人士对侵犯社会科学文献出版社上述权利的侵权行为进行举报。电话：010-59367121，电子邮箱：fawubu@ssap.cn。

社会科学文献出版社